Absinto
Uma história cultural

Phil Baker

NOVA ALEXANDRIA

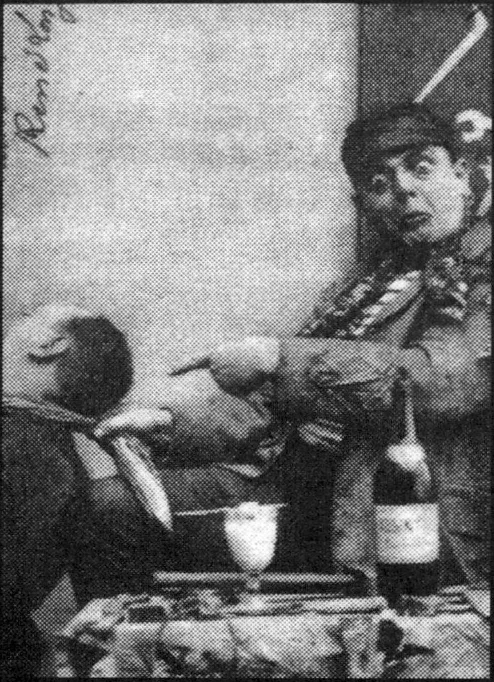

Absinto
Uma história cultural

Tradução e notas
de Roberto Cattani

São Paulo, 2010

Editora Nova Alexandria
Av. Dom Pedro I, nº 840
01552-000 - São Paulo - SP
Fone/fax: (0XX11) 2215-6252
Site: www.novaalexandria.com.br
e-mail: novaalexandria@novaalexandria.com.br

Coordenação Editorial: **Marco Haurélio** e **Thiago Lins**
Preparação: **Alexandra Fonseca**
Revisão: **Maria Clara Barcellos Fontanella**, **Wilson Ryoji Imoto** e **Juliana Messias**
Capa: **Ana Paula Megda** sobre pintura *Piják absintu* (1901) de Viktor Oliva.
Projeto gráfico: **Ana Paula Megda**
Editoração eletrônica: **Ana Paula Megda** e **Viviane Santos**

CIP-BRASIL. CATALOGAÇÃO-NA-FONTE
SINDICATO NACIONAL DOS EDITORES DE LIVROS, RJ

B142a

Baker, Phil, 1961-

Absinto : uma história cultural / Phil Baker ; [tradução Roberto Cattani]. - São Paulo : Nova Alexandria, 2010.
228p. : il.

Tradução de: The Book of Absinthe: A Cultural History

Apêndice

Inclui bibliografia

ISBN 978-85-7492-240-9

1. Absinto - Aspectos sociais. 2. Absinto - História. 3. Absinto na arte. 4. Rituais de bebida - França - História - Século XIX. 5. França - Usos e costumes. I. Título.

10-4220. CDD: 394.12

CDU: 641.87:394

24.08.10 08.09.10 021260

SOBRE O AUTOR

Phil Baker contribui regularmente com várias publicações, entre elas *The Sunday Times* e *The Times Literary Supplement.* Autor de um livro sobre Samuel Beckett e de um conto sobre psicogeografia, "Secret City", Baker finalizou a biografia de Dennis Wheatley e está em meio à pesquisa para outro livro, sobre o artista Austin Osman Spare.

SUMÁRIO

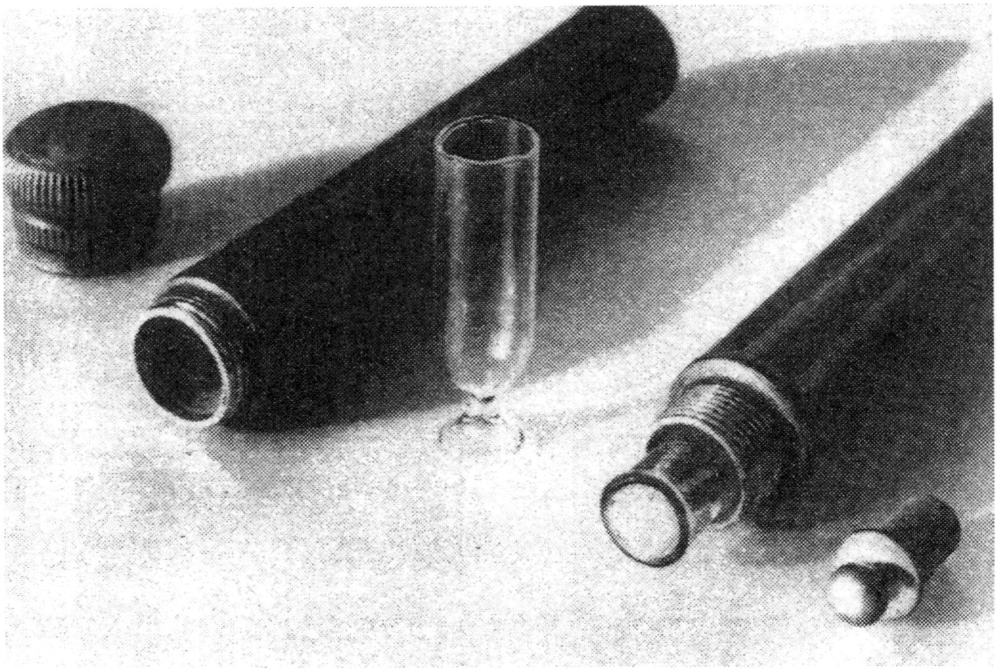

Porta-absinto de Toulouse-Lautrec. Foto Musée Toulouse-Lautrec, Albi.

PRÓLOGO[1]

Três caixões pela manhã

A notícia de uma tragédia especialmente horripilante eclodiu nas manchetes da imprensa europeia em agosto de 1905. Um homem de 31 anos de nome Jean Lanfray, camponês suíço de origem francesa, bebeu dois copos de absinto, tirou um velho fuzil do Exército do armário, e atirou na cabeça da mulher grávida. Quando a filha de quatro anos do casal, Rose, apareceu na porta do quarto para ver o que estava acontecendo, ele atirou nela também. Em seguida, o homem foi para o quarto ao lado, onde a filha de dois anos, Blanche, dormia no berço; houve novo disparo. Depois disso, falhou ao tentar se matar e seguiu cambaleando até o quintal, onde adormeceu segurando o cadáver de Blanche.

Na manhã seguinte, já preso, Lanfray foi levado para ver os corpos da mulher e das duas filhas. Elas jaziam – e aqui não há como escapar do pitoresco toque de horror que Dickens teria apreciado – em três caixões de três tamanhos diferentes. Deve ter sido uma visão de deixar qualquer um sóbrio.

A reação do público ao caso Lanfray foi extraordinária e concentrou-se em um só detalhe. Ninguém atentou para o fato de Lanfray ser um alcoólatra contumaz e de ele, no dia anterior ao massacre, ter consumido não só as relatadas duas doses de absinto antes de sair para o trabalho – portanto, algumas horas antes do crime –, mas também um *crème de menthe*, um conhaque, seis taças de vinho no almoço, outra taça antes de sair do trabalho, uma xícara de café com *brandy*, um litro de vinho chegando em casa e mais um café com *marc*.[2] Ninguém ligou para o fato de que todo mundo sabia que Lanfray chegava a ingerir cinco litros de vinho por dia.

---

1. Essa história horrível pode ser encontrada em ZOLOTOW, M. Absinthe, *Playboy*, jun. 1971.

2. Aguardente de mosto: suco de uvas frescas obtido antes do processo de fermentação. (N. T.)

Ninguém tinha dúvidas: *deve ter sido o absinto que o levou a fazer aquilo*. Dali a algumas semanas, a população local, 82.450 pessoas, assinou uma petição: queriam banir da Suíça o absinto, feito conseguido apenas no ano seguinte. Nenhuma bebida, nem o gim nas imagens londrinas de Hogarth,[3] jamais alcançara tão péssima reputação.

3. William Hogarth (1697-1764) retratou os vícios da Inglaterra do século XVIII em suas gravuras satíricas. (N. T.)

Absinto

Uma história cultural

L'Absinthe, de Benasset. Musée Carnavalet.

CAPÍTULO 1

O que é o absinto?

– Está me dizendo que se tornou um *absintheur*?
Você sabe mesmo o que isso quer dizer?
Marie Corelli, *Wormwood*

O que significa absinto? Trata-se de uma das bebidas alcoólicas mais fortes jamais produzidas, acentuada pelo potencial psicotrópico por conta da artemísia que contém. A "ideia" do absinto acabou desenvolvendo uma mitologia própria. Até a palavra "absinto" tem um som estranho. Não soa como uma bebida alcoólica, mas como algum tipo de substância, e chega a lembrar o amaranto – flor perene que simboliza a imortalidade – e a nepente – bebida ou droga extraída de uma planta carnívora e usada na Antiguidade para curar ou aliviar a tristeza.

Como veremos, a depravação é associada frequentemente ao absinto, em especial nos países de língua inglesa. Mas não se trata aqui de "pecado", embora seja algo parecido. O absinto não comporta necessariamente a furtiva luxúria do pecado. Para começar, é potente demais para isso. Essa bebida – em especial na França – significava com frequência algo mais brutal e degenerado: mais que pecado, um "vício".

No fim do século XVIII, o absinto aparece como tônico na Suíça, e em meados do século XIX foi associado às tropas coloniais francesas na Argélia. Tomar um copo de absinto tornou-se um hábito respeitável e quase universal para a burguesia no Segundo Império, mas até o fim deste, já agregava conotações mais específicas e perigosas. Por um lado, passou a ser associado a poetas, pintores e à boêmia em geral; por outro, ao alcoolismo da classe operária (especialmente depois dos horrores de 1870-1871, quando à guerra entre França e Prússia seguiram-se a revolta e a aniquilação da Comuna revolucionária de Paris). O problema do absinto piorou na década de 1880, quando uma série de safras escassas de uva tornou-o mais barato que o vinho. Nessa época, o consumo paralelo levou ao cruzamento entre boêmia e classe operária, condenando à ruína generalizada artistas e trabalhadores. O absinto – já não mais apelidado de "fada verde" como nos tempos áureos, mas agora denominado "bruxa verde" ou "rainha dos venenos" - tornou-se objeto demonizado em consequência de uma onda de pânico moral. Aos poucos foi sendo identificado com a loucura, a ponto de na França ganhar o apelido de "ônibus para Charenton", por ser este, na época, o mais conhecido manicômio daquele país. "Se o absinto não for banido", escrevia um militante francês do proibicionismo, "nosso país se tornará rapidamente um imenso cubículo forrado, onde a metade dos franceses estará ocupada em colocar camisas de força na outra metade".

Os franceses baniram o absinto em 1915, transformando-o em bode expiatório do problema alcoólico nacional e da falta de disciplina do Exército francês quando eclodiu a Primeira Guerra Mundial. No entanto, sobreviveu na Espanha e no Leste Europeu, e agora, combinando com outro *fin-de-siècle*, voltou, carregando consigo todas as suas conotações. Para três escritores que abordaram recentemente o assunto, o absinto tem um amplo leque de significados: para Regina Nadelson, ele sugere "doce decadência", e "uma história rica em conotações carnais e narcóticas", enquanto, do ponto de vista social, teria sido "a cocaína do século XIX".[1] Barnaby Conrad pensa que a história do absinto é uma história de "crime, loucura e desespero" e que "simbolizava a anarquia, a rejeição deliberada da vida normal e de suas obrigações". Já para Doris Lanier o absinto estava "associado à inspiração e à liberdade, e se tornou um símbolo da decadência francesa", a tal ponto que, para essa autora, a palavra "absinto" evoca "pensamentos de intrigas narcóticas, euforia, erotismo e sensualidade decadente".

Além de tudo isso, o absinto sempre será associado ao chamado *fin-de-siècle*, isto é, à década de 1890 de Oscar Wilde e Ernest Dowson no Café Royal, em Londres, e aos simbolistas franceses que anteciparam a decadência inglesa, como Verlaine e Rimbaud. Em Londres, antes do *revival* atual, as reações ao absinto sempre estiveram ligadas às impressões de Paris, e em relação a isso Aleister Crowley escreveu que "a ideia que os *cockneys*[2] fazem de Paris é de um lugar muito depravado". Tal atitude em relação à França e a tudo que é francês persistiu até a segunda metade do século XX. Para tanto, basta lembrar da letra de Lou Reed na música *Some Kinda Love*, do Velvet Underground, "como um romance sujo francês - ooohhh"; ou de Patti Smith na capa do fanzine *White Stuff* fazendo pose com uma cópia desbotada de uma edição barata de Montmartre do romance *La bohème et mon coeur*, de Francis Carco.[3]

1. Uma comparação entre absinto e cocaína já fora feita por Robert Hughes em um texto sobre Toulouse-Lautrec publicado na *Time* em 1979 e reimpresso em sua obra *Nothing If Not Critical: Selected Essays on Art and Artists.*

2. O termo *cockney* define os habitantes do East End de Londres (antigamente a área mais barra-pesada da cidade) e o dialeto bastante vulgar ali falado. (N. T.)

3. Carco ("autor", segundo as quartas capas, dos livros *Rien qu'une femme* e *Goût du malheur*) era um escritor francês respeitado antes de passar para a literatura barata. Venceu o Grand Prix du Roman da Académie Française e era membro da Academie Goncourt.

A depravação é, com certeza, o bordão do romance antiabsinto de Marie Corelli, *Wormwood*,[4] de 1890 – um livro tão exagerado, ainda que sublime, que faz *O fantasma da ópera* parecer algo tão sutil quanto *Orgulho e preconceito*. O livro de Corelli conta a história de Gaston Beauvais, um jovem digno e inteligente, que se transforma em um ser moralmente asqueroso por causa de seu encontro com o absinto, que o leva, e a todos à sua volta, à ruína completa. "Deixem-me ser louco", grita Beauvais:

> [...] louco da loucura do *Absinto*, a loucura mais selvagem, a loucura mais luxuosa na face da Terra! *Viva a loucura! Viva o amor! Viva o animalismo! Viva o Diabo!*

Corelli esclarece rapidamente que, além do absinto, Gaston carrega outro problema pessoal repugnante. Ele é francês.

> A morbidez da mente francesa moderna é bem conhecida e universalmente admitida até pelos próprios franceses; o ateísmo não disfarçado, a dureza de coração, a frivolidade e a flagrante imoralidade de toda a escola moderna francesa de pensamento são inquestionáveis. Se um crime hediondo de uma atrocidade maior que o normal é cometido, será geralmente em Paris, ou nas proximidades; se um livro ou uma obra de arte é abertamente obscena, descobriremos, de nove casos em dez, que o autor ou o artista é francês. [...] Há muitas causas, sem dúvida, para o nível desastrosamente baixo de responsabilidade moral dos parisienses de hoje, mas não hesito em dizer que uma das causas é a desavergonhada mania do Absinto, que atinge todas as classes, ricos e pobres sem distinção. Todos sabem que em Paris os homens guardam certas horas para se dedicar à devassidão desse vício fatal com o mesmo fervor religioso que os muçulmanos rezam a horas fixas... Os rápidos efeitos sobre o cérebro humano são horríveis e incuráveis, além de qualquer imaginação, e nenhum romântico poderia exagerar a terrível realidade desse mal.
>
> Temos de lembrar também que em muitos dos cafés e restaurantes franceses surgidos recentemente, o Absinto pode ser obtido por seu baixo preço habitual – costumes franceses, modas francesas, livros franceses e obras de arte francesas são as favoritas dos ingleses, e quem pode descartar que o consumo da droga de beber também não estará *à la mode* na Inglaterra?

4. *Wormwood* é o termo em inglês para artemísia. (N. T.)

Beauvais é apresentado à "Fada de Olhos Verdes" por seu amigo Gessonex, um artista louco, e mergulha na destruição em uma queda cada vez mais horrível e melodramática, que o leva *en route* até à *morgue* de Paris e ao cemitério Père-Lachaise. "Está-me dizendo que se tornou um *absintheur*?", questiona o pai de Gaston. "Sabe o que isso quer dizer?"

> – Acho que sei – respondi com indiferença. – Significa, no fim, a morte.
> – Ah, se significasse só a morte! – ele exclamou com voz exaltada. – Mas significa mais que isso. Significa crimes dos mais revoltantes. Significa brutalidade, crueldade, apatia, sensualidade e obsessão! Você se dá conta da danação na qual se meteu...?

Gaston torna-se um verdadeiro Mr. Hyde, "um bicho se arrastando, rastejando, meio macaco, meio homem, com um aspecto tão repugnante, com o corpo sacudido pelo delírio, com um olhar tão psicótico, que se você me encontrasse por acaso durante o dia, eu o faria gritar de terror".

> Mas de qualquer forma, você não vai-me ver desse jeito. A luz do dia e eu não somos amigos. Com meu ódio pelo sol, me tornei algo como um morcego ou uma coruja!... Eu vivo à noite; à noite me arrasto com as outras coisas obscenas de Paris e, pela minha presença, acrescento mais poluição aos venenos morais [presentes] no ar!

É FÁCIL RIR de Marie Corelli, mas talvez ela mereça nosso respeito, ainda que relutante. Ela consegue fazer do absinto o tipo de bebida que a Família Addams poderia abrir no Natal: esse é o absinto na forma de praga engarrafada.

A história dessa bebida comporta sem dúvida alguns temas alarmantes: dependência química, decadência e morte. Amarga e não doce, a carga estética que acarreta é mais fascinante que ligada à beleza ou ao sublime no antigo sentido da palavra (o sentido usado por Edmund Burke em seu ensaio protogótico de 1757, "A Philosophical Enquiry into Our Ideas of the Sublime and Beautiful"). O sublime envolve tanto a maravilha quanto o temor, bem como sensações que podem chegar ao terror. Alguém escreveu na internet sobre a Old Absinthe House de Nova Orleans, mencionando que, segundo dizem, o balcão de mármore está "todo cavado pelo absinto derramado por décadas". O que nos leva a imaginar o que ele faz com o corpo humano, *uma vez que pode furar a pedra dura* [a ênfase é minha]. Poderia ser na verdade até água cavando o mármore e não ter nada a ver com o absinto, mas o *frisson* é palpável: as pessoas *querem* que o absinto seja algo medonho, com a característica forma de prazer que advém do que nos assusta.

Richard Klein sustentava que o cigarro é algo sublime. O cigarro tem, dizia ele, "uma beleza que nunca foi considerada positiva de forma inequívoca; ele sempre foi associado à aversão, à transgressão e à morte". Cooptando Kant para sua argumentação, Klein define o sublime como categoria estética que inclui uma experiência negativa, um choque, uma ameaça, uma ostentação de mortalidade, a contemplação do abismo. Se os cigarros fizessem bem, dizia Klein, não seriam sublimes:

> [mas] por serem sublimes, os cigarros resistem a todos os argumentos dirigidos contra eles em nome da saúde e do bem comum. Prevenir os fumantes ou os neófitos dos perigos os atrai ainda mais para a beira do abismo, onde, como viajantes em uma paisagem suíça, ficam ainda mais atiçados com a sutil grandeza das perspectivas de mortalidade e com os pequenos terrores a cada baforada. Os cigarros são ruins. É por isso que são bons – nem bons, nem belos, mas sublimes.

Se adotarmos o raciocínio de Klein, então o absinto é mais sublime ainda.

Portanto, contemplar a história dessa bebida é um prazer acompanhado de calafrios. Não é muito diferente da sensação evocada por Thomas de Quincey no que ele denomina "sublime sombrio". Quincey argumenta que não só as grandes coisas (montanhas ou tempestades) são sublimes, mas também as pequenas, em virtude de suas associações: a navalha com a qual foi cometido um crime ou uma ampola de veneno...

Mas chega de tanta ruína e escuridão. Está na hora de chamar a primeira testemunha de defesa.

ALEISTER CROWLEY[5] (1875-1947) apropriou-se da herança do ocultismo do século XIX de forma tão eficaz que no século XX seu nome era quase sinônimo de magia.[6] Ele gostava de ser chamado A Grande Besta, como a citada na Bíblia, no Livro do

5. Ocultista inglês, autor de *The Book of Law*, texto sagrado da Thelema, sistema cosmológico que Crowley idealizou e batizou em homenagem a Rabelais. Além do absinto, ele conta em seu livro *Diary of a Drug Fiend* ter experimentado láudano, ópio, cocaína, haxixe, éter, mescalina, heroína e peiote. (N. T.)

6. No original, *magick*, que é como Crowley grafava a palavra (N. E.)

Apocalipse, e quando os jornais do Lorde Beaverbrook lançaram uma campanha difamatória contra ele na década de 1930, Crowley ficou famoso como "o homem mais perverso do mundo". Somerset Maugham o encontrou em Paris – Oliver Haddo, personagem de seu romance *O mágico*, é claramente baseado em Crowley – e, de todos os vereditos sobre Crowley, o dele é o mais sucinto: "Um farsante, mas não totalmente uma farsa".

Em Paris, Crowley gostava de beber no primeiro andar do restaurante Le Chat Blanc, na Rue d'Odessa (onde Maugham o encontrou). Naquela época, Pernod era uma das maiores marcas de absinto, e não de *pastis*,[7] como foi forçado a se tornar mais tarde. Crowley era um gozador inveterado e, quando seu sofrido amigo Victor Neuburg se juntou a ele em Paris, A Grande Besta não resistiu à tentação de dar-lhe um "conselho":

> Já o haviam avisado sobre os riscos do consumo de absinto, e nós[8] lhe confirmamos isso, mas (acrescentamos) há várias outras bebidas em Paris que são extremamente perigosas, em especial para um lindo jovem como você. Há apenas uma bebida de fato segura, fraca, que não faz mal nenhum, da qual você pode beber quanto quiser, sem o menor risco. E o que você diz quando quiser tomar uma? Você diz: "Garçom! Um Pernod!"

Conselho que provocou vários transtornos. De sua parte, Crowley tomou absinto não em Paris, mas em Nova Orleans, onde escreveu o ensaio "The Green Goddess".

> O que o absinto tem para fazer dele um culto à parte? Os efeitos de seu abuso são totalmente distintos dos de outras substâncias estimulantes. Até na ruína e na degradação, sempre se mantém algo diferenciado: suas vítimas carregam uma auréola fantasmagórica peculiar, e em seus infernos particulares ainda conseguem deleitar-se com o orgulho pervertido de não ser como as outras pessoas.
> Mas é claro que não podemos avaliar o uso de algo fixando-nos nos estragos de seu abuso. Não amaldiçoamos o mar por causa dos desastres ocasionais dos quais são vítimas os marinheiros, nem recusamos machados aos nossos lenhadores mesmo com toda nossa simpatia por Carlos I ou Luís XVI.[9] Da mesma forma, se há vícios e perigos inerentes ao absinto, há também nele graças e virtudes

7. Bebidas alcoólicas aromatizadas com anis.

8. Crowley costumava escrever no plural majestático até mesmo em seus diários. (N. T.)

9. Ambos foram decapitados: Carlos I durante a Revolução Gloriosa e Luís XVI durante a Revolução Francesa. (N. E.)

sem comparação com qualquer outra bebida.
Por exemplo:
É como se o primeiro descobridor do absinto fosse um feiticeiro buscando uma combinação de drogas sagradas para depurar, fortificar e perfumar a alma humana. E não há dúvida de que, com o uso certo dessa bebida, tais efeitos são fáceis de obter. Uma única taça parece liberar a respiração, aliviar o espírito, tornar mais ardente o coração – e a alma e a mente mais aptas para a grande tarefa que o Pai nos mandou executar neste mundo. Até a comida, na presença do absinto, perde suas qualidades mais grosseiras e se transforma em um maná, obrando o sacramento da nutrição sem interferência corporal.

Em outra seção muito interessante desse artigo, Crowley reflete sobre absinto e distanciamento artístico. Há beleza em tudo, diz ele, se a percebermos com o grau certo de distanciamento. O truque é separar a parte de nós que realmente "é", a parte que percebe, da outra que age e sofre no mundo exterior. "E a arte de fazer isso", acrescenta, "é realmente a arte de ser artista". O absinto, Crowley sustenta, ajuda a fazer isso acontecer.

Num certo ponto, Crowley dá um tom ainda mais maçônico ao seu ensaio ao citar um poema em francês. "Conhece o soneto francês 'A lenda do absinto'?", ele pergunta ao leitor. Seria de estranhar que algum leitor o conhecesse, pois se trata de um poema do próprio Crowley, publicado separadamente em um jornal de propaganda pró-alemã, *The International* (Nova York, outubro de 1917), sob o pseudônimo "Jeanne La Goulue": a famosa estrela do Moulin Rouge retratada por Toulouse-Lautrec.

Apolo, em luto pela morte de Jacinto,
Não quis ceder para a morte a vitória.
Sua alma, adepta da transformação,
Quis encontrar uma alquimia sagrada para a beleza.

Com sua mão sagrada ele esmaga e extrai
As dádivas mais sutis da divina Flora.
Seus corpos partidos soltam uma exalação dourada
Da qual ele destilou a primeira gota de – Absinto!

Nas celas retraídas, nos palácios cintilantes,
A sós ou juntos, bebam essa poção do amor!
Pois é um feitiço, um sortilégio,

Esse vinho de pálida opala aborta o sofrimento,
Abre o santuário íntimo da beleza
– Encanta meu coração, exalta minha alma em êxtase.[10]

O absinto podia ser encontrado em todos os lugares onde a cultura francesa estivesse presente; não só em Paris e Nova Orleans, mas também nas colônias francesas, em especial na Cochinchina (hoje Vietnã). Em seu livro *Confessions*, Crowley narra um acidente ocorrido em Haiphong que ele achou "deliciosamente colonial". Um grande prédio na esquina de uma avenida importante estava sendo demolido, mas o francês encarregado da obra desapareceu. Por fim, o supervisor o achou num prostíbulo que funcionava também como bar: o homem estava completamente tomado pelo absinto. Mas ainda assim era capaz de falar, e estava muito feliz por conseguir calcular a carga explosiva necessária, rabiscando com a ponta de um lápis no mármore da mesinha à sua frente. Infelizmente, ele se confundiu com os números e uma carga de dinamite cem vezes maior que o necessário acabou derrubando não só o prédio, mas o quarteirão inteiro. É claro que a culpa era do absinto: como Crowley não deixa de nos lembrar, o absinto "não é realmente um hábito sadio naquele clima".

ALEISTER CROWLEY era claramente a favor do absinto. Só podia ser, afinal, era o "homem mais perverso do mundo". Porém, para termos um juiz mais imparcial, recorreremos a George Saintsbury (1845-1933), que, durante um bom tempo, foi o decano das letras inglesas. Sua abordagem da literatura era descaradamente orientada para o prazer; era um mestre em praticar a crítica literária como se fosse uma degustação de vinho por parte de um *connoisseur*, chegando a níveis quase místicos. O lado de "missão social" da crítica não tinha qualquer interesse para Saintsbury. A consciência social nunca foi seu forte, e sua ideia de paraíso talvez fosse ler Charles

10. No original em francês, "La légende de l'Absinthe": Apollon, qui pleurait le trepas d'Hyacinthe,/ Ne voulait pas ceder la victoire à la mort./ Il fallait que son âme, adepte de l'essor,/ Trouvat pour la beauté une alchemie plus sainte.// Donc de sa main celeste il épuise, il éreinte/ Les dons les plus subtils de la divine Flore./ Leurs corps brises souspirent une exhalaison d'or/ Dont il nous recueillait la goutte de – l'Absinthe!// Aux cavernes blotties, aux palis petillants,/ Par un, par deux, buvez ce breuvage d'aimant!/ Car c'est un sortilège, un propos de dictame,// Ce vin d'opale pale avortit la misère,/ Ouvre de la beauté l'intime sanctuaire/ – Ensorcelle mon cœur, extasie mon âme!

Baudelaire enquanto criancinhas limpavam as chaminés.[11] George Orwell menciona Saintsbury em *O caminho para Wigan Pier* com uma espécie de admiração meio ambígua por sua visão política. "É preciso ter coragem mesmo", diz Orwell, "para ser tão *abertamente* canalha."

Saintsbury parecia um velho mandarim, barbudo, de óculos. Ficou famoso por sua erudição, seus julgamentos estranhos mas frequentemente brilhantes (aproximando, por exemplo, Proust de Thomas de Quincey), e por sua fenomenal sintaxe desarticulada e verbosa. Uma de suas máximas foi preservada para a posteridade: "Mas enquanto nenhum, exceto estes homens vivos fizeram (ou poderiam ter feito) tais coisas, há muito mais que não foi feito".

Ele também era um grande *connoisseur* de vinhos e de outras bebidas, a ponto de, na hedonística década de 1920, ser criada uma Saintsbury Society que existe ainda hoje. Antes de morrer, proibiu terminantemente que fosse escrita sua biografia. O que ele queria esconder? Não sabemos. Mas aqui está o que Saintsbury escreveu sobre o absinto, no capítulo sobre licores de seu famoso *Cellar Book*.

> [...] Não vou fechar este breve capítulo sem dizer algo da mais depravada de toda a tribo – a "Musa Verde" –, a água da Estrela Artemísia que matou tantos homens – a *absinthia taetra*, que talvez mereça esse adjetivo em um sentido bem pior que o sugerido pelo maior dos poetas romanos.[12] Suponho que o absinto tenha feito muito mal (embora, para mim, posso dizer que nunca fez). Seus princípios ativos são potentes demais, e até venenosos demais, para serem deixados soltos de forma indiscriminada e intensiva na estrutura humana. No geral, é assustadoramente forte; ninguém costuma tomá-lo puro, a não ser o tipo de maluco que ele é acusado de produzir e que, de qualquer forma, poderíamos supor que já era destinado à loucura [...]
> Alguém que toma absinto puro merece seu destino, qualquer que seja ele. O gosto é concentrado a ponto de ser repulsivo; o álcool queima "como a tocha de uma procissão"; tem de ter uma cabeça sobrenaturalmente forte ou mortalmente acostumada para não sofrer de enxaqueca depois.

11. Na época, crianças a partir de cinco ou seis anos faziam limpeza das chaminés, estreitas demais para adultos. Frequentemente as crianças ficavam entaladas no conduto escuro ou eram sufocadas pela fuligem. Em um dos romances infantis ingleses mais populares da época, *The Water Babies*, de Charles Kingsley, o protagonista é um pequeno limpador de chaminés que se afoga tentando fugir do patrão malvado. Uma curiosidade: o trabalho das crianças na limpeza das chaminés foi proibido oficialmente a partir de 1832, graças ao engajamento social do Conde Grey, o mesmo Earl Grey que dá nome ao famoso chá. (N. T.)

12. Lucrécio, *De rerum natura*, Livro IV, Prólogo. Lucrécio usava *taetra* no sentido de amargor.

Outra razão para não tomar absinto puro é não perder o fascínio ritualístico, que lembra o das drogas, de prepará-lo segundo método específico: "Assim se perdem todo o cerimonial e a etiqueta que tornam o jeito certo de bebê-lo uma delícia para o homem de bom gosto". Voltaremos a falar sobre os vários métodos, mas a descrição de Saintsbury a respeito é uma das mais charmosas:

> Depois de colocar a taça de licor em um copo com a base mais plana possível, deve-se verter delicadamente água em cima do absinto, de forma que a mistura transborde de um recipiente para outro. A forma como a cor esmeralda profunda da bebida se dissolve como nuvem no que seria a cor de uma *smaragd* [antigo nome da esmeralda] estrelada, se o Todo-Poderoso tivesse-se dado o prazer de completar o quarteto de gemas estreladas [...]

Aqui temos de interromper Saintsbury, o velho excêntrico, por um instante. Ele afirma que olhar o puro espírito embaçar é *uma experiência muito agradável*, mas antes de completar a descrição, perde-se em uma digressão, em nota de rodapé, sobre a paixão que nutre pelas pedras preciosas e a raridade das gemas estreladas. Essas pedras são, conforme a referida nota:

> Ainda assim, só uma tríade – safira (bastante comum), rubi (mais raro) e topázio, que eu nunca vi e que o falecido *Signor* Giuliano, que tinha a bondade de trocar uma boa prosa por algumas compras bem modestas, me contava ter visto uma ou duas vezes. Mas uma esmeralda ordinária, em forma de *cabochon*, é uma ótima representação de um dos estágios do absinto diluído.

É isso. Ele aprecia a forma como o absinto se transforma primeiro em uma esmeralda...

> e depois em uma opala; a diluição da própria opala enquanto a operação procede; e quando a taça de licor já não contém mais nada além de água, a bebida está pronta, com sua combinação extraordinária de fragrância e sabor, ao mesmo tempo refrescante e reconfortante – que compõe uma experiência muito agradável. Como em outras experiências prazerosas, corremos o risco de repeti-las com bastante frequência. Eu mesmo nunca tomei mais de um absinto por dia...

O curioso testemunho de Saintsbury levanta uma série de pontos relevantes que encontraremos mais adiante: a potência do absinto, sua má reputação, os elementos rituais envolvidos no ato de tomá-lo, e sua persistente afinidade com o esteticismo.

Corelli é contra o absinto; Crowley é a favor; e Saintsbury é delicadamente (ou até *refinadamente*...) equilibrado. Contudo, para todos eles, que viviam no ápice da época do absinto, podemos ver que se tratava de uma substância mítica.

Escrevendo sobre a ideia de uma "bebida ideal" Roland Barthes sugere que esta deveria ser "rica em metonímias de todos os tipos". Em outras palavras, deveria ser rica em todas as associações "parte-todo", ponta do *iceberg*, e em elaborações simbólicas de por que queremos o que queremos. As pessoas que gostam da ideia da Escócia tomam *scotch*; as que acreditam na transubstanciação bebem o sangue de Cristo; e as pessoas que tomam vinho estão felizes com a consciência que tal bebida tem a ver com uvas, brilho do sol, bom solo, vinhedos etc. Quando John Keats pede vinho no poema "Ode a um rouxinol", ele o quer

> Sabendo a flor, a seiva verde e a relva quente,
> Dança e Provença e sol queimando na canção!
> Ah! uma taça de luz do Sul, plena e solar.[13]

Não é algo tão diferente dos métodos utilizados na propaganda.

Não importa o que o absinto signifique, com certeza não é uma jarra cheia de calor do Sul. É um produto industrial, tão sintético quanto a poção de Dr. Jekyll, e as metonímias que entram em jogo não são paisagens rurais, mas fruto da cultura urbana. Esteticismo, decadência e boêmia são as principais associações, assim como a ideia da Paris do século XIX e da Londres da década de 1890. Como proclama um anúncio de absinto da marca Hill, sem dar satisfação ao cantor norte-americano Prince: "ESTA NOITE VAMOS FESTEJAR COMO SE FOSSE 1899!".[14]

13. No original, "Ode to a Nightingale": Tasting of Flora and the country-green,/ Dance, and Provencal song, and sunburnt mirth!/ O for a beaker full of the warm South! Aqui foi utilizada uma tradução para o português de Augusto de Campos (*Linguaviagem*. São Paulo: Companhia das Letras, 1987).

14. Anúncio na revista *The Idler*, nº 25, 1999.

Capa de Aubrey Beardsley para o livro de Vincent O'Sullivan, *Houses of Sin*, publicado por Leonard Smithers em 1897. Oscar Wilde disse a Beardsley que seus desenhos eram como o absinto.

CAPÍTULO 2

Os anos 1890

O absinto será para sempre associado à decadência do *fin-de-siècle* da década de 1890, a década do absinto. A personagem cômica Enoch Soames, criação incomparável de Max Beerbohm, autor das coletâneas de versos *Negations* e *Fungoids*, não poderia tomar outra bebida. A primeira vez que encontramos Soames é no velho Café Royal, "nessa visão exuberante de douraduras e veludos púrpura, espelhos dos dois lados da sala e cariátides de sustentação, com a fumaça de tabaco subindo ao teto pagão pintado". Beerbohm e o pintor William Rothenstein o convidam para beber:

> Ele pediu absinto.
>
> – *Je me tiens toujours fidèle* – ele comentou com Rothenstein – *à la sorcière glauque.*[1]
>
> – Isso é ruim para você – disse Rothenstein secamente.
>
> – Nada é ruim para alguém – respondeu Soames. – *Dans ce monde il n'y a ni de bien ni de mal.*[2]
>
> – Nada bom e nada mau? O que quer dizer?
>
> – Expliquei no prefácio de *Negations*.
>
> – *Negations*?
>
> – Sim. Eu lhe dei uma cópia.
>
> – Ah, sim, claro. Mas chegou a explicar – por exemplo – que não há nada bom ou ruim na gramática?
>
> – N-não – disse Soames. – É claro que nas Artes há o bem e o mal. Mas na Vida... não.

1. Mantenho-me sempre fiel à bruxa turva.
2. Nesse mundo não há nem bem nem mal.

> Estava enrolando um cigarro. Tinha mãos fracas e brancas, com a ponta dos dedos muito manchadas pela nicotina.
>
> – Na Vida há ilusões de bem e mal, mas – sua voz foi se apagando em um murmúrio no qual só foi possível distinguir as palavras *vieux jeu* e *rococo*.[3]

Soames não é apenas um péssimo poeta, mas um Diabolista, um adorador do Diabo, ou algo perto disso:

> – Não é exatamente adoração – ele especificou, tomando absinto. – É mais uma questão de confiança e encorajamento.

Sem talento, esnobe e desesperado, Soames vende a alma ao Diabo em troca da promessa de fama póstuma. Mas ele estava a caminho do inferno de qualquer forma. Era um consumidor de absinto.

A DÉCADA DE 1890 foi um período bizarro que marcou o fim das velhas certezas e do puritanismo da Era Vitoriana, bem como o nascimento da Era Moderna. Foi também um tempo de "fantásticas atenuações da lassidão, fantásticas antecipações de uma nova vitalidade". Oscar Wilde e Aubrey Beardsley reinavam, mas além do extremo requinte predominava entre os escritores uma miséria[4] endêmica sem precedentes entre os românticos ou no início da Era Vitoriana.

Começava-se a prestar atenção aos temas urbanos e à esqualidez urbana, que em parte eram uma reação às duras condições de vida em Londres, e em parte influência de escritores franceses como Baudelaire. A homossexualidade começava a vir à tona como uma tendência codificada dentro do esteticismo, apenas para ser de novo marginalizada depois do julgamento de Oscar Wilde em 1895. As pessoas tinham a impressão de viver uma época de crise e declínio, exacerbada pela propensão para pensar em séculos: o *fin-de-siècle* é frequentemente um período estranho, como a década de 1590, com o espírito mórbido de seu drama pré-jacobino, ou a de 1790, com a Revolução Francesa e a guilhotina. Escritores versados nos clássicos

3. Antiquado e rococó.

4. No original, "Grub Street poverty". Grub Street era o nome de uma rua em Moorfields, bairro londrino, que se tornou famosa como residência de escritores, poetas, jornalistas, editores e vendedores de livros marginalizados e pobres. Passou a indicar, por extensão, o período sem sucesso de um artista ou escritor, quando este teria de se sujeitar a fazer trabalhos baratos sob encomenda para sobreviver. (N. T.)

e em latim acreditavam viver algo análogo ao declínio e queda do Império Romano e à decadência de Petrônio. Muitos se convertiam ao ocultismo e ao Alto Catolicismo.[5] Pessimismo e desânimo reinavam, como se pode observar no trabalho do poeta Ernest Dowson, a quintessência do século XIX, e nos versos de Enoch Soames. Peter Ackcroyd nos fornece uma descrição elegante desse período:

> [...] esses poetas e escritores malditos, que formavam a geração dos anos 1890, e que aparecem entre nós com o perfume inebriante de flores cultivadas naquela estranha estufa chamada *fin-de-siècle*. Richard Le Gallienne faz parte dela, assim como Swinburne, Dowson e Symons, para compor a estranha e melíflua ladainha de volúpia e desespero.

Em uma noite de 1890, o poeta Lionel Johnson ofereceu absinto ao ensaísta e poeta menor Richard Le Gallienne. Este relembra que estavam voltando de um *pub* tarde da noite e Johnson o convidou para um último trago em sua casa, localizada em Grays Inn, rua de Holborn, bairro da região central de Londres. Anos mais tarde, Le Gallienne, em um de seus escritos, revela que a advertência de Johnson, subindo as escadas, ainda o faz sorrir enquanto escreve, "por ser tão tipicamente 1890": "Espero que tome absinto, Le Gallienne", diz Johnson, "pois é a única bebida que tenho para lhe oferecer".

> Era a primeira vez que ouvia falar daquilo, como de uma bebida misteriosamente sofisticada e até satânica. Para mim, soava como o heléboro ou a mandrágora [plantas normalmente associadas à bruxaria]. Ainda não a tinha experimentado, e para mim nunca chegou a ser uma bebida predileta. Mas naqueles anos, falar sobre o consumo de absinto era ser desesperadamente perverso, com sugestões de satanismo e de uma inominável iniquidade.

Imediatamente entram em jogo importantíssimas associações e conotações: "Não é o que Paul Verlaine tomava o tempo todo em Paris?! E o boato sombrio que circulava [na época] é que Oscar Wilde e seus amigos íntimos o tomavam todas as noites no Café Royal".

> Portanto, era com um *frisson* de prazer que eu o observava se dissolver em nossos copos enquanto o tomava pela primeira vez, ali sozinho com Lionel Johnson,

5. Movimento dentro do anglicanismo que pregava a continuidade em relação aos princípios católicos. (N. T.)

de madrugada, em um quarto paradoxalmente monástico em sua austeridade acadêmica, com uma bela *monstrance*[6] sobre a chaminé e um crucifixo de prata na parede.

Johnson era membro-fundador do Rhymers Club, um grupo de poetas que se encontrava no Cheshire Cheese, *pub* localizado na Fleet Street, e que incluía W. B. Yeats, um grande admirador da poesia de Johnson, além de Le Gallienne, Dowson e Arthur Symons. Johnson era uma figura típica do *fin-de-siècle*, mas longe de ser um verdadeiro Decadente, como mostra seu texto crítico sobre o grupo.

Antes de tudo – diz Johnson em seu ensaio de 1891, "The Cultured Faun", publicado no jornal inglês *The Anti-Jacobin* –, o verdadeiro Decadente deve se vestir de forma sóbria (algo como William Burroughs em seu "terninho de bancário", ou T. S. Eliot; Aubrey Beardsley era conhecido por se vestir como um funcionário de uma empresa de seguros, função que de fato exerceu durante certo tempo; as pessoas diziam que ele parecia "um corretor da Prudential"). Ademais, o Decadente deve ser nervoso, atraído pelo ritual do Alto Catolicismo, cínico, e mais que tudo: um adorador da beleza – mesmo que a vida tenha realidades duras e terríveis, como o vício do absinto.

> Externamente, nosso herói deve cultivar uma sobriedade de costumes tranquilizadora, com apenas uma pitada de dândi. Nada de parecer que desandou, nada da desordem elaborada, nada da sublime loucura de seu predecessor, o "apóstolo da cultura". Por fora, então, uma aparência comedida; por dentro, uma simpatia católica por tudo que existe e que, *portanto*, padece em nome da arte. Atualmente a arte não é tanto uma questão dos sentidos quanto dos nervos... Baudelaire é muito nervoso... Verlaine é pateticamente sensível. Este é o ponto: uma apreciação aguda da dor, refinados *frissons* de angústia, uma refinada adoração do sofrimento. Aqui entra o delicado patrocínio do catolicismo: velas brancas sobre o altar mais alto, um jovem padre ascético e bonito, o grande relicário dourado, a sutil fragrância mística do incenso...
>
> Para jogar o jogo é preciso um toque de cinismo: uma profissão científica de dogmas materialistas acompanhada – pois é bom deixar de lado qualquer coerência – de uma palração deprimida sobre "A Vontade de Viver" [...] para concluir que a vida é um horror, mas que a beleza é beatífica. E a beleza – ah, a beleza é tudo o que é belo! Um tanto óbvio, você diz? Esse é o charme da coisa,

6. Peça ornamental luxuriante do Alto Catolicismo parecida com um relicário e na qual a hóstia consagrada é exposta à adoração.

> isso mostra sua perfeita simplicidade, sua casta e católica inocência. Inocência, claro: no fundo, a beleza é sempre inocente. Sem dúvida há coisas "monstruosas", dores terríveis, os olhos agonizantes de um *absintheur*, os rostos pálidos dos pecadores "neuróticos", mas tudo isso diz respeito aos nossos amigos parisienses, ao tal "grupo de artistas" que se reúne no Café Tal e Tal.

Johnson, que tinha forte tendência à austeridade, entrou para a Igreja Católica no mesmo ano que esse ensaio foi escrito. Ele disse uma vez para Yeats que gostaria que os que negavam a natureza eterna e permanente da danação se dessem conta de quão *vulgares* eram.

A sofrida sensibilidade religiosa e monárquica (de fato, neojacobina[7]) de Johnson manifesta-se em dois de seus poemas mais famosos: "The Dark Angel" e "By the Statue of King Charles at Charing Cross". Ele se tornou alcoólatra depois que um médico – com uma negligência que hoje parece criminosa – o aconselhou a beber para tratar a insônia. Yeats relata o declínio do colega poeta em suas *Autobiographies*. Le Gallienne já sinalizara o problema aquela noite em Grays Inn, com a percepção de que para um homem delicado como Johnson, o absinto parecia uma "poção excessivamente brutal". Mas Johnson era mesmo devotado ao álcool "porque, especialmente na forma do absinto, seu preferido, tem o efeito de acelerar e clarear, pelo menos durante um tempo, as faculdades intelectuais e imaginativas".[8] Mais tarde chegou a desenvolver uma tendência à mania de perseguição, pois acreditava que detetives o seguiam. Grande amigo de Ernest Dowson, Johnson frequentou assiduamente os *pubs* da Fleet Street até morrer, em 1902, em consequência de um derrame depois de cair de uma banqueta de bar.

Arthur Symons, colega de Johnson no Rhymers Club, desempenhou um papel capital no que daria forma à década de 1890: editor do periódico *The Savoy*, escreveu ensaios sobre Charles Baudelaire, Walter Pater e Oscar Wilde. Graças à sua obra mais importante, *The Symbolist Movement in Literature*, de 1899, que acabou sendo considerada uma espécie de manifesto, tornou a poesia francesa moderna

7. Neojacobinismo: designa os defensores do centralismo político e econômico do Estado como forma de imposição de direitos gerais democráticos e econômicos alargados por lei, portanto, a antítese do liberalismo, que respeita os movimentos livres, políticos e econômicos da sociedade, reservando-se ao Estado o menor papel interventivo possível, ou seja, de mero assistente e regulador dos intercâmbios políticos e econômicos da sociedade.

8. Diz-se que Johnson morreu depois de cair de uma banqueta de bar, mas Le Gallienne atribui sua morte a uma carruagem de aluguel, que o teria atropelado.

mais conhecida na Inglaterra. Ele já havia escrito um ensaio sobre "The Decadent Movement". A poesia do próprio Symons era típica daqueles anos, com o tratamento impressionista dado a temas urbanos humildes – teatros e cafés, atrizes e prostitutas, e a vida nas moradias miseráveis –, incluindo o que na época eram considerados detalhes prosaicos, como cigarros e gás. Ao mesmo tempo, Symons era capaz de pesados floreios de esteticismo – e até mesmo de toques fantásticos –, como as ruas iluminadas a gás em seu poema "Londres":

> [...] e nos maléficos clarões de luz,
> Pessoas, como árvores andando, surgem entre trilhas de noite
> Pendentes dos globos de algum fruto inatural.[9]

Em sua coleção de 1892, *Silhouettes*, há um poema chamado "O bebedor de absinto":

> Aceno suavemente para o mundo visível, afastando-o de mim.
> Longe, escuto um fragor; longe e ao mesmo tempo perto,
> Longe e estranha, uma voz no meu ouvido,
> Seria minha própria voz? As palavras que digo
>
> Ressoam de forma estranha, como um sonho, pelo dia:
> E o brilho pálido do sol é um sonho. Tão límpidos,
> Novos como o mundo aos olhos do amante, parecem
> Homens e mulheres trilhando seu caminho!
>
> O mundo é belo. As horas estão todas
> Ligadas em uma dança de mero esquecimento.
> Estou em paz com Deus e com o homem. Escorram,
>
> Areias da clepsidra que não sei contar, caí
> Serenamente: mal percebo sua suave carícia,
> Acalentado nessa maré onírica e indiferente[10]

---

9. No original, "London": [...] and in the evil glimpses of the light,/ Men as trees walking loom through lanes of night/ Hung from the globes of some unnatural fruit.

10. No original, "The Absinthe-Drinker": Gently I wave the visible world away./ Far off, I hear a roar, afar yet near,/ Far off and strange, a voice is in my ear,/ And is the voice my own? The words I say// Fall strangely, like a dream, across the day:/ And the dim sunshine is a dream. How clear,/ New as the world to lover's eyes, appear/ The men and women passing on their way!// The world is very fair. The hours are all/ Linked in a dance of mere forgetfulness./ I am at peace with God and man. O glide,// Sands of the hour-glass that I count not, fall/ Serenely: scarce I feel your soft caress,/ Rocked on this dreamy and indifferent tide.

Arthur Symons escrevera anteriormente um poema análogo e mais perverso, "O fumante de ópio", que começa bem ("Estou submerso, e me afogo deliciosamente")[11] mas termina mal, revelando um sótão infestado de ratos.

Symons era frequentemente associado à bebida e ao haxixe, mas na verdade tinha uma experiência limitada com ambos. Havelock Ellis acredita que Symons tomou absinto uma única vez na vida, com o próprio Ellis, em um café parisiense. Apesar de isso provavelmente não ser verdade, é fato que Symons não era viciado. Talvez para preservar sua reputação, escreveu em *London: A Book of Aspects*:

> Sempre fui curioso a respeito de sensações, acima de tudo das que pareciam levar a "paraísos artificiais", fora do alcance de qualquer um. Levou algum tempo para eu descobrir que qualquer "paraíso artificial" está na nossa alma, em nossos sonhos... O mistério de todas as drogas me fascinava, e eu ficava observando os efeitos da bebida, que nunca teve um grande apelo pessoal para mim e, de fato, nunca me trouxe prazer, para adentrar em seu poder e variações.

Com amigos como Dowson e Johnson, com certeza Symons teve muitas oportunidades para fazer suas observações. Contudo, seu estilo de vida sem absinto não o protegeu de uma catastrófica crise de nervos em 1907, mas em comparação aos seus colegas bebedores de absinto, pode ter contribuído para sua longevidade: ele sobreviveu durante quase meio século após a morte de Dowson, Johnson e Wilde, chegando vivo ao distante ano de 1945.

Os êxitos do esteticismo, da decadência e da "arte pela arte" surgiram e sumiram com Oscar Wilde desde seu apogeu, por volta de 1880, até sua queda catastrófica em 1895. Wilde era discípulo de Walter Pater, cujo livro *The Renaissance* incluía na sua conclusão um manifesto sobre o esteticismo niilista. "É meu livro de ouro", costumava dizer Wilde, "nunca viajo para lugar algum sem ele; mas é a flor da decadência; o último clarim deveria ter tocado no momento em que foi escrito." O próprio Wilde escreveu a outra grande obra decadente da cultura inglesa: *O retrato de Dorian Gray*. O ressentimento reprimido contra Oscar Wilde eclodiu em 1895, quando foi condenado e encarcerado por crime de homossexualidade, mudando-se para a França em 1897, depois de ser solto.

---

11. No original, "The Opium-Smoker": I am engulfed, and drown deliciously.

O *littérateur* francês Marcel Schwob, que o conhecia bem, deixou um retrato bastante exagerado do esteta que encontrou em 1891. Wilde era

> um homem grande, com um rosto largo e pálido, bochechas vermelhas, olhar irônico, dentes salientes em mau estado, boca de criancinha perversa com lábios amaciados pelo leite, prontos para mamar mais. Mesmo enquanto comia – e comia pouco – nunca parava de fumar cigarros egípcios com ópio.

Para completar essa imagem pouco sedutora, Schwob acrescenta que Wilde também era "um bebedor terrível de absinto, por meio do qual conseguia suas visões e desejos".

Na verdade, Wilde não bebia tanto assim naquele período, e sua atitude a respeito parece ter mudado com o tempo: em geral, ele costumava beber mais quando estava infeliz, e acabou gostando de beber. Em uma ocasião, ele disse ao crítico de arte Bernard Berenson que o absinto "não tem mensagem para mim", e confessou a Arthur Machen,[12] que também gostava da bebida: "nunca consegui me acostumar de verdade ao absinto, mas combina muito bem com meu estilo". Wilde acabou acostumando-se, afinal, e em Dieppe, na França (região da Normandia), depois de sua desgraça, disse: "Absinto tem uma cor maravilhosa, verde. Um copo de absinto é tão poético quanto qualquer coisa no mundo. Que diferença há entre um copo de absinto e um pôr do sol?".

Wilde desenvolveu o que seu biógrafo Richard Ellman denomina "ideias românticas" em relação ao absinto, e descreveu assim seus efeitos para Ada Leverson, escritora britânica apelidada por Wilde de A Esfinge:

> – Depois do primeiro copo você vê as coisas como gostaria que fossem. Depois do segundo você vê as coisas como não são. Para terminar, você as vê como elas são de verdade, e isso é a coisa mais horrível do mundo.
> – O que quer dizer? – perguntou Leverson.
> – Quero dizer dissociadas. Veja uma cartola! Você pensa que a vê como ela realmente é. Mas não é assim, porque a associamos a outras coisas e ideias. Se nunca tivesse ouvido falar em cartola e visse uma de repente, você ficaria com medo, ou riria. Esse é o efeito do absinto, e é por isso que deixa as pessoas loucas.

12. A segunda edição de *Hieroglyphics*, de Machen, "tem como frontispício uma foto minha. Parece expressar depressão, retidão e austeridade. O que expressa na verdade são meus sentimentos durante a sessão de fotografia. 'Oh, Deus!', eu dizia para mim mesmo, 'por que perder meu tempo sendo fotografado na Baron's Court neste domingo sagrado quando poderia estar tomando meu absinto...?'".

Tal sentimento de desfamiliarização tem todos os traços de uma verdadeira experiência com drogas. Mas Wilde prosseguiu, de forma talvez menos convincente:

> Fiquei acordado três noites seguidas tomando absinto, achando que estava extraordinariamente lúcido e sensato. O garçom chegou e começou a jogar água na serragem.[13] Flores maravilhosas floresceram: tulipas, lírios e rosas transformaram o café em um jardim.
> – Não está vendo? – perguntei ao garçom.
> – *Mais non, monsieur, il n'y a rien.*[14]

Wilde também dizia que a prisão fazia as pessoas verem as coisas como elas realmente são, um pensamento nada inspirador.

Wilde gostava de elevar o nível de suas conversas citando-se, e assim o fez para John Fothergill, em um relato sobre os efeitos do absinto. Fothergill acabou tornando-se sensação nos anos 1930 ao ter-se transformado em gerente de um "*pub* para cavalheiros".

Fothergill, quando jovem, conheceu Wilde, e o escritor lhe explicou – com sua fala arrastada e pesada – sobre os três estágios de embriaguez provocada pelo absinto:

> O primeiro estágio é como bebida ordinária, o segundo é quando se começa a ver coisas monstruosas e cruéis. Com perseverança entra-se no terceiro estágio, no qual vê-se coisas que *se quer* ver, coisas curiosas e maravilhosas. Uma noite fiquei sentado até muito tarde, bebendo sozinho no Café Royal, e tinha acabado de alcançar esse terceiro estágio quando chegou um garçom em um avental verde e começou a empilhar as cadeiras em cima das mesas.
> – Hora de fechar, senhor. Receio que o senhor tenha de sair.
> – Garçom, está regando as flores? – perguntei mas ele não respondeu.
> – Quais são suas flores preferidas, garçom? – perguntei de novo.
> – Senhor, preciso realmente lhe pedir para sair. Está na hora de fechar – disse ele com firmeza.
> – Tenho certeza de que tulipas são suas flores favoritas – eu disse, e enquanto me levantava e saía, senti as pesadas corolas das tulipas roçando minhas panturrilhas.

13. Antigamente, a serragem era usada nos lugares públicos para limpar o chão, especialmente nos bares e cafés, onde bebidas eram derramadas. (N. T.)

14. Não, senhor. Não vejo nada. (N. T.)

Os últimos dias de Oscar Wilde foram deprimentes. Uma infecção no ouvido, provavelmente provocada pela sífilis, piorou, e uma operação não surtiu efeito. Assim, a causa da morte de Wilde parece ter sido meningite, em consequência dessa severa infecção. No fim da vida, ele estava compreensivelmente preocupado com a morte, e escreveu para Frank Harris: "Morgue irá me engolir. Fui lá ver minha cama de zinco". Ellmann, biógrafo de Wilde, confirma que este realmente foi visitar o necrotério parisiense.

Algumas semanas depois da fracassada operação no ouvido Wilde foi, com certa dificuldade, até um café, onde bebeu absinto antes de voltar devagar para casa, recuperado o suficiente para soltar sua famosa tirada (para uma mulher de nome Claire de Pratz): "Meu papel de parede e eu estamos em um duelo até a morte. Um de nós dois terá de ir embora". Robbie Ross, amigo de Wilde, disse-lhe: "Você está se matando, Oscar. Sabe que o médico disse que o absinto é um veneno para você". "E para que eu deveria continuar vivendo?", retrucou Wilde. Aquele era um período de aflição, mas Wilde não tinha o monopólio das piadas. "Sonhei que jantava com os mortos", ele disse para Reggie Turner. "Meu caro Oscar", respondeu Turner, "você devia ser o mais vivo e animado da festa."

No epílogo de seu livro sobre a vida de Wilde, ao falar dos últimos dias do escritor, Ellmann comenta que o *brandy* e o absinto ajudaram Wilde a suportar "uma sensação constante de mal-estar", mas sem eliminá-la. A bebida é o tema de uma das ironias menos conhecidas de Wilde, na qual este faz troça da moda do século XIX de afirmar que várias coisas, desde um café da manhã diferente até o vento do mar, podiam ser embriagantes de alguma forma. "Descobri", dizia Wilde, "que o álcool, tomado em quantidades suficientes, provoca todas as sensações da embriaguez."

Os abutres se adensavam sobre Oscar Wilde já algum tempo antes de seu processo judicial. Durante as últimas duas décadas do século XIX havia um forte sentimento antidecadente. É notável observar que as menções ao absinto na poesia inglesa da época são – com as exceções notáveis de Dowson e Symons – habitualmente um sinal de forte influência francesa ou de perversão – ou de ambas. Para entender melhor a imagem pública do absinto naquele período, precisamos mergulhar nas profundezas da poesia barata.

A ligação com a França é bastante natural, e aparece na canção de W. S. Gilbert, "Boulogne":

Se seus gostos são franceses, pode se fazer de mirrado,
e se encharcar, até que qualquer consciência cesse,
De absinto e vermute, com os jovens de Boulogne,
e jogar sinuca como um louco por alguns trocados -

Tais comentários parecem até razoáveis. Robert Williams Buchanan, porém, vai um pouco mais longe. Buchanan não é muito conhecido atualmente. E o fez por merecer. Mas em sua época ele era um poeta prolífico, além de grande defensor da moral. As raras vezes em que é lembrado hoje é por causa de sua luta contra a decadência e a depravação, em particular por conta de seus ataques a Swinburne[15] ("sujo", "mórbido", "sensual") e aos pré-rafaelitas, os quais criticou ferozmente em um ensaio de 1871, "The Fleshy School of Poetry". Buchanan reprovava muita gente e, em um de seus poemas, "Os tempestuosos", coloca todo mundo no mesmo barco. Esses "tempestuosos" são os escritores que Buchanan detesta – Lord Byron, Alfred de Musset, Heinrich Heine etc., todos "Senhores do excesso e da melancolia",[16] embarcados em sua nave de tolos:

No alto do mastro mais alto flutua sua bandeira -
Uma caveira com os dentes à mostra, -
"Coma, beba e ame, pois fina-se o dia"
Escrito em código embaixo dela.

"Vaidade! Vaidade! Amor e Festança!"
"Tome um gole de absinto, meu caro!"
"A religião é uma chatice, mas gosto do Diabo!"
Essas são algumas das palavras que se ouvem...[17]

Heinrich Heine, poeta romântico alemão, viveu e morreu em Paris e não era apreciado na Inglaterra vitoriana. Quando os filhos de Charles Kingsley, autor do já

15. Algernon Charles Swinburne (1837-1909), poeta inglês conhecido pela controvérsia gerada em seu tempo por conta de seus temas sadomasoquistas, lésbicos, fúnebres e antirreligiosos.

16. No original, "Lords of misrule and melancholy". Na tradição inglesa, os "lords of misrule" eram encarregados de dirigir jogos e brincadeiras de crianças e adultos durante festas nas casas burguesas mais abastadas ou nas mansões dos nobres. Versão bem-comportada do Rei Momo do antigo Carnaval romano e medieval. (N. T.)

17. No original, "The Stormy Ones": For up at the peak their flag is flying –/ A white Death's head, with grinning teeth, –/ "Eat, drink, and love, for the day is dying"/ Written in cypher underneath.// "Vanity! Vanity! Love and Revel!"/ "Take a sip of absinthe, my dear!"/ "Religion's a bore, but I like the Devil!"/ These are some of the words you hear...

mencionado *The Water Babies*,[18] perguntaram-lhe quem era Heine, tudo o que achou por bem responder foi: "Um homem mau, meus queridos, um homem muito mau", uma resposta que, segundo George Saintsbury, demonstra a obtusidade do moralismo vitoriano. Buchanan, por sua vez, escreveu um poema sobre Heine no qual o representa como um gnomo moralmente corrupto:

> Na Cidade do absinto e da descrença,
> A casa cética da Enciclopédia,
> Fadas e *trolls*[19] um tanto aflitos,
> Rodeavam o gnomo doentio.[20]

O gnomo morreu e foi sepultado no cemitério de Montmartre, que Buchanan sem dúvida devia achar o lugar mais apropriado para ele. E ali, onde

> jaz adormecido
> no luar e na escuridão,
> Arrastam-se os espíritos da Terra dos Elfos![21]

Buchanan, ao fincar suas presas nos depravados romances franceses, que proliferavam como répteis e difundiam seu tédio (*ennui*) pelo mundo, assim se posiciona:

> [...] como chamariam algo desgastado
> Soturno, de coração pesado,
> Com velhos adornos de alegria enfeitado?
> Pelos franceses rasteiros é batizado
> De *ennui*! Ah, a serpente se aninha
> Em uma profusão de romances corruptos,
> Lepra até para os leprosos,
> Raça de serpentes vã e daninha,
> Incubadas com os pegajosos ovos do mal,
> Chocados pelo demônio das gráficas,

---

18. Ver a respeito nota 11, Capítulo 1. (N. T.)

19. Grotescos anões ou gigantes da mitologia escandinava. (N. T.)

20. No original: In the City of absinthe and unbelief,/ The Encyclopaedia's sceptic home,/ Fairies and trolls, with a gentle grief,/ Surrounded the sickly gnome.

21. No original: laid asleep/ in the moonlight and the gloom,/ The spirits fo Elfland creep!

E por fim, para a alegria dos amantes do absinto,
Eclodindo aos montes nas capas de livros![22]

Mais romances depravados surgiram com "F. Harald Williams" (outrora F. W. D. Ward, 1843-1922), em sua obra *Confessions of a Poet*, de 1894. Eis outra prolífica máquina de produzir versos ruins sobre a moral, e não é fácil definir, entre ele e Buchanan, quem é pior. No poema de Williams "O triunfo do mal", somos apresentados a um demônio, Goniobombukes, que se compraz pelo sucesso que obtém com os escritores, que, na verdade, são seus títeres e escrevem "com canetas endemoniadas". Ele sabe que os tempos, afinal, seguem seus rumos:

E a pocilga de absinto e romances franceses
Em seu nu e indecente palco despidos,
É o templo no qual a moda se curva,
Baixo demais para se confessar.[23]

É ATÉ UM PRAZER deixar de lado Buchanan, Williams e Goniobombukes para falar sobre Robert Hichens, autor da brilhante sátira antidecadente *The Green Carnation*, publicada de forma anônima em 1894. Wilde pediu para seus amigos usarem cravos verdes na lapela na estreia de *Lady Windermere's Fan*, em 1892. Como uma das personagens no palco também usava um cravo verde sem nenhuma razão aparente, tal fato acabou passando para o público a impressão (deliberadamente mistificante) de alguma irmandade secreta e obscura. Esses cravos tingidos podiam ser obtidos em uma loja na Royal Arcade, em Londres, e por conta de sua coloração artificial, combinavam com o culto à decadência vigente na época, tornando-se, portanto, emblema do esteticismo.

Se *The Green Carnation* tiver algum defeito, é o de ser sutil demais, chegando muito próximo das atitudes que supostamente pretendia parodiar. Suas invenções são só ocasionalmente cômicas, como a prática secreta de beber Bovril[24]:

22. No original: [...] what d'ye call the dreary/ Heavy-hearted thing and weary,/ In old weeds of joy bedizen'd?/ By the shallow French 'tis christen'd/ *Ennui*! Ay, the snake that grovels/ In a host of scrofulous novels,/ Leper even of the leprous/ Race of serpents vain and viprous,// Bred of slimy eggs of evil,/ Sat on by the printer's devil,/ Last, to gladden absinthe-lovers,/ Born by broods in paper covers!

23. No original, "The Triumph of Evil": And the sty of *absinthe* and French novels/ In their nude and naughty stage undress,/ Is the temple in which fashion grovels/ Still more low the louder to confess.

24. Marca registrada de um extrato salgado de carne de vaca. Uma colher misturada com água quente dá origem a uma bebida saborosa. Também pode ser utilizado em sopas, guisados e mingaus, ou simplesmente consumido com pão.

"Faz a gente se sentir tão depravado!".

Hichens era membro do círculo de amigos de Wilde, e em seu romance aparecem um "Mr. Amarinth" (Wilde) e seu amigo, "Reggie" (Bosie, Lorde Alfred Douglas). Segundo Ellmann, o verniz ficcional é tão fino que a obra parece mais documental que parodística.

> – E quem lançou a moda do cravo verde?
> – Foi uma ideia de Mr. Amarinth, que o chama de a flor arsênica de uma vida excêntrica. Ele começou a usá-lo, a princípio, porque harmonizava muito bem com a cor do absinto.

A cor verde-amarelada do absinto combinava perfeitamente com a década de 1890, pois eram cores consideradas "estéticas". Na ópera cômica antiestética *Patience*, de 1881, W. S. Gilbert satiriza o jovem tipo "greenery-yallery, Grosvenor Gallery".[25] Verde e amarelo também eram as cores de Londres em *Symphony in Yellow*, na visão de Wilde: estetizante, ostentatória e provocativa, na qual os ônibus parecem borboletas amarelas e o Tâmisa, verde pálido, lembra uma barra de jade.

Até no auge – mais na Inglaterra que na França –, a aura de esteticismo caricato e de danação grotesca que rodeava o absinto era um prato cheio para a paródia. No romance de Hichens citado anteriormente, Reggie jacta-se de sua natureza dividida, repartida entre o muito bom e o muito mau, com uma explicação que salta elegantemente do absinto para a psicogeografia:

> Quando sou bom, é porque estou com boa disposição; quando sou o que se pode chamar de mau, é porque estou com vontade de ser mau. Nunca sei o que serei em um momento específico. Às vezes gosto de ficar em casa depois do jantar e ler *The Dream of Gerontius*.[26] Amo lentilhas e água fria. Em outras ocasiões, quero tomar absinto e enfeitar as horas da noite com invenções perversas. Quero música e os pecados que vêm junto. Há momentos em que desejo esqualidez, ambientes sinistros, miseráveis... A mente habita tanto West End quanto Whitechapel.[27]

---

25. Algo como "verdacho-amarelento". Grosvenor Gallery, inaugurada em Londres em 1877, era o lugar de exposição preferido dos artistas plásticos do Esteticismo, uma alternativa à Royal Academy, de tendência classicista e acadêmica. (N. T.)

26. Poema do cardeal John Henry Newman sobre a oração de um moribundo, com um debate entre presenças angélicas e demoníacas. (N. T.)

27. West End é a região mais central de Londres e considerada a parte mais chique da cidade no século XIX. Já Whitechapel, na época, era uma região cheia de cortiços (assim citada por Charles Dickens em *As aventuras do sr. Pickwick*); hoje se tornou a moradia dos imigrantes de Bangladesh. (N. T.)

The Green Carnation marcou o fim da amizade entre Wilde e Hitchens, e Wilde ficou especialmente aborrecido com os boatos de que ele próprio seria o autor. É possível que Hitchens, com a descrição da relação entre Amarinth e Reggie, tenha causado muito mais prejuízos a Wilde do que pretendia. O Marquês de Queensberry – pai de Bosie e desafeto de Wilde – não achou graça nenhuma quando o leu.

THE YELLOW BOOK caiu em desgraça com o próprio Wilde. O periódico, já famoso, era publicado por John Lane em The Bodley Head, editora sediada na Vigo Street, em Londres, mas depois da prisão de Wilde em 1895, a opinião pública virou-se contra o esteticismo e a decadência. Uma multidão atacou The Bodley Head – ou "The Sodley Bed",[28] como a chamava Aubrey Beardsley – e arrebentou as janelas. John Lane, nervoso, despediu Beardsley. Wilde foi preso em 5 de abril e Beardsley foi exonerado da edição de arte do periódico em 11 de abril. O sucessor de *The Yellow Book* foi *The Savoy*, editado por Arthur Symons: a capa original criada por Beardsley mostrava um querubim urinando sobre uma cópia de *The Yellow Book*.

Em 1895, Symons, Beardsley e Dowson foram juntos para Dieppe, e em agosto o artista Charles Conder escreveu para William Rothenstein informando que Arthur Symons havia chegado à cidade, ocupado um quarto no mesmo hotel, e "acabado de escrever um poema em que o mar de Dieppe seria como absinto – original, não é?".

A atmosfera opressiva de Londres era uma das principais razões para os decadentes e os estetas se reunirem em Dieppe, embora nem lá Beardsley se sentisse completamente a salvo. "Não há gendarme na França", queixava-se, "que não tenha consigo uma foto minha ou um retrato falado de meu pênis."

Uma das figuras de proa dos anglo-*absintheurs* em Dieppe era o editor Leonard Smithers, personagem-chave no mundo literário da década de 1890, de quem Rothenstein se lembra como "uma figura improvável e bizarra", e que Symons descreve assim: "Meu cínico editor Smithers, com seu monóculo diabólico". A história da vida de Smithers foi exagerada e contada quase unicamente por seus inimigos; consequentemente, ele é lembrado como um pornógrafo de má reputação e com inclinações perversas. Ele era bem mais que isso, na verdade.

Smithers se orgulhava de publicar "o que todos os outros têm medo de tocar". Ele fez questão de apoiar os Decadentes depois do caso Oscar Wilde, e montou *The Savoy* com Symons e Beardsley para dirigi-lo. O periódico tinha o nome do hotel, que

28. Jogo de palavras impossível de traduzir. *Sodley bed* seria algo como "cama sodomita". (N. T.)

na época existia havia apenas seis anos. O Hotel Savoy prometia iluminação elétrica e "móveis artísticos em todos os quartos"; era também o lugar onde teriam ocorrido os "crimes" de Wilde. *The Savoy* era o carro-chefe de Smithers, mas havia outras realizações igualmente impressionantes. Nele foram publicados *A balada do cárcere de Reading*, originalmente uma obra anônima do prisioneiro C.3.3, e *A importância de ser prudente*, ambos de Wilde. Esse periódico publicou também livros de Beerbohm, Beardsley, Symons e Dowson, além de títulos mais curiosos e nefandos, como *White Stains: The Literary Remains of George Archibald Bishop, a Neuropath of the Second Empire*, de Aleister Crowley, ou simplesmente impossíveis de classificar, como as memórias de Leonard, cabeleireiro de Maria Antonieta, ou ainda *Alone: A Introspective Work*, descrito como "as divagações de uma fêmea louca, com tendências lésbicas e religiosas".

Quanto ao lado mais oculto de Smithers e à sua reputação de depravado – que fazia muita gente, como W. B. Yeats, manter distância dele –, a base mais sólida de seus negócios era mesmo o mundo clandestino, *sub rosa*,[29] da pornografia vitoriana, que se tornara uma gigantesca indústria subterrânea, na qual era possível encontrar praticamente de tudo: dos daguerreótipos mais explícitos até livros encadernados com pele humana (algo que Smithers vendia ocasionalmente em seus catálogos de antiquariato, embora não haja indício algum de que ele tenha publicado ou encadernado um). No auge da carreira, Smithers mantinha escritório e loja nos números 4 e 5 da Royal Arcade, ao lado da Old Bond Street, onde vendia "literatura continental" e artigos que os livreiros costumavam catalogar como "curiosos" e "satíricos (*facetiae*)". Wilde descreveu Smithers como editor de edições muito limitadas: "em geral ele publica edições de três cópias: uma para o autor, uma para ele próprio e uma para a polícia".

Wilde parecia gostar de Smithers e o descreveu como "um ótimo companheiro e um rapaz querido". Em uma carta para Reggie Turner disse:

> Seu rosto [de Smithers], bem barbeado, como convém a um padre servindo o altar cujo Deus é a Literatura, é emaciado e pálido – não por causa da poesia, mas por causa dos poetas, os quais, diz ele, arruinaram sua vida de tanto insistir que publicasse suas obras. Ele adora as primeiras edições, especialmente tratando-se de mulheres: as meninas muito jovens são sua paixão. Ele é o erotômano mais erudito da Europa.

---

29. Expressão latina (sob a rosa) que passou mais tarde a ser usada pelos países de cultura anglo-saxã para indicar algo secreto ou confidencial. A rosa era símbolo de silêncio e mistério. Cf. *O nome da rosa*, de Umberto Eco. Nas salas de jantar de muitas casas romanas havia rosas pintadas no teto, para lembrar que as confidências ditas sob influência do vinho (*sub vino*) deveriam permanecer também *sub rosa*. (N. T.)

Isso era mesmo tão sinistro quanto parece para nossos ouvidos modernos? Não sabemos. Mas seja lá o que isso signifique, não parece ter incomodado Wilde. Em 1898, em uma carta bastante inescrutável para Robbie Ross, Wilde conta que Smithers foi visitá-lo em Paris: "Ele foi maravilhoso e depravado; saía com monstros ao som da música, mas nos divertimos; ele foi ótimo".

Aparentemente, Smithers era uma daquelas pessoas para as quais beber absinto era um sacramento e um marco de casta; à maneira de um membro de um clube exclusivo, ele escreveu para Wilde de Londres:

> Desde a última vez que escrevi, negligenciei o absinto e tenho bebido uísque e água, mas agora vi claramente quanto esse caminho está errado, e voltei para o absinto.

"Dowson manda um abraço", Smithers acrescenta no final da carta, "e está tendo um orgasmo com seu poema agora mesmo". O poema era *A balada do cárcere de Reading*, que Smithers estava em vias de publicar.

Mais tarde, Wilde escreveria da França pedindo para Smithers colocar flores no túmulo de Dowson por ele. Smithers também teve um fim bastante trágico. Ele vivia de mandeira desregrada: Rothenstein, entre outros, achava que as altas noites regadas a absinto com Smithers estavam acabando com a saúde de Dowson e Beardsley. Smithers não só acabou falido – confirmando o velho adágio vitoriano que dizia que se alguém realmente gosta de arte morre pobre – como chegou a saltar do absinto para uma bebida chamada *chlorodyne* (uma mistura de clorofórmio, morfina, éter e álcool). Foi provavelmente levado a esse extremo devido à dor decorrente de uma doença do estômago, agravada pelo álcool e pela falta de comida, e acabou morrendo em consequência de problemas gástricos e cirrose. Um dos autores publicados por ele, Ranger Gull, o reconheceu na sarjeta da Oxford Street e deu-lhe algum dinheiro. Smithers morreu seis meses depois desse episódio, em circunstâncias que foram descritas como "de horror extremo", "algo tirado de um romance russo".

Em 1907, a mulher e o filho de Smithers foram chamados para ir a uma casa perto de Parson's Green, em Fulham, no dia que seria o 46º aniversário dele. A casa estava completamente vazia, o que já deve ter sido uma visão estranha, em oposição aos interiores sobrecarregados das épocas vitoriana e eduardiana. Não havia nada na casa, a não ser algumas cestas de vime com cerca de cinquenta garrafas vazias de *chlorodyne* e o cadáver de Smithers completamente despido. Não sobrou sequer o monóculo diabólico.

Retrato de Ernest Dowson feito por William Rothenstein. De acordo com Max Beerbohm, Rothenstein foi uma testemunha rara da existência de Enoch Soames. Foto National Portrait Gallery.

CAPÍTULO 3

Vida e morte de Ernest Dowson*

Ernest Dowson, autor de alguns dos poemas mais tipicamente "anos 1890", foi o protótipo da "geração trágica" dos decadentes daquela década. A melancolia, a vida autodestrutiva e a dependência do absinto de Dowson foram amplamente mitificadas e romanceadas, a começar pela peça teatral *The Savoy*, escrita por Arthur Symons em 1896. Havia "algo estranho no contraste entre suas maneiras requintadas e refinadas e sua aparência geralmente acabada e desgastada", diz Symons. E acrescenta: "Sem alguma sordidez à sua volta, ele nunca parecia realmente à vontade ou realmente ele mesmo". De fato, ele tinha "aquela curiosa atração pelo sórdido, afetação tão comum entre os decadentes modernos, mas que nele era absolutamente genuína". Um amigo de Dowson disse que depois da morte do poeta uma autópsia encontraria os dizeres "Art for Art's Sake" gravados em seu coração; e seu biógrafo, Jad Adams, escreveu que "sua dedicação à arte não tinha outra razão senão religiosa; sua vida foi um sacrifício humano".

A visão melancólica do mundo em Dowson fundamentava-se na busca por um ideal impossível, e na percepção de que o decaimento é inevitável - ou até já aconteceu - e tudo está perdido. Sua poesia gira em torno de temas como devoção erótica, amor não correspondido, amor perdido e separação pela morte. A obra de Dowson foi influenciada pelos simbolistas franceses e pela literatura latina; seus versos podem parecer obsessivos, mas nunca elaborados, e fluem com uma ligeireza musical. Um crítico literário da época destacava sua "graça e delicadeza quase mórbidas, que podem ser condensadas na palavra usada por Rossetti, 'grácil', e sua melancolia decadente". Algumas de suas frases têm uma simplicidade quase

* Estou em dívida neste capítulo com a maravilhosa biografia de Dowson escrita por Jad Adams: Madder Music, Stronger Wine (Nova York: I. B. Tauris, 2000).

bíblica e tornaram-se título de filmes e livros: "gone with the wind";[1] "stranger in a strange land";[2] e "days of wine and roses".[3] E se esta última pode parecer alegre, o contexto é: "não demoram muito, os dias de vinho e rosas".

Praticamente todos os que o conheciam gostavam dele, exceto Aubrey Beardsley. Encarregado por Leonard Smithers de decorar a capa de *Verses* de Dowson, Beardsley desenhou um arabesco em forma de Y. Depois se justificou dizendo que aquilo queria dizer "por que[4] esse livro foi escrito?" Beardsley tinha péssimo caráter e não gostava nem de Wilde nem de Dowson. Se confiarmos no que conta Frank Harris, Oscar Wilde chegou a comparar os desenhos de Beardsley ao absinto:

> É mais forte que qualquer outra bebida e traz à tona o subconsciente de cada um. É como seus desenhos, Aubrey, dá nos nervos e é cruel.

Apesar da reputação do próprio Beardsley, este não gostava do movimento Decadente, e o fato de ser publicamente identificado com ele o aborrecia. Pode ser que Beardsley – que morreria jovem depois de perder a longa batalha contra a tuberculose – desprezasse Dowson em especial por causa do estilo de vida suicida do poeta.

Segundo um amigo, Dowson nunca mais foi o mesmo depois que seus pais se suicidaram. O que talvez fosse exagerado: o pai pode ter morrido de causas naturais, ainda que grande parte dos amigos e talvez da família de Dowson achasse que ele se suicidara. Seis meses depois, a mãe de Dowson, que sempre fora uma pessoa instável, de fato suicidou-se.

O pai de Dowson era proprietário de uma doca à beira da falência em East London – Bridge Dock, mais tarde chamada Dowson's Dock. Os problemas financeiros e a consequente falência arruinaram a vida da família. Mas mesmo isso não chegou a ser o pior acontecimento na vida de Dowson. Ele se apaixonou desesperadamente por uma menina de 12 anos chamada Adelaide, ou "Missie", filha do proprietário de um restaurante em Sherwood Street, no bairro londrino do Soho. As intenções de Dowson eram respeitáveis e ele esperou fielmente (do seu jeito, como

1. Verso tirado do poema "Non Sum Qualis eram Bonae sub Regno Cynarae" e mais tarde título do drama romântico escrito por Margaret Mitchell, *...E o vento levou*, que se tornaria um dos filmes mais famosos da história do cinema mundial, com Clark Gable e Vivien Leigh. (N. T.)

2. Título do romance de ficção científica de Robert A. Heinlein, *Um estranho numa terra estranha*, que ganhou em 1961 o prêmio Hugo Award e teve forte influência na contracultura *hippie* californiana da década de 1970. (N. T.)

3. Verso tirado do poema "Vitae Summa Brevis Spem Nos Vetat Incohare Longam" e adotado como título de um filme de 1962 de Blake Edwards, *Vício maldito*, e de uma música composta por Henry Mancini e interpretada, entre outros, por Frank Sinatra. (N. T.)

4. Mais um jogo de palavras e assonâncias típico do esnobismo de Beardsley. Em inglês, a letra Y se pronuncia *why* (por quê?). (N. T.)

veremos) que essa visão de pureza alcançasse a idade de casar com ele. Quando finalmente chegou à idade certa, Adelaide casou-se com um garçom do restaurante do pai, e Dowson nunca se recuperou por completo.

A adoração de Dowson por meninas muito jovens não era puramente pessoal, mas uma das modas mais absurdas do século XIX, uma excrescência do culto romântico às crianças. Era também algo bastante comum entre os que saíam de Oxford, como confirma o famoso caso de Lewis Carroll. É importante diferenciar a paixão de Dowson por meninas do sentido moderno de pedofilia: para o poeta, toda a questão em adorar meninas muito novas baseava-se no fato de que não havia nada de sexual nisso. Tanto isso é verdade que ele ficou chocado com as notícias nos jornais da época sobre um homem que fugiu com uma menina em idade escolar e viveu com ela em Hastings por seis meses, até ser preso. "O pior disso", Dowson escreveu para um amigo em setembro de 1891, "é que o que se lia parecia uma espécie de abominável e nojenta paródia de – *pft!*, um caçador de frases feitas. Sabes bem o que quero dizer... Essa história bestial deixou uma espécie de rastro viscoso no que para mim é sagrado". Esse culto às meninas muito jovens era um fenômeno decadente bastante difundido na Inglaterra vitoriana, e a revista satírica *Punch*, brandindo seu humorismo rasteiro como um porrete, publicou, em setembro de 1894, um poema satírico intitulado "To Dorothy, My Four-Year-Old".

Os amigos de Dowson achavam sua paixão por crianças uma prova encantadora de sua pureza de coração. Ao escrever sobre o "culto à criança", associou-o ao pessimismo e à desilusão da época. Aliás, o próprio temperamento do poeta era profundamente pessimista: para ele, o mundo era "um negócio à beira da falência" – reflexo de Dowson's Dock –, e a vida, "uma brincadeira que deveria ter sido condenada ao inferno desde a primeira noite". Quando um amigo lembrou-lhe que ainda havia os livros, os cães e as meninas de sete anos de idade, Dowson replicou dizendo que, no fim das contas, os livros fazem bocejar, os cachorros morrem e as meninas crescem. Um típico poema dowsoniano, "Sobras", inclui os versos:

> O fogo morreu e o calor se foi,
> (Esse é o fim de toda música que cantamos!)
> O vinho dourado foi tomado, restam as sobras,
> Amargas como a artemísia e salgadas como a dor;
> A saúde e a esperança se foram, assim como o amor
> No triste esquecimento das coisas perdidas.[5]

---

5. No original, "Dregs": The fire is out, and spent the warmth thereof,/ (This is the end of every song man sings!)/ The golden wine is drunk, the dregs remain,/ Bitter as wormwood and as salt as pain;/ And health and hope have gone the way of love/ Into the drear oblivion of lost things.

Jad Adams cita um contemporâneo de Dowson em Oxford que lembra do pessimismo filosófico do poeta, amplamente baseado na leitura do filósofo alemão Schopenhauer: "Ele nunca chegou a mudar a opinião, então já formada, de que a natureza e a humanidade são, no conjunto, abomináveis, e que só podemos levar em consideração os escritores que proclamam essa verdade de forma sutil ou desafiadora". Com certeza, nunca ninguém considerou Dowson uma mente sã em um corpo são. Ele escreveu sobre a doca falida a um amigo: "Sinto-me como um protoplasma no embrião de um troglodita. Se encontrares um caixão de segunda mão, bem barato e grande o suficiente, peço-lhe o favor de comprá-lo e mandá-lo para cá".

Uma das poucas coisas com as quais Dowson não se entediava era a bebida, especialmente o absinto. "Uísque e cerveja são para os tolos; absinto é para poetas", costumava dizer. "O absinto tem o poder dos bruxos: ele pode varrer o passado ou renová-lo; anular ou prever o futuro." Em uma carta para Arthur Moore, datada de outubro de 1890, ele pergunta:

> Como vai sua saúde? O absinto que consumi entre nove da noite e sete da manhã de sexta parece ter subjugado minha neuralgia, mas a que custo, para minha saúde geral! Que absurda bagunça na minha cabeça depois de tanto absinto! Quantas tentativas ineficazes para tentar transpor um cruzamento lotado! Como Londres me parecia irreal! Como é maravilhoso!

Sete da manhã? Um regime alimentar terrível. Não só a confusão na cabeça, mas a irrealidade absurda também são muito vívidas, algo como a "desfamiliarização" de Wilde diante da cartola.

Em outra ocasião, Dowson e Lionel Johnson ficaram gritando no meio da noite debaixo da janela de Victor Plarr, na Great Russell Street, para chamar o amigo. A luz no apartamento foi logo apagada. Dowson escreveu depois para Plarr para pedir desculpas por ter "violado o silêncio do meio da noite de Great Russell Street": "Perdoe-me se era real e não um devaneio do absinto", ele escreveu, "como muitas coisas estão parecendo ser atualmente". Algo da impressão de sonho de uma noite com Dowson aparece nas memórias de R. Thurston Hopkins, *A London Phantom*.[6]

A tia de Dowson, Ethel, preferia o irmão dele, Rowland, mais sensato, e lembra de Ernest como uma personagem tipo Dr. Jekyll e Mr. Hyde, escrevendo maravilhosamente (ela se referia ao trabalho de tradução, graças ao qual Dowson conseguia sobreviver) "e depois tomando aquelas drogas terríveis, absinto e outras coisas... Ele

6. O texto encontra-se no Apêndice 1.

era uma mistura esquisita, esperto mas ao mesmo tempo assustadoramente fraco de caráter, e enlouquecia quando tomava bebidas ou drogas".

Dowson era um homem pequeno e franzino, cortês e civilizado, mas quando tomava absinto, era capaz de comprar briga com policiais. Ele foi preso tantas vezes por embriaguez e desordem que um juiz o cumprimentou assim: "Não diga, o senhor aqui de novo, Sr. Dowson?". Como lembra Arthur Symons:

> Quando estava sóbrio, era a pessoa mais gentil e o maior cavalheiro; altruísta ao excesso, a ponto de virar fraqueza; um companheiro delicioso, o charme em pessoa. Sob a influência da bebida, tornava-se quase louco, e no mínimo completamente irresponsável. Era atacado por paixões furiosas e irracionais; expelia como um furacão um vocabulário desconhecido dele próprio e dos demais; parecia sempre à beira de algum ato de violência absurda.

Frank Harris nos dá uma imagem tenebrosa de uma noitada com Dowson no East End:

> Um pesadelo; ainda escuto a cantilena interminável cantada por uma menina, que supostamente era para ser uma música viva e alegre; ainda vejo uma mulher de tamancos dançando e mostrando de relance pernas finas e velhas enquanto sorria com uma boca sem dentes; ainda me lembro de Dowson irremediavelmente bêbado, gritando de raiva e vomitando insultos.

A vida amorosa de Dowson também refletia essa personalidade Dr. Jekyll/Mr. Hyde. W. B. Yeats escreveu sobre a devoção do poeta pela filha de um dono de restaurante, com a qual disputava um inocente jogo de baralho uma vez por semana: "aquele jogo de cartas semanal", diz Yeats, "preenchia uma porção enorme da vida emocional de Dowson". E acrescenta: "sóbrio, dizem que ele não olharia para nenhuma outra mulher, mas quando bebia, dava em cima de qualquer uma que a sorte lhe trouxesse, limpa ou suja". Essa situação é a base do famoso poema de Dowson, "Cynara", cuja primeira estrofe diz:

> Ontem à noite, ah na noite passada, entre seus lábios e os meus
> Baixou tua sombra, Cynara! Teu sopro
> Em minha alma verteu entre beijos e vinho;
> E eu desolado e doente de uma velha paixão,

> Sim, eu estava desolado e, baixando a cabeça:
> Eu lhe fui fiel, Cynara! Do meu jeito.[7]

Dowson continua assombrado pelo antigo amor e incapaz de encontrar paz nas prostitutas ou na vida de excessos:

> Exigi música mais louca e pedi vinho mais forte,
> Mas então, quando a festa acaba e as luzes morrem,
> Baixa tua sombra, Cynara! A noite é tua...[8]

Yeats relata que um membro do Rhymers Club (possivelmente Symons) chegou a ver Dowson bêbado num café de Dieppe, acompanhado do que Yeats define de forma altiva como "uma puta particularmente vulgar" – devia ser alguém chocante até mesmo para os padrões de Dowson. Ao puxar o amigo pela manga, Dowson lhe confidenciou, excitado, que ele e a acompanhante tinham algo em comum. "Ela escreve poemas!", ele disse. "É como Browning e a Sra. Browning!"

As cartas de Dowson estão cheias de referências ao absinto e nos dão uma imagem da vida noturna de 1890 de deixar qualquer um arrepiado. Em uma tarde típica, Dowson e seus amigos se encontravam no Cock, *pub* na Shaftesbury Avenue, e quem chegasse depois das seis da tarde já encontraria Dowson sentado diante de um copo de absinto escrevendo versos em um pedaço de papel ou envelope. Por volta das sete da noite, sairiam para ir ao teatro, algo de que Dowson não gostava muito, ou para jantar na Sherwood Street, no restaurante onde se apaixonara por Adelaide. Às vezes, as noites ficavam mais pesadas, como a noite de julho de 1894, descrita a seguir, na qual Dowson bebeu com o ator Charles Goodhart. O pano de fundo dos acontecimentos dessa noite é que Dowson e seus amigos estavam cuidando de uma jovem chamada Marie, provavelmente uma atriz, acometida de "febre cerebral" em consequência de uma *overdose* de drogas. Por conta disso estavam todos muito estressados.

> Goodie e eu nos encontramos à tarde. Com ele estava um rapaz encantador, grande consumidor de ópio, que fugira com a prima e agora queria casar com ela.

7. No original: Last night, ah, yesternight, betwixt her lips and mine/ There fell thy shadow, Cynara! Thy breath was shed/ Upon my soul between the kisses and the wine;/ And I was desolate and sick of an old passion,/ Yea, I was desolate and bowed my head:/ I have been faithful to thee, Cynara! In my fashion.

8. No original: I cried for madder music and for stronger wine,/ But when the feast is finished and the lamps expire,/ There falls thy shadow, Cynara! The night is thine...

> Encontramo-nos às sete da noite e tomamos quatro absintos cada um no Cock, até às nove da noite. Fomos então comer rins – e tomamos dois absintos cada um no Crown [um *pub* na Charing Cross Road]. Depois, cada um tomou mais um absinto no clube de Goodie. Um total de sete absintos. Estávamos todos bastante abalados – menos o viciado em ópio, que nos levou de volta ao Temple em um táxi. Hoje de manhã, Goodhart e eu tremíamos de forma visível. Sinto-me bastante indisposto, e, de fato, decidimos que afogáramos nossas mágoas o suficiente, e que teremos de passar alguns dias sem beber nada mais forte que limonada e estricnina. Mas o estrago foi terrível para nossos nervos. Gostaria que você tivesse convivido mais com Marie, cujo charme era realmente marcante – tocava não só os homens, mas as mulheres também. Ela conquistou imediatamente Missie e a mãe desta, que não gostava nada dos namorados irretocáveis de Hoole ou Marmie – na verdade, Marie conquistava qualquer um que chegasse perto dela. Mas devo admitir que estou maldosamente feliz que ela tenha ido embora. Escreva e me dê notícias – e perdoe as incoerências destes rabiscos. Minha mão está tomada por um tremor de primeira, e minha cabeça está cheia de barulhos

Algumas manhãs desse jeito eram o suficiente para que Dowson reconsiderasse seu apego à substância verde. Em uma carta a Arthur Moore, datada de fevereiro de 1899, intitulada *Uísque v. absinto*, Dowson colocou no cabeçalho: "No Departamento de Bebidas Narcóticas do Tribunal de Justiça":

> Em geral, é um erro ficar dopado com o fluido verdejante. Como bebida habitual, é inferior ao nosso *scotch*... Acordei esta manhã com os nervos rangendo e a boca pestilenta... Pelo visto, com o absinto, a puta gosta mais de você. É também ruim demais para a tez... Nunca tive uma aparência mais debochada que a de hoje de manhã.

Muitas vezes, Dowson se referia ao absinto em termos mais positivos. Ele e seus amigos bebiam regularmente no Café Royal, perto de Piccadilly, um lugar opulento que imitava os grandes cafés franceses do Segundo Império. "Quisessem os deuses que eu tivesse um absinto para tomar. Bom e velho Café Royal", ele escreveu para Arthur Moore. E mais tarde: "Vamos andar até o Royal e *absintar*; talvez ajude a me recuperar". Isso ocorreu poucos meses antes de sua morte. Mais perto ainda do fim Dowson escreveu: "Um dia desses meu caminho trêmulo irá acabar na frente do nº 7 [da Lincoln's Inn Fields, onde Arthur Moore morava] e vamos *absintar*. Espero que nunca mais seja tão prejudicial".

É marcante em "*Absinthia taetra*", o poema em prosa de Dowson, a ansiedade que ele transmite (com os "olhos de tigre" do futuro), bem como a impressão de um homem assediado e atormentado tanto pelo futuro quanto pelo passado. O absinto revela-lhe um paraíso artificial, pelo menos durante algum tempo, e a obra tenta passar a experiência de uma droga que vai além da bebedeira ordinária. Mas como em "O fumante de ópio", de Arthur Symons, nada é realmente alterado.

> O verde se tornou branco, a esmeralda virou opala: nada mudara.
> O homem fez a água correr delicadamente para dentro do copo, e o
> verde ficou nublado, uma névoa caiu de sua mente.
> Então ele tomou opalina.
> Lembranças e terrores o atormentavam. O passado o dilacerava como uma pantera,
> e por dentro da escuridão do presente
> ele via os olhos luminosos de tigre das coisas ainda a ser.
> Mas ele tomou opalina.
> Aquela noite obscura da alma, e o vale da
> humilhação pelo qual tropeçava,
> já eram esquecidos. Ele divisava visões azuis de países nunca descobertos,
> altos panoramas e um mar calmo e acariciante.
> O passado despejava sobre ele seu perfume, o hoje o segurava pela mão
> como se fosse uma criança pequena, e o amanhã brilhava
> como uma estrela branca: nada mudara.
> Ele tomou opalina.
> O homem conhecera a noite obscura da alma, e
> continuava no vale da humilhação; e a
> ameaça de tigre das coisas futuras pairava vermelha no céu.
> Mas por algum tempo ele esquecera.
> O verde se tornou branco, a esmeralda virou opala: nada mudara.[9]

Esse estilo de vida teve um efeito desastroso sobre Dowson. Outro membro do

9. No original: Green changed to white, emerald to an opal: nothing/ was changed./ The man let the water trickle gently into his glass, and as/ the green clouded, a mist fell from his mind./ Then he drank opaline./ Memories and terrors beset him. The past tore after him/ like a panther and through the blackness of the/ present he saw the luminous tiger eyes of things to be./ But he drank opaline./ And that obscure night of the soul, and the valley of/ humiliation, through which he stumbled were/ forgotten. He saw blue vistas of undiscovered/ countries, high prospects and a quiet, caressing sea./ The past shed its perfume over him, to-day held his/ hand as it were a little child, and to-morrow shone/ like a white star: nothing was changed./ He drank opaline./ The man had known the obscure night of the soul, and/ lay even now in the valley of humiliation; and the/ tiger menace of the things to be was red in the skies./ But for a little while he had forgotten./ Green changed to white, emerald to an opal: nothing/ was changed.

círculo de Smithers, Vincent O'Sullivan, autor de *Houses of Sin*, lembra:

> Dowson descuidava de sua aparência pessoal a tal ponto que nunca vi em qualquer outra pessoa na face da Terra, nem em mendigos ou outros marginais...[10] O problema de Dowson é que ele não tinha a menor intenção de mudar isso... Para ele, gastar com banhos, roupas e remédios era jogar dinheiro fora.

Essa descrição deixa claro por que Beardsley, enjoado e melindroso como era, o desdenhasse. Quando Smithers publicou *Fome*, de Knut Hamsun, inseriu na capa uma ilustração sinistra de William Horton, e Oscar Wilde protestou, afirmando que parecia "uma caricatura horrível de Ernest [Dowson]". Wilde escreveu para Smithers: "A cada dia que passa, a ilustração na capa de *Fome* se parece mais e mais com Ernest. Eu agora a escondo". Reflexos de *Dorian Gray*...

Capa de William Horton para *Fome*, de Knut Hamsun, publicado por Leonard Smithers em 1899.

Dowson permaneceu amigo leal de Wilde após o seu declínio, e passou algum tempo com ele na França. Foram dias ruins para Dowson, que estava no auge do sofrimento por causa de Adelaide, mas mesmo assim eles tiveram alguns momentos de paz. Em uma carta para Reggie Turner, quando estavam em Berneval-sur-Mer, Wilde acrescentou: "Ernest tomou absinto sentado sob as macieiras!". Ele escrevera para Alfred Douglas no dia anterior, provocando-o sobre as datas de suas cartas.

10. No original, "beat", no sentido de artistas marginalizados. Uma das primeiras vezes em que a palavra é usada nesse sentido, antes das décadas de 1950-1960, quando se tornou sinônimo de contracultura. (N. T.)

"Sabes realmente o dia do mês?", Wilde pergunta. E acrescenta: "Eu raramente sei, e Ernest Dowson, que está aqui, nunca sabe". Wilde sempre defendeu o alcoolismo de Dowson. Quando alguém dizia: "É uma pena que tome tanto absinto", Wilde levantava os ombros e retrucava: "Se não bebesse, seria outra pessoa. *Il faut accepter la personnalité comme elle est. Il ne faut jamais regretter qu'un poète est saoul; il faut regretter que les saouls ne soient pas toujours des poètes.*"[11]

Alguns dos hábitos de Dowson parecem ter influenciado Wilde. Dowson o convenceu a visitar um bordel heterossexual, para adquirir o que ele denominava "um gosto mais completo", mas Wilde não apreciou muito. "Era como carne de carneiro fria", ele disse em voz baixa para Dowson quando saiu de lá, e depois (bem alto, para que a multidão que o seguira festejando pudesse ouvir): "Mas conte isso na Inglaterra, porque vai restaurar meu caráter". Wilde parece ter acompanhado Dowson nas suas bebedeiras. Certa vez ele escreveu para Dowson, perguntando: "Por que você é tão persistente e perversamente maravilhoso?", e acrescentou:

> Esta manhã, decidi tomar um Pernod. O resultado foi maravilhoso. Às oito e meia eu estava morto. Agora estou vivo, e tudo está perfeito, menos tua ausência.

Alguns dias depois, Wilde escreveu uma nota para Dowson a fim de aliciá-lo: "Caro Ernest, venha para cá urgente: Monsieur Meyer está oferecendo um café da manhã regado a absinto, e precisamos de você".

Dowson era um francófilo ardente, e passou um longo período em Paris ("a única cidade", como a definia), onde passou fome. Escrevendo da Rue Saint--Jacques, 214, ele conta para Arthur Moore que ele, Dowson, e Connell O'Riordan passavam dificuldades: "Connell parou de fumar e beber para ter suas duas refeições diárias certinhas, enquanto eu aperto o cinto para ter minha provisão de cigarros e absinto. Quanto às mulheres... sequer ousamos olhar para elas". Quando O'Riordan voltou para a segurança de Londres, Dowson escreveu para o amigo a fim de dar-lhe detalhes de alguns dias de sua vida. No dia anterior ele conseguira jantar de graça na casa do Visconde de Lautrec (não o pintor, embora Dowson também o conhecesse), onde fumaram haxixe e usaram a tábua *ouija*. "Recebemos uma mensagem de Satã", conta o poeta, "mas aparentemente ele não tinha nada importante a dizer".

Agora, depois de um absinto no café D'Harcourt, e tendo gasto seu último tostão em fumo e papel para cigarro, Dowson volta *chez moi* para comer uma baguete, um

11. Temos de aceitar a personalidade como ela é. Nunca devemos lamentar que um poeta seja um bêbado; devemos lamentar que nem todos os bêbados sejam poetas.

pedaço de queijo brie, e tomar meia garrafa de vinho. Na carta, ele faz um esboço do que tinha à mesa, enumerando seus "vários efeitos literários". No dia seguinte, Dowson precisa comprar pão em vez de comprar selo, e no terceiro dia ele continua a carta sem postá-la: "Hoje de manhã recebi uma carta e uma libra. Saí com lágrimas de gratidão nos olhos e tomei primeiro um absinto, depois o café da manhã".

Dowson convertera-se ao catolicismo no oratório de Brompton em setembro de 1891, e em Londres costumava molhar seu crucifixo no absinto antes de tomá-lo. Em Paris, frequentava a bela igreja de Notre Dame des Victoires, que antes "conhecia somente pelo maravilhoso romance de [Joris-Karl] Huysmans [*En route*, de 1895] [...] fiquei imensamente impressionado pela onda de devoção que emociona a congregação toda reunida ali". Jad Adams conta que quando ficava em Dieppe, Dowson passava horas em uma capela lateral da igreja de Arques, ajoelhado em adoração a uma pintura de Santa Wilgefortis, conhecida na França como Livrada. Wilgefortis era filha de um rei pagão, mas converteu-se ao cristianismo e fez voto de castidade. Quando seu pai decidiu casá-la com o rei da Sicília, Wilgefortis pediu a ajuda de Deus para evitar o casamento, e a ajuda chegou na forma de uma barba que cresceu nela. Quando o rei da Sicília recusou-a como esposa, o pai ordenou que fosse crucificada. Dowson concentrou sua devoção nessa mártir barbuda, evidentemente comovido com sua história. Como comentou seu biógrafo: "é sempre possível contar com Dowson para fugir do comum".

Para além do simples alcoolismo, no modo de beber de Dowson podemos notar também algumas associações metonímicas, uma-parte-para-o-todo: quando tomava absinto em Londres, estava bebendo Paris; e quando mergulhava o crucifixo no absinto, estava bebendo sua religião.

Inevitavelmente, sua saúde física e mental começou a se deteriorar por conta da vida que levava. Em 1899, Dowson morava no Hotel Saint Malo, na Rue d'Odessa, e bebia muito, a noite toda, principalmente no Quartier Latin e nos bares dos trabalhadores do mercado de Les Halles. Ele foi com o artista plástico Charles Conder para La Roche Guyon, a fim de quebrar a rotina de Paris, mas àquela altura já mostrava sintomas avançados do vício em absinto. Conder escreveu para William Rothenstein, dizendo que Dowson "tivera um ataque de manhã que deixara sua mente na mais completa confusão, à mercê de uma série extraordinária de alucinações. Deixei-o lá, pois se recusou a voltar para Paris".

Dowson voltou para Paris mais tarde, quando então seu amigo Robert Sherrard o encontrou "caído sobre uma mesa grudenta de absinto". Com os nervos completamente esgotados, Dowson disse para Sherrard que tinha medo de voltar para seu quarto de hotel. Ele estava apavorado com uma estátua sobre a lareira. "Fico acordado fitando-a", ele disse. "Sei que uma noite dessas ela vai descer de lá e me estrangular."

Sherrard também bebia e era duelista. Dowson o descreveu como uma pessoa "encantadora, mas a mais soturna e melancólica que já encontrei. Sua conversa parece ácido não diluído". Sherrard era capaz de gritar *slogans* antissemitas e atirar para o alto com seu revólver. Assim mesmo, foi Sherrard e sua mulher que cuidaram de Dowson no final da vida deste, na casa deles - uma casa com terraço bastante ordinária no subúrbio pobre de Catford, na parte Sudeste de Londres, com outra família morando no andar térreo -, onde Dowson morreu.

Dowson gostava de relembrar Paris, e disse a Sherrard que achava que a vida literária não tinha dado certo para ele. "No futuro", ele disse, "devotarei minhas energias a algo diferente." Como Dowson tossia muito, Sherrard trouxe-lhe vinho *ipecuanha*,[12] que comprara de um farmacêutico. A tosse continuou, então Sherrard foi buscar um médico. Durante sua ausência, Dowson disse para a esposa do amigo: "Você é como um anjo do céu, Deus a abençoe". Sherrard voltou e, quando tentou sentar Dowson para facilitar-lhe a respiração e secar-lhe a testa, a cabeça do poeta tombou. Ele tinha 32 anos.

Wilde escreveu de Paris para Leonard Smithers - que estava falido àquela altura -, pedindo-lhe para colocar flores no túmulo de Dowson. A carta de Wilde contém o famoso epitáfio de Dowson: "Pobre maravilhoso rapaz machucado que era, uma trágica reprodução de toda a poesia trágica, um símbolo, ou uma cena. Espero que depositem folhas de louro em seu túmulo, e de arruda, e de murta também, pois ele sabia o que é o amor". No centenário da morte de Dowson, a Eighteen Nineties Society colocou uma coroa de arruda, alecrim e murta sobre a lápide de seu túmulo, e em seguida os membros do Lost Club regaram de absinto sua sepultura.

Sem casa, sem dentes, cada vez mais louco, Dowson durou até 1900. Não podia ter morrido em um ano mais significativo. W. B. Yeats evoca o fim brutal da década de 1890:

> Aí, em 1900, todo mundo desceu das pernas de pau; doravante, ninguém tomava absinto com café preto; ninguém mais ficava louco; ninguém mais se suicidava; ninguém se convertia ao catolicismo; ou se o faziam, esqueci.

Em relação ao absinto, porém, ele estava errado.

---

12. Assim no original. A palavra certa é *ipecacuanha*, do tupi *i-pe-kaa-guéne*, que significa "planta da beira da estrada que enjoa". A raiz, originária do Brasil, era usada como emético, nauseante, expectorante e diaforético. (N. T.)

Paul Verlaine no Café Procope, com tinteiro e absinto à sua frente. Foto Bibliothèque Nationale.

CAPÍTULO 4

Enquanto isso, na França...

Gaston Beauvais, o *absintheur* maldito do romance *Wormwood* de Marie Corelli, tinha aspirações literárias: ele até escreveu um curto estudo sobre Alfred de Musset, que talvez tenha sido a primeira vítima do absinto entre os grandes poetas franceses. O consumo da bebida, aliás, transforma-se ao longo do século XIX em uma espécie de mal do ofício para os poetas. Musset era um escritor da melancolia e escrevia principalmente sobre o amor perdido. O primeiro livro que publicou foi uma tradução muito pessoal de *Confissões de um comedor de ópio*, cheia de digressões pessoais e até de "melhoramentos" no texto. Musset junta Quincey, autor do romance autobiográfico, e Anne, a menina perdida e prostituta, em um final feliz sentimental, como se para ele o final original fosse insuportável.

Musset bebeu durante anos no Café Procope e no Café de la Régence, na esquina da Rue Saint-Honoré e da Place du Palais Royal. Nos diários dos Goncourt há um relato de segunda mão sobre ele:

> Dr. Martin me contou ontem que vira Musset tomar seu absinto no Café de la Régence, um absinto que parecia uma sopa densa. Depois daquilo, o garçom ofereceu-lhe o braço e o levou, ou melhor, quase o carregou, até a carruagem que o esperava.

O vício de Musset em absinto era famoso. Quase sessenta anos depois de sua morte, quando a bebida estava prestes a ser banida, um político com interesses escusos, chamado Alfred Girod (eleito no distrito de Pontarlier, onde havia fábricas de absinto), fez tudo o que pôde para defendê-la. Era ridículo acabar com uma indústria francesa que fazia tanto sucesso. O *lobby* antiabsinto sustentava que a bebida transformava as pessoas em bichos ferozes – mas ele próprio tomava um copo de absinto todos os dias, e por acaso parecia um cachorro louco? Finalmente, no desespero,

Girod apelou para o argumento de que o absinto inspirara a poesia de Alfred de Musset. Como podiam banir algo assim?

Ainda em vida, Musset foi eleito membro da Académie Française, mas ele raramente aparecia nas reuniões. Quando alguém observou que Musset se "ausentava" com frequência, Villemain, secretário da Académie, não conseguiu evitar uma piada sarcástica: o que o senhor quer dizer é que ele se *absinta*[1] demais.

Há um poema dedicado a Musset de outro poeta da época, Edmond Bourgeois, sobre a tênue linha verde entre estar inspirado e estar liquidado.

Ansioso e aflito, no espaço fechado e enfumaçado
De um café, eu sonho, e, sonhando, escrevo
Sobre os reflexos azuis do sol que amo
Quando vejo suas luzes em uma taça de absinto.

Então a mente escala os picos mais altos,
E o coração está cheio de esperança e do cheiro de jacinto.
Escrevo cada vez mais, dizendo: o absinto é sagrado,
E a musa de olhos verdes é soberana para sempre.

Mas infelizmente o poeta é só um homem.
Depois do primeiro copo sorvido para escrever melhor,
Eu quis tomar um segundo, e a escrita ficou mais lenta.

As ondas tumultuadas de pensamento recuaram
E secaram; meu cérebro ficou oco:
Eu só precisava de uma taça e tomei duas.

Contemporâneo mais jovem de Musset, Charles Baudelaire, autor de *As flores do mal*, tornou-se, para a opinião pública – especialmente do outro lado do Canal da Mancha –, a encarnação do vício. Ele era bem mais complexo que isso, e Christopher Isherwood, escritor inglês, tentou trazer à tona algumas de suas contradições. Religiosamente blasfemo, um dândi desleixado, um revolucionário que desprezava as massas, um indivíduo profundamente moral fascinado pelo mal e um

1. Em francês, o jogo de palavras entre *s'absenter* e *s'absinther* é obviamente mais contundente e humorístico.

filósofo do amor que não se dava bem com as mulheres. Em seus *Journaux Intimes*, Baudelaire coloca: "Até quando era criança, sentia duas sensações conflitantes em meu coração: o horror da vida e o êxtase da vida. Era sem dúvida o sinal de um vadio neurastênico".

Baudelaire foi um grande explorador das novas sensações da vida urbana, do começo da "modernidade", e do que hoje chamaríamos alienação e neurose, ampliando os domínios da arte e da poesia para incluir assuntos que antes eram proibidos, e descobrindo neles uma nova e estranha beleza. Era um grande expoente do dandismo, que, mais que uma simples questão de vestir-se bem, era considerado uma atitude diante da vida ou filosofia. Ao mesmo tempo, Baudelaire não tinha a menor fascinação pela ideia de "progresso", detestava a banalidade da vida moderna e tinha tendência a acreditar no Pecado Original. No final da vida, começou a temer a loucura. Tentou largar a bebida e as drogas, e começou a rezar com maior intensidade não só a Deus, mas também a Edgar Allan Poe (a quem reverenciava e traduziu para o francês), como as pessoas rezam para algum santo para que interceda por elas.

Escreve Isherwood: "Paris ensinou-lhe seus vícios, absinto e ópio, e o dandismo extravagante do começo de sua vida adulta o deixou com dívidas para o resto da vida". Baudelaire traduziu também as *Confissões de um comedor de ópio* e escreveu ensaios sobre haxixe, ópio e álcool que se tornaram clássicos, como *Os Paraísos Artificiais* e "Wine and Hashish Compared as a Means for the Multiplication of the Personality". A obra *Le boulevard*, de Jules Bertaut, mostra Baudelaire enfiando-se em um café, o Café de Madrid, e rechaçando a jarra d'água: "A vista da água me enjoa", dizia ele, antes de beber dois ou três copos de absinto com uma expressão "distante e displicente".

Baudelaire nunca escreveu explicitamente sobre o absinto, e quando fala a respeito de álcool, chama-o genericamente "vinho", como em seu famoso poema em prosa "Embriaguem-se!":

> É preciso estar sempre embriagado. Aí está: eis a única questão. Para não sentirem o fardo horrível do Tempo que verga e inclina para a terra, é preciso que se embriaguem sem descanso.
>
> Com quê? Com vinho, poesia ou virtude, a escolher. Mas embriaguem-se.
>
> E se, porventura, nos degraus de um palácio, sobre a relva verde de um fosso, na solidão morna do quarto, a embriaguez diminuir ou desaparecer quando você acordar, pergunte ao vento, à vaga, à estrela, ao pássaro, ao relógio, a tudo que flui, a tudo que geme, a tudo que gira, a tudo que canta, a tudo que fala, pergunte que horas são; e o vento, a vaga, a estrela, o pássaro, o relógio responderão:

"É hora de embriagar-se! Para não serem os escravos martirizados do Tempo, embriaguem-se; embriaguem-se sem descanso". Com vinho, poesia ou virtude, a escolher.[2]

Não é questão só de álcool, embora muitos, de Rimbaud a Dowson e Harry Crosby, tenham-se comportado mais tarde como se fosse. O vinho é um símbolo, como o era na poesia mística persa, e a questão na verdade era manter um estado de intensidade e inspiração maníaca capaz de derrotar o tempo. O paralelo mais próximo talvez seja a convicção de Walter Pater, na "Conclusão" de *The Renaissance*, de que "estar sempre queimando com essa chama dura como uma pedra preciosa, mantendo o êxtase, é o sucesso na vida".

Quando Baudelaire escreve sobre "vinho", o poema que mais se aproxima da poesia do absinto da época (com seus toques típicos de veneno, verdejo, esquecimento e morte) é provavelmente "O veneno", que consta de *As flores do mal*:

O vinho sabe vestir o antro mais sórdido
De luxo prodigioso,
E engendra mais de um pórtico fabuloso
No ouro de seu vapor rubro,
Como um sol que se põe em um céu nebuloso.
[...]
Mas nada disso vale o veneno que escorre
De teus olhos, teus verdes olhos,
[...]
Nada disso vale o terrível prodígio
Da tua saliva que morde,
Que mergulha no esquecimento minha alma sem remorso,

2. No original em francês, "Enivrez-vous!": Il faut être toujours ivre. Tout est là: c'est l'unique question. Pour ne pas sentir l'horrible fardeau du Temps qui brise vos épaules et vous penche vers la terre, il faut vous enivrer sans trêve.
Mais de quoi? De vin, de poésie ou de vertu, à votre guise. Mais enivrez-vous.
Et si quelquefois, sur les marches dans palais, sur l'herbe verte d'un fossé, dans la solitude morne de votre chambre, vous vous réveillez, l'ivresse déjà diminuée ou disparue, demandez au vent, à la vague, à l'étoile, à l'oiseau, à l'horloge, à tout ce qui fuit, à tout ce gémit, à tout ce qui roule, à tout ce qui chante, à tout ce qui parle, demandez quelle heure il est; et le vent, la vague, l'é-toile, l'oiseau, l'horloge, vous répondront: "Il est l'heure de s'enivrer! Pour n'être pas les esclaves martyrisés du Temps, enivrez-vous; enivrez-ous sans cesse!". De vin, de poésie ou de vertu, à votre guise.
Tradução para o português de Leda Tenório da Motta (*O spleen de Paris: pequenos poemas em prosa*. São Paulo: Imago Editora, 1995).

E, carreando a vertigem,
A arrasta cambaleante até o limiar da morte![3]

Baudelaire, afinal, está interessado em algo do qual bebida e drogas são só símbolos ou alusões, e no poema "Convite à viagem", ele escreve que "cada um carrega consigo uma dose do próprio ópio". Os entorpecentes, a bebida e a sífilis acabaram alcançando Baudelaire, que morreu aos 46 anos, já debilitado por um derrame. Perto do fim, foi hospitalizado em um convento de freiras, mas elas o expulsaram logo por causa de suas blasfêmias e obscenidades.

Baudelaire foi uma figura seminal para os poetas da década de 1890, pois buscou seus materiais artísticos na esqualidez pré-modernista da metrópole parisiense. O soneto de Eugene Lee-Hamilton sobre Baudelaire está impregnado tanto da cidade quanto de sua figura. Esse poema faz parte da coletânea de 1894, *Sonnets of the Wingless Hours*, título que já evoca o tempo parado do *ennui* baudelairiano, só vivificado, neste caso, pelos "cheiros vagos de almíscar, que se misturam aos miasmas da lama dos cortiços", e pela "esplêndida iridescência da decomposição":

Uma sarjeta em Paris, nos bons e velhos tempos,
Preta e podre em sua cama estagnada,
A não ser onde o escoamento do matadouro ou os respingos
De uma forca, ou crimes noturnos, a tingem de vermelho.

Ela contém ouro solto; flores mortas de climas tropicais;
Gemas falsas ou verdadeiras despejadas por mascarados à meia-noite;
Velhos potes de ruge; velhos frascos quebrados que exalam
Cheiros vagos de almíscar, que se misturam aos miasmas da lama dos cortiços.

E por toda parte, enquanto resplandece o dia que desponta,
Flutua sobre os meandros do fétido atoleiro,
A esplêndida iridescência da decomposição:
[...][4]

3. No original em francês, "Le poison": Le vin sait revêtir le plus sordide bouge/ D'un luxe miraculeux,/ Et fait surgir plus d'un portique fabuleux/ Dans l'or de sa vapeur rouge,/ Comme un soleil couchant dans un ciel nébuleux.
[...] Tout cela ne vaut pas le poison qui découle/ De tes yeux, de tes yeux verts
[...] Tout cela ne vaut pas le terrible prodige/ De ta salive qui mord,/ Qui plonge dans l'oubli mon âme sans remords,/ Et charriant le vertige,/ La roule défaillante aux rives de ma mort!

4. No original: A Paris gutter of the good old times,/ Black and putrescent in its stagnant bed,/ Save where the shamble oozings fringe it red,/ Or scaffold trickles, or nocturnal crimes.// It holds dropped gold; dead flowers from tropic climes;/ Gems true or false, by midnight masquers shed;/ Old pots of rouge; old broken vials that spread/ Vague fumes of musk, with fumes from slums and slimes.// And everywhere, as glows the set of the day,/ There floats upon the winding fetid mire/ The gorgeous iridescence of decay://[...]

O ABSINTO FICA em primeiro plano com Paul Verlaine, personagem que contribuiu mais que qualquer outra para consolidar o hábito de tomar absinto como culto boêmio, apesar do efeito evidente que tinha sobre o escritor. Em geral, as pessoas o consideravam uma personalidade dividida. De um lado, havia sua poesia primorosa – deliberadamente vaga, requintada, sugestiva, indefinível, capaz de evocar evanescentes paisagens emocionais –; de outro, havia o horror de uma vida embebida em absinto e que nos parece chocante ainda hoje. Verlaine batia com frequência na mulher e até tentou atear fogo nela. Ele atirou em Rimbaud e também agrediu a própria mãe mais de uma vez: quando esta tinha 75 anos, apontou-lhe uma faca, porque precisava de dinheiro. No final da vida, arrependido, jogou a culpa de seus excessos no absinto.

Durante muito tempo o absinto tornou-se uma parte embaraçosa da identidade de Verlaine. Um dia, o teatrólogo Maurice Maeterlinck presenciou um trem entrando em uma estação na Bélgica, em Ghent, e a bordo estava o que parecia ser uma espécie de demente:

> O trem vindo de Bruxelas parou na estação quase deserta. Uma janela de um vagão de terceira classe se abriu com grande estrépito, e na moldura apareceu a cara de fauno do velho poeta. "Tomo-o com açúcar!", gritava. Essa parecia ser sua saudação habitual nas viagens: uma espécie de grito de guerra ou de passaporte, querendo dizer que ele tomava absinto com açúcar.

Verlaine era filho único de pais que o mimaram demais. A mãe o tivera finalmente depois de uma série de partos prematuros e abortos espontâneos; ela guardava os fetos em casa, conservados em jarras, o que deve ter sido um tanto opressivo. Uma noite, depois de uma briga furiosa com a mãe, ele destroçou as jarras. Verlaine era muito feio e, na adolescência, ficou infeliz quando tomou consciência de que não atraía as mulheres. Um de seus professores lembrava de sua "cara medonha, que parecia a de um criminoso"; a mãe de um amigo ficou horrorizada quando o encontrou, pensando tratar-se de "um orangotango fugido do Jardim Botânico de Paris".

A instabilidade de Verlaine em relação à bebida veio à tona muito cedo: ele frequentava a livraria Lemerre no Passage Choiseul, uma das galerias de arcadas existentes em Paris, e o próprio Alphonse Lemerre lembra que Verlaine nunca saía da livraria "sem parar no pequeno café no final da galeria. Ele tomava às vezes mais de um absinto, e quase sempre [François] Coppée tinha bastante dificuldade em levá-lo embora". Verlaine não gostava que o tirassem dali. Outro amigo de infância,

Edmond Lepelletier, voltava para casa, cruzando a Bois de Boulogne, quando Verlaine decidiu retornar para o Pré-Catelan para mais uma dose. Como Lepelletier tentou controlá-lo, Verlaine ficou possesso, desembainhou a adaga de sua bengala e perseguiu-o, tentando matá-lo.

Uma série de perdas – o pai, a tia favorita, um primo querido – piorou o alcoolismo de Verlaine. "Mergulhei no absinto", ele escreveu mais tarde sobre aquele período, "absinto dia e noite". O casamento pareceu dar-lhe estabilidade durante um ano ou dois, mas tudo já estava complicado quando, em 1871, aconteceu o desastre: Verlaine conheceu Arthur Rimbaud, um poeta adolescente por quem ficou completamente obcecado, acabando de vez com seu casamento. Rimbaud proporcionou a Verlaine muitos dos melhores e dos piores momentos de sua vida: depois da morte de Rimbaud, um jornalista encorajou Verlaine a relembrar o que acontecera quando atirou no jovem poeta. Com certeza Verlaine deve ter ficado aliviado por tê-lo somente ferido.

> – Não – respondeu Verlaine [ao jornalista]. – Eu estava tão furioso por perdê-lo que teria preferido saber que estava morto... O menino tinha poderes diabólicos de sedução. A lembrança dos dias que passamos na estrada, selvagens e intoxicados com arte, me voltava como uma maré subindo, carregada com os perfumes de terríveis delícias...

Em 1872, Verlaine e Rimbaud seguiram juntos para Londres, onde viveram na Howland Street, perto da Tottenham Court Road (hoje um deserto de prédios institucionais; nada sobrou da casa do século XVIII, que na década de 1930 ganhou até uma placa comemorativa). Verlaine escreveu suas impressões sobre Londres para Lepelletier. A vida era um pouco diferente da que levavam em Paris. "'Não temos alcoólicos', respondeu uma garçonete para quem formulei este pedido insidioso: 'Um absinto, *s'il vous plaît, mademoiselle*'." Mas aos poucos ele foi descobrindo o Soho e um café francês em Leicester Square; e em uma visita posterior, encontrou seu discípulo Dowson e foi para o Crown.

Em 1873, Rimbaud rompeu com Verlaine, que reagiu atirando duas ou três vezes contra ele, atingindo-o no pulso. Eles estavam em Bruxelas naquele período, e como Rimbaud, mesmo ferido, insistia em viajar para Paris, Verlaine e a mãe deste levaram o jovem escritor para a estação. Lá, Verlaine, que ainda carregava o revólver, ficou tão agitado que Rimbaud chamou a polícia. Verlaine inicialmente foi acusado de tentativa de homicídio, acusação que mais tarde foi reduzida para lesões corporais, mas o maior problema foi a revelação do relacionamento dos dois. Verlaine foi detido, mas a prisão fez-lhe bem, pois parou de beber e jurou nunca mais tomar absinto. Cumpriu a maior parte de sua sentença em uma cela solitária, e voltou para o catolicismo. Ao ser solto, Verlaine procurou Rimbaud mais uma vez, que o incentivou a blasfemar e, conforme conta Rimbaud, "ele fez sangrar novamente as noventa e oito chagas do Cristo". Verlaine agrediu Rimbaud, que desta vez revidou, deixando-o inconsciente. Alguns camponeses encontraram Verlaine na manhã seguinte.

A essa altura, Verlaine estava limitado a ensinar em escolas. Não era exatamente o professor ideal, dado que era um pederasta alcoólatra, mas levou a nova função a sério e fez um trabalho honrado. A época em que ensinou francês no norte da Inglaterra e em Bournemouth foi um dos períodos mais pacíficos e estáveis de sua vida. Porém, sua vida voltou a se complicar quando retornou à França para ensinar inglês - que mal podia falar - no Collège Notre Dame, em Rethel, pois iniciou um relacionamento sério com um aluno, Lucien Letinois, que, ao que parece, lembrava-lhe Rimbaud, e também voltou a beber. Suas aulas eram melhores pela manhã. Um de seus alunos lembrava de Verlaine fugindo para a cidade ao fim das aulas matutinas, às dez e meia, para se refrescar em um pequeno bar, onde "tragava tantos absintos que muitas vezes não tinha condições de voltar para a escola sem ajuda". Qualquer escola que tivesse curso de torpeza moral em seu programa teria no poeta uma contribuição importante, mas do jeito que as coisas iam, o diretor do Collège não teve outra escolha senão livrar-se dele. Nesse período, Verlaine escreveu a Mallarmé falando-lhe de sua vida miserável ("Qualquer felicidade, a não ser em Deus, me é negada..."), e concluía a carta em inglês: "Kindly write sometimes to your gratefully [*sic*] and so friendly, VERLAINE".[5] Com um absinto diante de si, acrescentou um *P.S.*: "Apressado, nas minhas viagens, estou em uma taberna... Ainda *açucarado*, confuso. Muito preocupado. Desculpe todos os horrores...".

A partir desse momento, Verlaine abandonou qualquer pretensão de respeitabilidade. Passou mais um mês na prisão por ter ameaçado a mãe com uma faca, apesar de ela ter deposto no tribunal que ele, no fundo do coração, era um bom menino. Passou a viver nos cafés, tornando-se a maior celebridade do Quartier Latin. Sua reputação poética era tão boa que a polícia recebeu ordens para não incomodá-lo, não importava o que fizesse, mas sua saúde começava a decair. Tinha uma aparência de mendigo, parecia muito mais velho do que de fato era, e sofria de diabetes, cirrose, problemas no coração, sífilis, erisipela e dores nas pernas. Louis Roseyre, uma

5. "Por gentileza, escreva alguma vez para seu *agradecida* e *amigavelmente*, Verlaine."

testemunha contemporânea, ficou chocado ao deparar com a imagem esquálida de Verlaine: barba sebenta, echarpe imunda, bêbado e rodeado de vadios e bajuladores. Era frequentemente acompanhado por seu "secretário", um maluco meio bufão chamado Bibi-la-Purée, um excêntrico sem-teto sempre vestido de cartola, fraque esfarrapado, e carregando nas mãos um imenso buquê de flores. Bibi concluiu sua indigna carreira no funeral de Verlaine, ao roubar todos os guarda-chuvas dos presentes.

O escritor inglês Edmund Gosse deixou um retrato mais simpático do Verlaine daqueles anos, publicado pela primeira vez em *The Savoy*, em 1896, sob o título de "A First Sight of Verlaine". Gosse viajara para Paris três anos antes, em busca dos poetas simbolistas, uma busca que ele relata como um viajante procurando borboletas raras na selva. "Fiquei sabendo que havia algumas paragens onde esses Decadentes tardios podiam ser observados em grande quantidade", escreveu Gosse; logo "resolvi perscrutar esses lugares com uma rede para borboletas e ver quais delicadas criaturas com asas coloridas conseguia capturar. Principalmente o maior lepidóptero de todos, a mariposa noturna gigante Paul Verlaine, desenrolando sua probóscide nas corolas de absinto".

O safári levou Gosse ao Boulevard St. Michel, sem graça durante o dia, mas "extremamente animado e esfuziante à noite"; "para o entomólogo crítico, o lado leste daquela avenida revela-se o principal, ou talvez o único, hábitat do *poeta symbolans*, que ali está presente em grande quantidade" (algo, diz ele, como as chocolatarias de Londres no século XVIII, onde "chocolate e *ratafia*,[6] suponho, substituíam o absinto"). Depois de três dias de espera, ele conseguiu encontrar Verlaine, que se comportou de forma muito civilizada. Não se parecia nada com um mendigo: estava vestido com um terno escuro e uma camisa branca novos dos quais estava muito orgulhoso, a ponto de exibir os punhos para Gosse. Falou baixo, "de forma discreta", das belezas de Bruges, especialmente das lindas rendas antigas que se viam por lá; depois recitou seu poema "Clair de lune". Parece que toda vez que Gosse encontrava Verlaine, este se comportava como um cavalheiro. Quando se encontraram em Londres também foi assim. Gosse disse para o poeta que este parecia um filósofo chinês. "Chinês, se quiser", respondeu Verlaine; "agora, filósofo – com certeza, não!".

Verlaine fazia a fortuna dos cafés nos quais bebia, especialmente do Café François 1°, onde um artista belga chamado Henry de Groux o viu em 1893: "Ele sempre sorria, um sorriso imenso e esperto... Ainda estava sóbrio, mas colocou diante de si uma *verte* maravilhosa". Tal descrição já começa a coincidir com o Verlaine do mito, o Verlaine que Bergen Applegate romantizou em *Verlaine: His*

6. Licor de frutas como pêssego, cereja, amêndoas, entre outras, muito popular na época.

Absinthe-tinted Song: "Ele parece ter saído das páginas de Petrônio – uma criatura vaga, indefinida, meio bicho, meio ser humano – um verdadeiro sátiro...".

> 1893. Um café subterrâneo, Place St. Michel, Paris. O ar estava fétido de fumaça de tabaco, misturada com o cheiro penetrante e acre do absinto... A pálida luz purpúrea dos jatos de gás nas paredes, misturada com o brilho mais avermelhado de uma grande lâmpada a óleo pendurada sobre o grupo, cria em seu copo raios de esplendor iridescente. Seus olhos afundados e brilhantes espreitam o líquido opalescente verde meio com curiosidade, meio em dúvida. Parece um homem não totalmente certo de sua identidade – o olhar fixo de sonâmbulo que se transforma em perplexidade na hora de acordar. E com razão, pois naquele cálice demoníaco ele vertera toda sua juventude, toda sua fortuna, todo seu talento, toda sua felicidade, toda sua vida.

No livro *Degeneration*, de Max Nordau, há uma imagem menos indulgente de Verlaine. Nordau analisa a "degenerescência" como um mal-estar que atingia a cultura europeia e do qual, segundo ele, Verlaine era um exemplo perfeito. Não era só a "fisiognomonia mongólica"[7] e o "erotismo excessivo e doentio" de Verlaine, ou até mesmo o fato de ele ser um "dipsomaníaco paroxístico". O pior de tudo era a vagueza mística e a "nebulosidade" deliberada de sua poesia, que dependia da rima para guiar os movimentos e frequentemente era incapaz de comunicar um sentido lógico. "Outra marca da debilidade mental [é] a combinação de substantivos e adjetivos completamente desconectados, seja por meio de um vaguear sem sentido associando ideias, seja por meio da similitude de sons e assonâncias". Nordau acha que se trata do que hoje chamaríamos pensamento esquizoide, ainda que tenha de reconhecer que, "nas mãos de Verlaine, [isso] acabe produzindo com frequência resultados de extraordinária beleza", e que o poema "Chanson d'Automne" tem "a magia da melancolia".

Verlaine era consciente de sua má reputação. Às vezes desafiava os que o julgavam: "Há muito tempo sou considerado um verdadeiro monstro... Não conheço ninguém de valor que não carregue o próprio halo – invertido". Outras vezes ficava na defensiva: "Arruinei minha vida e sei perfeitamente que a culpa toda será jogada em cima de mim. Só posso responder que é mesmo verdade que nasci sob o signo de Saturno...". Quando chegava ao pior da contrição, culpava o absinto, que outrora celebrava, como no final do poema dedicado a François Coppée:

---

7. Os olhos e as maçãs do rosto de Verlaine foram muitas vezes descritos como chineses ou mongólicos.

Minha glória é só um humilde absinto efêmero
Tomado às escondidas, por temor das traições,
E se não o tomo mais, tenho boas razões.[8]

No livro *Confessions*, de 1895, Verlaine declara-se totalmente arrependido de ter-se envolvido com o absinto e nos fornece uma imagem memorável de seu passado etílico:

> Sim, durante três dias depois do funeral de meu primo adorado, vivi de cerveja e nada mais que cerveja. Quando voltei a Paris, como se não estivesse já suficientemente infeliz, meu chefe me deu uma bronca por causa do dia a mais que eu faltara, e eu o mandei cuidar da vida dele. Estava-me tornando um bêbedo e, já que a cerveja é ruim em Paris, recorri ao absinto: absinto no final da tarde e absinto à noite. As manhãs e as tardes eram dedicadas ao trabalho, onde gostavam ainda menos de mim depois de meu acesso de raiva; e, de qualquer forma, em consideração à minha mãe e a meu chefe, eu tinha de evitar que ficassem sabendo de meu novo e deplorável hábito.
>
> Absinto! Como é horrível lembrar daqueles dias, e de dias mais recentes, que ainda estão próximos demais para minha dignidade e saúde – especialmente minha dignidade, pensando bem.
>
> Um só gole da bruxa abjeta (quem foi o demente que a exaltou como se fosse uma fada ou uma Musa verde?): um gole ainda podia ser divertido, mas depois, meu vício já tinha consequências mais dramáticas.
>
> Eu tinha a chave de um apartamento em Batignolles, onde minha mãe e eu ainda vivíamos depois da morte de meu pai, e a usava para voltar a qualquer hora da noite que quisesse. Contava para minha mãe mentiras do tamanho de meu braço, e ela nunca desconfiava – ou talvez desconfiasse, mas se forçava a fechar os olhos para não enxergá-las. Ah! Agora seus olhos estão fechados para sempre. Onde eu passava minhas noites? Nem sempre em lugares muito respeitáveis. "Beldades" perdidas frequentemente me acorrentavam com "guirlandas de flores"; ou passava horas e horas NAQUELA CASA DE MÁ FAMA que [Catulle] Mendès descreveu com tamanha maestria; falarei disso novamente em

8. No original: Moi, ma gloire n'est qu'une humble absinthe éphémère/ Prise en catimini, crainte des trahisons,/ Et, si je n'en bois pas plus, c'est pour des raisons.

outra hora e lugar. Eu costumava ir até lá com amigos, entre os quais o saudoso Charles Cros, para sermos engolidos nas tabernas da noite, onde o absinto fluía como o Estige e o Cócito.[9]

Bem cedo, em uma bela manhã (que para mim se revelou maldita), voltei furtivamente para meu quarto, que era separado do de minha mãe por um corredor, tirei a roupa e me enfiei na cama. Queria uma ou duas horas de sono, talvez não merecidas, mas do ponto de vista filantrópico, indispensáveis. Às nove horas, quando deveria estar-me preparando para ir ao escritório e tomando meu caldo ou meu chocolate, eu ainda dormia profundamente. Minha mãe entrou no meu quarto, como sempre fazia, para me chamar.

Ela deu um grito que acabou por me acordar, e parecia ter vontade de rir:

– Pelo amor de Deus, Paul, o que andou fazendo? É óbvio que se embebedou de novo a noite passada.

A palavra "de novo" me feriu.

– O que que você quer dizer com "de novo"? – perguntei aborrecido. – Eu nunca me embriago, e ontem bebi menos do que nunca. Jantei com um velho amigo e a família dele. Bebi apenas água vermelha e café sem conhaque depois da sobremesa, e voltei tarde porque [o restaurante] era muito longe daqui. Voltei tranquilamente para dormir, como você pode ver.

Minha mãe não disse nada, apenas pegou um espelho de mão pendurado na maçaneta da janela dupla, que eu usava para me barbear, e o segurou diante de meu rosto.

Eu deitara com a cartola na cabeça.

Conto essa história com toda vergonha possível. Mais tarde, terei de relatar outros tantos absurdos, até piores, que credito ao excesso dessa terrível bebida: essa bebida, esse excesso, fonte de loucura e crime, de demência e vergonha, sobre a qual os governos deveriam cobrar pesados tributos, ou até proibir de vez: o Absinto!

A OUTRA GRANDE FONTE de loucuras, crime, demência e vergonha na vida de Paul Verlaine foi Arthur Rimbaud. O adolescente brilhante, mas desequilibrado, de Charleville, lhe enviara alguns poemas, e Verlaine ficou tão impressionado que convidou Rimbaud, então com 16 anos, para ficar com ele em Paris. Foi buscá-lo na

9. Na mitologia greco-romana, Estige é o rio da imortalidade, e Cócito, o das lamentações, ambos localizados no Reino de Hades, terra dos mortos.

estação com Charles Cros, mas não o encontrou. Antes mesmo de Verlaine voltar da estação, o menino genial já escandalizara a mulher de Verlaine, Mathilde, e sua sogra, Madame Mauté de Fleurville. Muito desajeitado e provinciano, Rimbaud era incapaz de sustentar um mínimo de conversa literária, e compensava seu embaraço com um jeito ríspido de tratar as pessoas. A única coisa que todos lembravam de ele ter expressado era seu ódio zombeteiro pelo adorado cachorro da mãe de Mathilde. "Os cães são uns *liberais*", ele disse.

Rimbaud fora influenciado por Baudelaire e por seus estudos de ocultismo. As ideias de Baudelaire sobre os sonhos o impressionaram: "Não é dado a todos sonhar de forma grandiosa. É por meio dos sonhos que o homem se comunica com o sonho obscuro que o rodeia". Rimbaud acreditava que o escritor tinha de ser um vidente, algo próximo de um médium, e que a escrita e os pensamentos simplesmente saem por meio de nós, como os sonhos. Nós não pensamos, mas olhamos nossos pensamentos acontecer, da mesma forma que não falamos, mas algo fala por nosso intermédio. Essa atitude mental leva diretamente ao automatismo e prenuncia o surrealismo. A individualidade e o talento conscientes são ilusões perniciosas, assim como o ego: "Eu", disse Rimbaud em uma de suas famosas máximas, "é outro". Rimbaud seguia as tendências mais extremas da escrita de Baudelaire, mas sem as reservas que o próprio Baudelaire tinha a respeito. Para Rimbaud, não era só questão de "estar embriagado" o tempo todo, como Baudelaire recomendava. O jovem e rebelde escritor perseguia um programa de loucura intencional: "O poeta deve fazer de si um vidente por meio de um longo, imenso e planejado desregramento de todos os sentidos!". É preciso abrir as faculdades: "Elas precisam despertar! Drogas, perfumes! Os venenos tomados pela Sibila!". É claro que não seria a má reputação do absinto que iria detê-lo.

Às vezes Rimbaud agia como se estivesse possuído. Costumava jogar os piolhos que o infestavam nos padres que passavam por ele. Incitava Verlaine a maltratar e injuriar a esposa, e parecia decidido a acabar com o casamento deles. Rimbaud perturbou uma leitura de poesia gritando *merde!* no final de cada verso, e quando o fotógrafo Carjat tentou calá-lo, Rimbaud o atacou com a adaga da bengala de Verlaine. Certa vez em que bebia com Verlaine e alguns amigos no Café Rat Mort,[10] Rimbaud pediu ao amigo para colocar as mãos na mesa, pois queria tentar um experimento. Quando Verlaine obedeceu, Rimbaud as talhou com uma faca. Em outra ocasião, bebiam com Antoine Cros, que, depois de se afastar momentaneamente

10. Café do Rato Morto, cuja louça era decorada com a imagem de dois ratos em um duelo até a morte com espadas, e ratos com cartolas como seus ajudantes.

da mesa, reparou que sua cerveja espumava de forma suspeita. Rimbaud colocara ácido sulfúrico na bebida.

Mathilde, esposa de Verlaine, ficou aflita e ferida pela paixão brutal entre Rimbaud e seu marido. Um dia, enquanto os dois viajavam juntos, ela encontrou no escritório de Verlaine algumas cartas de Rimbaud, estranhas a ponto de serem inquietantes. Ela contou o fato aos irmãos Cros, e Antoine respondeu que, na opinião dele, Verlaine e Rimbaud já estavam avariados de tanto beber absinto.

O biógrafo de Rimbaud, Enid Starkie, o descreve nos cafés do Boulevard St. Michel em um estado quase permanente de intoxicação. Ele gostava também de um café na Rue St. Jacques chamado Académie, como escreveu para o amigo Delahaye:

Pormerda, Juniado 72

> Meu amigo,
>
> [...]
>
> Há um lugar para beber do qual eu gosto. Viva a Academia do *Absomphe*,[11] apesar da má vontade dos garçons! É o mais delicado, o mais trêmulo dos paramentos – essa embriaguez induzida por meio da sálvia das geleiras, *absomphe*! Nem que seja para depois deitar na merda!

Mais ou menos na mesma época Rimbaud escreveu "Comédia da sede", poema que dá uma ideia da deliberada demolição do ego que ele procurava por meio da bebida, bastante diferente da busca da felicidade praticada ou tentada por Verlaine. Nesse poema há uma série de diálogo entre vozes, como "Os amigos" na terceira seção:

> Venha, os Vinhos vão para as praias,
> E as ondas aos milhões!
> Veja o Bitter selvagem
> Rolar do topo das montanhas!
> Vamos conquistar, sábios peregrinos,
> O Absinto com os verdes pilares...[12]

O poeta responde:

11. Termo zombeteiro que Rimbaud usava no lugar de *absinthe*.

12. No original em francês, "Comédie de la soif": Viens, les Vins vont aux plages,/ Et les flots par millions!/ Vois le Bitter sauvage/ Rouler du haut des monts!/ Gagnons, pèlerins sages/ L'Absinthe aux verts piliers...

Eu – Chega dessas paisagens.
Amigos, o que é a embriaguez?

É a mesma coisa, ou até prefiro,
Apodrecer no pântano,
Debaixo da nata asquerosa,
Perto dos lenhos flutuantes.[13]

A ideia de sede é recorrente na obra de Rimbaud, por vezes como metáfora do desejo. Quanto à embriaguez metafórica, sua criação mais conhecida é provavelmente "O barco ébrio", que ilustra uma viagem de abandono extremo, dissolução oceânica e desilusão final.

[...]

Mais doce que ao menino os frutos não maduros,
A água verde entranhou-se em meu madeiro, e então
De azuis manchas de vinho e vômitos escuros
Lavou-me, dispersando a fateixa e o timão.

Eis que a partir daí eu me banhei no Poema
Do Mar que, latescente e infuso de astros, traga
O verde-azul, por onde, aparição extrema
E lívida, um cadáver pensativo vaga;[14]

[...]

Rimbaud chegou ao ponto de encarar sua carreira literária com repugnância. Aos 19 anos, rememorou suas opiniões precoces e suas experiências doentias no poema em prosa "Uma temporada no inferno":

13. No original em francês: Moi – Plus ces paysages./ Qu'est l'ivresse, Amis?// J'aime autant, mieux, même,/ Pourrir dans l'étang,/ Sous l'affreuse crème,/ Près des bois flottants.

14. No original em francês, "Le bateau ivre": [...] Plus douce qu'aux enfants la chair des pommes sûres,/ L'eau verte pénétra ma coque de sapin/ Et des taches de vins bleus et des vomissures/ Me lava, dispersant gouvernail et grappin.// Et dès lors, je me suis baigné dans le Poème/ De la Mer, infusé d'astres, et lactescent,/ Dévorant les azurs verts; où, flottaison blême/ Et ravie, un noyé pensif parfois descend; [...]
Tradução para o português de Ivo Barroso (*Poesia completa.* Rio de Janeiro: Topbooks, 1995).

[...]

Eu gostava de pinturas idiotas, painéis de portas, cenários de palco, tiras de pano para acrobatas, sinais, gravuras populares, literatura fora de moda, latim de igreja, livros eróticos mal-escritos, romances dos tempos de nossas avós, contos de fadas, livrinhos infantis, ópera antiga, refrões ridículos, ritmos ingênuos.

[...]

Acostumei-me a todo tipo de alucinação: via claramente uma mesquita no lugar de uma fábrica, uma bateria de tambores tocada por anjos, carruagens em estradas no céu, uma sala de estar no fundo de um lago; monstros, mistérios. O título de um espetáculo de *vaudeville* evocava em mim verdadeiros horrores.

[...]

Minha saúde estava ameaçada. O terror chegou. Eu costumava dormir dias seguidos, e quando acordava, continuava vivendo os piores sonhos. Estava maduro para a morte, e minha fraqueza me levou por um caminho repleto de perigos até o limite do mundo, e à Ciméria, terra de obscuridade e redemoinhos.[15]

[...]

Aos 20 anos, Rimbaud não quis mais saber de literatura e mergulhou na ciência e no comércio, viajou para a África e passou a negociar café e armas. Verlaine tentou promover e popularizar a obra do amigo e a exaltou em seu ensaio "Les poètes maudits". Rimbaud estava quase esquecido quando morreu. Com efeito, ele desaparecera de tal maneira que muita gente pensava que já estivesse morto. No leito

15. No original em francês, "Une saison en enfer": J'aimais les peintures idiotes, dessus de portes, décors, toiles de saltimbanques, enseignes, enluminures populaires; la littérature démodée, latin d'église, livres érotiques sans orthographe, romans de nos aïeules, contes de fées, petits livres de l'enfance, opéras vieux, refrains niais, rythmes naïfs. [...] Je m'habituai à l'hallucination simple: je voyais très franchement une mosquée à la place d'une usine, une école de tambours faite par des anges, des calèches sur les routes du ciel, un salon au fond d'un lac; les monstres, les mystères; un titre de vaudeville dressait des épouvantes devant moi.
[...] Ma santé fut menacée. La terreur venait. Je tombais dans des sommeils de plusieurs jours, et, levé, je continuais les rêves les plus tristes. J'étais mûr pour le trépas, et par une route de dangers ma faiblesse me menait aux confins du monde et de la Cimmérie, patrie de l'ombre et des tourbillons.

de morte ele teve visões extraordinárias: "colunas de ametista, anjos de mármore e madeira; países de indescritível beleza e, para representar essas sensações, ele usava expressões de um charme singular e penetrante". Depois de ser anticlerical a vida toda, parece ter-se convertido de última hora ao catolicismo.[16] Rimbaud tornou-se uma influência importante para os surrealistas, e André Breton o louvou em seu livro *Manifesto do surrealismo*, definindo-o como "um surrealista na prática da vida, e no resto também".

16. Pelo menos foi o que sua irmã sustentou. E muitos contestaram.

ÉTUDE

SUR LES MOYENS

DE

COMMUNICATION

AVEC

LES PLANÈTES

PAR

CHARLES CROS

EXTRAIT DU *Cosmos* DES 7, 14 ET 21 AOUT 1869.

PARIS

AUX BUREAUX DU *COSMOS*, 62, RUE DES ÉCOLES

ET CHEZ GAUTHIER-VILLARS, 55, QUAI DES GRANDS-AUGUSTINS

1869

Vinte absintos por dia: o livro de 1869 de Charles Cros sobre comunicação com outros planetas. Cros também inventou os rubis sintéticos e o fonógrafo.

CAPÍTULO 5

Um gênio desconhecido

Charles Cros, poeta e inventor, parece ter sido um gênio no sentido mais comum da palavra. Em sua biografia de Verlaine, Joanna Richardson nos conta que, aos 11 anos de idade, Cros já era um filólogo de muito talento e ensinava hebraico e sânscrito para dois professores no Collège de France. Ele esperou até os 25 anos para mostrar ao mundo o telégrafo automático que inventara, na Exposição Internacional de Paris, em 1867. Cros ilustrou para a Académie des Sciences o que seria sua técnica para a fotografia colorida, e inventou o fonógrafo oito meses antes de Edison. Em 1869, publicou um estudo sobre os meios de comunicação com outros planetas. Nessa época, também passou a publicar poemas, e conheceu Nina de Callias, com quem teria o relacionamento mais importante de sua vida. Ela havia se separado do marido jornalista, Hector de Callias, porque este se tornara devoto do absinto e agora possuía o próprio salão intelectual e boêmio, onde Verlaine não só lia seus poemas, mas até cantava e atuava em comédias e dramas. Foi ali que Cros conheceu Verlaine em 1867, quando então se tornaram amigos.

Cros e Nina separaram-se em 1878. Ele chegou a casar com outra mulher, mas estava ficando ele também cada vez mais dependente do absinto. Tornou-se um *habitué* do Chat Noir, um café fundado por um pintor fracassado, Théodore Salis,[1] que também aspirava criar um salão intelectual: vestia seus garçons com o uniforme da Académie Française. E insultava pessoalmente cada cliente que aparecia. Cros era capaz de beber vinte absintos por dia no Chat Noir e morreu em uma noite de 1888, enquanto terminava um poema. Nina, porém, morrera antes, em 1884, completamente louca.

1. Assim no original. Na verdade, o artista chamava-se Rodolphe Salis. O Chat Noir, frequentado por músicos, artistas e intelectuais como August Strindberg, Erik Satie, Claude Debussy e Aristide Bruant, foi considerado o primeiro cabaré do mundo e abrigou o Salon des Arts Incohérents, mas acabou fechando em 1897. (N. T.)

André Breton incluiu o poeta/inventor em seu *Anthologie de l'humour noir*, e na sua biografia lembra que Cros foi o primeiro a sintetizar artificialmente os rubis. Sem o capital nem a mentalidade certos para desenvolver comercialmente suas invenções, Cros não conseguiu ganhar dinheiro algum com seus inventos. Viveu e morreu na miséria.

Assim mesmo, teve alguns admiradores inesperados. O ilustrador norte-americano Edward Gorey gostava dos poemas de Cros, tanto que traduziu parte da produção deste. Gorey fez ilustrações para as poesias infantis de Cros, como "The Salt Herring", que, por baixo da superfície deliberadamente maluca, tinha algo de estranhamente sombrio e desolado. É um poema sobre nada, a história de uma parede branca, despojada: um homem apoia nela uma escada para, com seu martelo, pregar nela um prego, então pendura no prego um arenque salgado preso por um fio; no fim do poema, o peixe seco flutua ao vento para sempre. Estranho e desolado, como parte da obra de Gorey, o poema foi descrito por Breton como uma façanha: "conseguir que o motor poético funcione mesmo vazio".

O lado mais cínico e sardônico de Cros valeu-lhe um lugar em *À rebours*, de Joris-Karl Huysmans, o verdadeiro "Livro Amarelo" (em *O retrato de Dorian Gray*, Lorde Henry Wotton empresta para Dorian Gray uma cópia desse livro de capa amarela, e este o considera "o livro mais estranho que já li"). O herói de Huysman, o ultradecadente Des Esseintes, tem um livro de Cros em sua extraordinária biblioteca, e adora "The Science of Love", conto satírico de Cros "escrito de forma calculada para surpreender o leitor com suas extravagâncias químicas, seu humorismo sardônico e suas observações gelidamente cômicas".

Cros também aparece no *Wormwood* de Marie Corelli, que o considera um gênio não reconhecido ao relembrar sua morte então recente: "rodeado pelas circunstâncias mais tristes de sofrimento, pobreza e abandono". No livro ela menciona alguns trabalhos de Cros, como o poema "L'Archet", que transcreve por inteiro, e recomenda sua coleção *Le coffret de santal*. Mais ainda: o poema "O amanhã", citado no livro sem referência de autor e que estimula a personagem de Corelli, Gaston Beauvais, na carreira de "fazer dramas" com o absinto e as mulheres, é de autoria do próprio Cros.

> Com as flores e com as mulheres
> Com o absinto e com a flama
> Podemos nos divertir um pouco
> E encenar algum drama.

O absinto tomado em uma noite de inverno
Ilumina de verde a alma enfumaçada,
E as flores sobre a amada
Exalam pesado perfume diante do fogo claro.

Depois os beijos perdem seu charme
Tendo durado algumas estações;
As traições recíprocas
Afastam-nos um dia sem qualquer lágrima.

Queimamos cartas e buquês,
E o fogo consome nosso ninho;
E se a triste vida é poupada,
Restam absinto e soluços...

Os retratos são tragados pelas chamas;
Os dedos contorcidos tremem...
Morremos por termos dormido demais
Com as flores e com as mulheres.[2]

UM DOS ASPECTOS mais extraordinários das invenções científicas de Cros é o fato de elas terem sido reais, o que nem sempre era o caso nas pesquisas abastecidas a absinto. O teatrólogo sueco August Strindberg passou anos em Paris, mergulhado na alquimia e em outros temas ocultos durante um período de alteração mental cada vez mais paranoica, que ele lembra em obras como *Inferno*.

"Pergunto-me se não deveríamos sair e levar uma vida boêmia...", ele sugeriu a um amigo em 1904. "Almejo Montparnasse, Madame Charlotte, Ida Molard, absinto, merluza frita, *du Blanc*, *Le Figaro*, e [Café Closerie des] Lilas! Mas! – mas!!!" Na prática, ele nem sempre se deu bem com o absinto. Alguns anos antes escrevera

2. No original em francês, "Lendemain": Avec les fleurs, avec les femmes,/ Avec l'absinthe, avec le feu,/ On peut se divertir un peu,/ Jouer son rôle en quelque drame.// L'absinthe bue un soir d'hiver/ Éclaire en vert l'âme enfumée,/ Et les fleurs, sur la bien-aimée/ Embaument devant le feu clair.// Puis les baisers perdent leurs charmes,/ Ayant duré quelques saisons./ Les réciproques trahisons/ Font qu'on se quitte un jour, sans larmes.// On brûle lettres et bouquets/ Et le feu se met à l'alcôve,/ Et, si la triste vie est sauve,/ Restent l'absinthe et ses hoquets.// Les portraits sont mangés des flammes;/ Les doigts crispés sont tremblotants.../ On meurt d'avoir dormi longtemps/ Avec les fleurs, avec les femmes.

em seu diário: "No que diz respeito ao absinto, neste outono tomei-o várias vezes com Sjostedt, mas sempre com resultados desagradáveis". E chega a descrevê-los, com uma mistura impressionante de paranoia e lucidez: o café "se encheu de tipos horríveis", e na rua aparecia gente esfarrapada, "coberta de imundície como se tivesse saído dos esgotos", olhando para ele: "Eu nunca tinha visto tipos assim em Paris, e me perguntava se eram 'reais' ou 'projetados'". No entanto, Strindberg vira gente assim em Londres: gente infernal, imunda, se reunindo "no começo da London Bridge, onde a multidão tem uma aparência realmente oculta".

Além da alquimia, os projetos e as pesquisas de Strindberg incluíam a fotografia colorida, a telescopia, "a eletricidade do ar como potência para motores", "revestimento de níquel sem níquel (transmutação dos metais)", "seda tirada de líquidos, sem necessidade do bicho-da-seda", e muito mais. Mais tarde, Frederick Delius, compositor inglês, escreveu sobre a época em que ainda acreditava no gênio científico de Strindberg, mesmo que as visões deste fossem difíceis de acompanhar. Um dia, o teatrólogo sueco mostrou a Delius uma fotografia de Verlaine:

> Paul Verlaine acabara de morrer e Strindberg tinha uma fotografia bastante grande do poeta em seu leito de morte. Um dia ele me mostrou essa fotografia, perguntando o que eu via nela. Fiz então uma descrição ingênua, isto é, Verlaine deitado, coberto com um espesso edredom, somente com a cabeça e a barba visíveis; um travesseiro tinha caído no chão e lá ficara, bastante amassado. Strindberg me perguntou se eu não via o imenso animal em cima da barriga de Verlaine e o diabinho agachado no chão.

Delius se perguntava se Strindberg era mesmo sincero no que dizia ou se estava tentando ludibriá-lo. "No entanto", ele acrescenta, "eu diria que, na época, acreditava implicitamente em suas descobertas científicas..."

> Por exemplo, os raios Röntgen [raios X] tinham acabado de ser descobertos, e ele me confidenciou uma tarde, bebendo absinto no Café Closerie des Lilas, que ele os descobrira dez anos antes

O biógrafo de Strindberg, Michael Meyer, menciona uma série de autoridades que acreditam que a condição mental dele estava avariada por conta do vício em absinto.

Com um olhar bastante desgostoso sobre "os ídolos da juventude atual", Edmond de Goncourt acaba com as três maiores personagens do período: "Baudelaire, [Auguste] Villiers de l'Isle Adam e Verlaine: três homens de talento, sem dúvida, mas um boêmio sádico, um alcoólatra e um assassino homossexual".

Muito antes de se tornar um ídolo, Villiers de l'Isle Adam já tinha aparecido de forma espetacular nos diários dos irmãos Goncourt, Jules e Edmond, em uma tarde de setembro de 1864:

> Era o típico boêmio literário ou poeta desconhecido. O cabelo, partido ao meio, caía em cachos encaracolados sobre os olhos, e ele os puxava para trás com gestos de um louco ou de um *illuminati*. Tinha os olhos febris de uma vítima de alucinações; o rosto era de um viciado em ópio ou de um masturbador; e uma risada maluca, mecânica, que saía e voltava para a garganta. No conjunto, era algo doentio e espectral... Ele parecia descender dos Templários pelo caminho dos Funâmbulos.

Em um texto sobre os cafés parisienses da época, François Fosca nos dá uma lista das vítimas, em que Villiers de l'Isle Adam ocupa o topo: "São muitos os que sofreram as consequências de sua fraqueza pela Fada Verde: Villiers de l'Isle Adam, Charles Cros, Glatigny, o artista André Gill e o *Communard* Eugène Vermersch, que foi levado para uma cela forrada...".

Quando ficou sabendo que o trono da Grécia estava vago, Villiers de l'Isle Adam imediatamente anunciou sua pretensão em ocupá-lo por meio de um telegrama enviado ao *The Times*, o que pareceu aos seus contemporâneos exatamente o tipo de esquema maluco no qual embarcaria um bebedor de absinto, mas Villiers de l'Isle Adam tinha certa razão. Ele conseguiu o apoio de dois de seus primos – um, governador da Sibéria; o outro, Lorde Buckingham, na Inglaterra – e chegou a encontrar o Imperador para sustentar sua pretensão. Nesse encontro, Villiers estava devidamente trajado, todo enfeitado de medalhas e condecorações de vários países (parecendo de fato, anota Goncourt, um velho e decaído rei da Grécia), mas não teve sucesso.

Villiers de l'Isle Adam é lembrado em particular por causa de *Axel*, que W. B. Yeats diz ter estudado como se fosse "um livro sagrado". O crítico norte-americano Edmund Wilson também analisou esse romance de forma aprofundada, e sua interpretação, segundo a qual *Axel* era um marco na rejeição simbolista da realidade ordinária, teve bastante influência. A história de *Axel*, gótica e wagneriana, carregada de simbolismo rosacrucianista, conta a vida do Conde Axel, absorvido nos estudos de alquimia em um antigo castelo escondido nas profundezas da Floresta Negra. Na cripta debaixo do castelo está escondido um grande tesouro, do qual nem Axel sabe a localização. No entanto, outra adepta rosacrucianista, uma jovem fugida da clausura na qual sua família a trancara, descobre a localização. Apertando um botão secreto de uma caveira heráldica na cripta, ela solta uma torrente de ouro, diamantes e pérolas.

Ainda que inicialmente ela tente atirar em Axel, os dois acabam se apaixonando, e ela sugere que eles viajem juntos para o Oriente, terra sobre a qual ela passa uma imagem luxuriante para o conde, bem como de suas possibilidades heroicas, mas Axel é taxativo: seus sonhos do Oriente são tão maravilhosos, diz ele, que seria tolice tentar torná-los reais. "Se você soubesse do monte de pedras inabitáveis, do chão estéril e queimado, das tocas de criaturas abomináveis que são esses lugares miseráveis na realidade – ainda que lhe possam parecer fascinantes, com suas lembranças perdidas nesse Oriente imaginário que você carrega dentro de si". É nesse mesmo discurso contra o mundo real e a simples realidade que Axel profere sua asserção mais famosa: "Viver?", diz ele desgostoso: "Nossos criados o farão por nós".

Essa frase se tornou a citação favorita de Lionel Johnson. Diferentemente de muitos escritores com uma atração para a *hauteur* aristocrática, Villiers de l'Isle Adam era realmente conde. Ele morreu em circunstâncias miseráveis, assistido pela amante analfabeta. Seus escritos foram admirados por Mallarmé, Huysmans e Verlaine, que o incluiu entre os *poètes maudits* em seu já mencionado ensaio, e por Breton, que o inseriu em sua *Anthologie de l'humour noir*.

Quando escreveu o *Manifesto do surrealismo* em 1924, André Breton listou alguns dos precursores seletos do surrealismo, dizendo "em que" eles seriam surrealistas. Rimbaud teria sido pré-surrealista "pela vida que viveu e por outras coisas"; Jonathan Swift, "pela malícia"; Marquês de Sade, "pelo sadismo"; Baudelaire, "pela moral"; e "JARRY pelo absinto".

Alfred Jarry (1873-1907) era uma figura bizarra. Sua vida parecia uma criação ficcional tanto quanto as peças de teatro que escrevia, o que o tornou inseparável de sua obra. Jarry atraiu imediatamente a atenção na Paris literária com sua estatura de anão, seu jeito de falar com *staccatos* deliberados e entonações robóticas, e seu modo de vestir, sempre com uma longa capa e uma enorme cartola, "mais alta que ele". Vivia em um quarto minúsculo no fundo de uma rua sem saída no Boulevard Port-Royal, e as paredes da escada em espiral que levava para o quarto eram "decoradas" com marcas de mão feitas com sangue. O quarto era forrado de veludo preto, decorado com várias corujas e com uma parafernália religiosa que incluía crucifixos e incensórios.

Jarry consumia álcool, absinto e éter em quantidades escandalosas, com intenções essencialmente mágicas ou xamanísticas, e resultados desastrosos. Um tanto misógino, mesmo assim era um grande amigo de Madame Rachilde, escritora mais velha, autora de *The Marquise de Sade*. Ela nos deixou uma descrição pitoresca da bebedeira de Jarry:

> Jarry começava o dia com dois litros de vinho branco, depois vinham três absintos a intervalos regulares entre dez da manhã e meio-dia; no almoço, ele engolia o peixe ou o bife com vinho branco ou tinto, alternando-o com mais absintos. Ao longo da tarde, tomava algumas xícaras de café incrementado com *brandy* ou outras aguardentes e licores cujos nomes esqueci; depois, alguns aperitivos antes do jantar, e no jantar mesmo, pelo menos duas garrafas de qualquer safra, boa ou ruim. Porém, nunca o vi realmente bêbado, exceto em uma ocasião, na qual lhe apontei o seu revólver, o que o fez voltar instantaneamente à sobriedade.

A bebida preferida de Jarry era, sabidamente, o absinto; mais tarde – quando ficou sem dinheiro –, ele passou para o éter, que era até pior. Gostava de chamar o absinto de *l'herbe sainte* (a erva santa) e de sua "água benta". Cultivava uma aversão profunda pela água em si; nesse sentido, aproximava-se do cômico norte-americano W. C. Fields, que costumava dizer: "Como você pode tomar isso? Os peixes transam dentro dela". "Os antialcoolistas", dizia Jarry:

> são uns coitados, presas da água, esse veneno terrível, tão dissolvente e corrosivo que, de todas as substâncias, foi a escolhida para lavar e esfregar; e quando uma gota d'água é acrescentada a um líquido cristalino como o absinto, ela o torna turvo.

Jarry nunca se tornou uma presa da água, que não lhe parecia fazer bem. Certa vez, alguém ofereceu-lhe um copo de água de brincadeira e – achando que era alguma aguardente clara como o *marc* – ele a engoliu de um trago. Então fez "a mais horrível das caretas" e passou mal o resto do dia.

Jarry passou a existir no que Madame Rachilde descreve como "um estado permanente de embriaguez, no qual ele parecia estremecer em vez de viver normalmente". Ele pediu emprestado à escritora um par de sapatos amarelos de salto alto, que usou para acompanhar o funeral de Mallarmé. As pessoas, em geral, gostavam dele – Oscar Wilde logo apegou-se a ele e o descreveu como "muito atraente. Parece mesmo um michê muito bonito" –, mas não há dúvidas de que podia ser irritante e punha à prova os nervos dos demais. Extremamente pálido, mas ainda assim saudável, Jarry fazia praticamente tudo em excesso. Era um ciclista fanático, e apostava corrida com os trens em sua bicicleta (tinha a melhor bicicleta de corrida da época, a Super Laval 96, caríssima, que comprara parcelada em 1896 e ainda não tinha terminado de pagar quando morreu, em 1907). Também era apaixonado por armas de fogo e costumava andar pelas ruas de Paris à noite, bêbado, carregando um par de revólveres e uma carabina. Quando alguém lhe pedia fogo na rua para acender um cigarro, ele era capaz de sacar o revólver e atirar na cara da pessoa. Milagrosamente, ninguém nunca se feriu. Quando estava no campo, caçava grilos e gafanhotos com seus revólveres. Certa vez, enquanto praticava tiro ao alvo contra um muro de jardim, uma mulher queixou-se de que ele estava colocando em risco a vida dos filhos dela; Jarry então a tranquilizou, garantindo-lhe que se um deles fosse atingido, ele a ajudaria a ter outros.

Em uma cena do capítulo "O jantar do argonauta", do romance *Os moedeiros falsos*, de André Gide, Jarry, bêbado de absinto, atira com seu revólver em um desconhecido em um café. A cena foi inspirada em um fato real, no qual Jarry atirou em um escultor chamado Manolo (ele atirou também em um homem chamado Christian Beck durante um banquete). Em ambos os casos errou, provavelmente de propósito. Assim como Wilde, Gide se apegou a Jarry e o descreve como era por volta de 1895: "Foi o melhor período da vida de Jarry, uma figura incrível que costumava encontrar na casa de Marcel Schwob, e sempre com extremo prazer, antes que ele se tornasse vítima de terríveis ataques de *delirium tremens*".

Gide lembra dele como um "Kobald [um tipo de duende] com cara de gesso, vestido como um palhaço de circo e atuando em um papel fantástico, rebuscado de forma exacerbada, evitando qualquer característica humana". A terrível bebedeira programática de Jarry, no fundo, nada mais era que uma tentativa de derrubar a distinção entre as realidades externa e psíquica, e sua teatralidade também buscava romper os limites entre arte e vida, fundindo-as. Jarry acabou identificando-se com sua monstruosa criatura teatral, a personagem Pai Ubu, o grotesco mas cômico anti-herói da peça *Ubu Rei*.

Ubu Rei se passa "Na Polônia, isto é, em lugar nenhum", com um cenário minimalista que inclui, de forma bastante imaginativa, "palmeiras que crescem ao pé da cama, para que pequenos elefantes nas estantes possam pastar nelas". Vagamente baseada na figura tragicômica de um professor da infância de Jarry, Pai Ubu é uma figura farsesca e grosseira que chega ao trono da Polônia por meio de assassínios – envenenando os inimigos com uma escova para privada, que carrega consigo como um cetro – e institui um reino de terror e depravação. Pai Ubu é finalmente derrotado pelo filho do rei e pelo Exército do czar. Foge, então, para a França, onde promete cometer outras barbaridades. Jarry encenara a peça com marionetes em seu ático em 1888, mas a estreia no teatro só ocorreu em 1896, com um cenário pintado por Toulouse-Lautrec.

Toulouse-Lautrec e Jarry conheceram-se no jornal anarquista *Revue Blanche*, onde Jarry apareceu usando roupa de mulher e com um turbante cor-de-rosa na cabeça. Jarry e Lautrec, ambos quase anões, ultrajantes e *absintheurs*, só podiam se dar bem. O mais recente dos biógrafos de Lautrec, David Sweetman, salienta que o pintor seria o primeiro a morrer, "mas antes ainda haveria muita bebida... e risadas, ainda mais quando a eles se juntou outra figura danada [Wilde], antes que a doença e a Fada Verde chamassem os dois".

Sweetman descreve a peça *Ubu Rei* como "escatológica, ultrajante, absurda e abertamente vulgar". O ator que fazia o papel de Pai Ubu entrava em cena com uma roupa almofadada, como se fosse obeso, com uma espiral torta bordada na frente, e proferia uma única palavra inicial, "Merdre!" – uma transmutação pessoal de *merde*, o equivalente a "merdra". O público logo ficou possesso e começou um tumulto que se transformou em briga entre os a favor e os contra a peça. A bagunça durou cerca de quinze minutos, tempo depois do qual o espetáculo pôde continuar.

W. B. Yeats e Arthur Symons também foram assistir à estreia, e Yeats ficou bastante perturbado com a experiência. Ele gritou para apoiar a peça, pois sentia que precisava defender os radicais, mas a história toda causou-lhe uma sensação péssima. Enquanto Yeats preferia uma estética simbolista mais introspectiva, o que ele viu no palco foi uma antecipação da dureza, da "objetividade" e da vitalidade monstruosa que iria caracterizar o século XX – talvez até o surto do totalitarismo. Breton afirmou mais tarde que as peças com a personagem Ubu antecipavam "tanto o fascismo quanto o stalinismo". Para Yeats, Ubu foi o arauto de tudo de terrível que veio a seguir: "Depois de nós", escreveu, "o Deus Selvagem".

Apesar de não ficar evidente em *Ubu*, Jarry era imensamente erudito. Grande conhecedor dos clássicos latinos e gregos, suas paixões incluíam o neoplatonismo, a heráldica e Thomas de Quincey. Ele tinha mais em comum com Yeats do que este se deu conta: Jarry conviveu com o *revival* do ocultismo na França do século XIX e tinha conhecimento arcano. Lera obras seminais de escritores ocultistas franceses, como Stanislas de Guaita e Joséphin Péladan. Com esse pano de fundo, fica evidente que

Jarry não tomava absinto para se narcotizar, mas para atingir a insanidade e, assim, ir além da racionalidade, cultivando conscientemente os estados alucinógenos.

Jarry tentava viver um sonho acordado. Oscar Wilde escreveu sobre a necessidade de fundir arte e vida, mas Jarry o fez com uma intensidade que nos leva para a frente, para o surrealismo, e não para trás, para Wilde. Enquanto o arrastavam para fora, depois de atirar em Manolo, Jarry gritava: "Não foi uma bela obra de literatura?". "Podemos dizer", escreveu Breton, "que foi depois de Jarry, bem depois de Wilde, que a distinção entre arte e vida, durante muito tempo considerada necessária, acabou aniquilada como princípio". Depois de Jarry, dizia Breton, a biografia infiltra-se sem mais reservas na literatura: "O autor impõe-se às margens do texto... Não há como livrar a casa terminada do pedreiro que decidiu içar uma bandeira negra no telhado".

Ainda mais que a simples fusão de arte e vida, que é vista com frequência como projeto central do vanguardismo, Jarry mirava um projeto potencialmente mais perturbador: a fusão entre os estados de vigília e de sonho. Misterioso e esotérico tanto quanto vanguardista, Jarry repercorre – sustenta Roger Shattuck – a tradição de Jean-Paul Richter, Rimbaud e especialmente de Gérard de Nerval, cuja finalidade explícita era "guiar seu sonho". Como Breton escreveu mais tarde, "acredito na reconciliação futura desses dois estados, que parecem reciprocamente contraditórios, do sonho e da realidade, em uma espécie de realidade absoluta, ou super-realidade". Jarry tentou cortar caminho pela via líquida.

O que Jarry pensava desse assunto fica claro em seu romance *Jours et Nuits*, sobre um conscrito bebedor de absinto chamado Sengle, que deserta do Exército francês. O próprio Jarry fora convocado pelo Exército, mas acabou dispensado por "imbecilidade precoce". A deserção de Sengle não é só literal, mas também metafórica: ele é profundamente ausente em espírito, pois, depois da fuga, refugia-se em si mesmo.

Os dias e noites do título são a realidade e o sonho. Jarry escreve que Sengle, seguindo Gottfried Leibniz, "acreditava mais que tudo que só há alucinações, ou percepções, e que não há nem noites nem dias (apesar do título do livro, sendo essa a razão pela qual foi escolhido), e que a vida é contínua". Contínua da mesma forma que a consciência é vista – e sendo a única coisa existente – no *Livro tibetano dos mortos*, um livro do qual Jarry teria gostado, mas que só foi traduzido depois de sua morte.[3]

3. Jarry também cita a lenda chinesa que encontrou em um livro do século XIII, traduzido pelo Marquês Hervey de Saint-Denys, orientalista e autor de textos sobre o controle dos sonhos. O livro fala do povo Leao e de suas "cabeças voadoras", que se soltavam ao cair da noite e saíam voando, para voltar pela manhã. Sengle caminha pela floresta com seu amigo Valens, sentindo-se "em um estado de espírito como se tivesse fumado haxixe" e experimentando uma sensação alucinatória de sua alma estar-se dissociando de seu corpo, voando como uma pipa no ar, ligada a ele apenas por um frágil fio. A ideia de "corpo astral" é mencionada nesse mesmo capítulo.

Antes desse trecho (no capítulo intitulado "Patafísica"), os pensamentos de Sengle tomaram uma inclinação claramente mágica – ou psicótica. Ele descobre que seus pensamentos podem controlar o mundo externo: "Sengle passou a acreditar, depois de testar sua influência no comportamento de pequenos objetos, que tinha o direito de dar por certa a obediência do mundo como um todo". Jogando dados, bêbado de absinto e *brandy*, ele descobre que pode controlar os dados, prognosticando para o adversário o que eles vão fazer e vendo tudo no olho da mente antes que aconteça.

A vida cotidiana de Jarry não fluía com tanta facilidade. A miséria o sufocava. Ele pescava no Sena para sobreviver, não só por excentricidade (ao mesmo tempo que gastava para tingir o cabelo de verde), mas por necessidade. E passou a morar num cubículo imundo no número 7 da Rue Cassette, que chamava de *Notre Grande Chasublerie*, por causa da confecção de roupas eclesiásticas no térreo. Em cima da lareira havia um grande falo de pedra, presente do pintor belga Félicien Rops, com um solidéu de veludo roxo no topo. O teto era tão baixo que mesmo Jarry, baixinho como era, tinha de andar de cabeça baixa. As outras pessoas tinham de curvar-se ou engatinhar. A cama não tinha pernas – Jarry dizia que as camas baixas estavam novamente na moda – e ele escrevia deitado no chão. Como lembra Roger Shattuck: "as pessoas diziam que a única coisa que se podia comer lá era linguado".

Nem por isso Jarry bebia menos; e para piorar, quando não podia comprar absinto, tomava éter. Keith Beaumont cita uma obra tardia de Jarry em prosa, na qual o herói, Erbrand, está em uma fase final de descenso bastante análoga ao do próprio Jarry:

> Ele bebia sozinho, metodicamente, sem nunca conseguir chegar a um estado de embriaguez, e sem nenhuma esperança de tornar-se o que hoje é comum denominar alcoólatra: suas doses eram tão imensas que escorregavam em suas células assim como um rio flui através de um eterno e indiferente leito de areia e desaparece...
>
> E ele tomava a própria essência da árvore do conhecimento com 80% de graduação alcoólica... e assim se sentia em casa, no Paraíso reconquistado...
>
> Mas já não podia mais beber na escuridão, pois para ele não havia mais escuridão e, assim como Adão antes da Queda... ele podia enxergar na escuridão...
>
> E frequentemente ficava sem comida, porque não se pode ter tudo ao mesmo tempo, e beber de estômago vazio faz mais efeito.

A capacidade de "enxergar na escuridão" de Erbrand tem provavelmente mais a ver com alucinações que com acuidade visual; talvez seja o tipo de "visão no escuro" que podemos experimentar flutuando em um tanque de isolamento.

No fim, Jarry acabou adoecendo gravemente, tendo de ser examinado pelos "merdcins" (mérdicos), como ele os chamava. Beber de estômago vazio pode fazer mais efeito, mas não faz bem, e a saúde de Jarry estava minada pela inanição. Costuma-se dizer que o que mata os alcoólatras não é só a bebida, mas também o estilo de vida que levam, o que era verdade no caso de Jarry. Ele escreveu para um amigo dizendo que "estão fazendo circular o mexerico de que... Pai Ubu [isto é, o próprio Jarry] bebia como um peixe. Posso admitir para você, já que é um velho amigo, que de certa forma perdi o hábito de *comer*, e isso é minha única doença".

Para Madame Rachilde ele escreveu: "Temos de retificar a lenda – já que Pai Ubu, como sou chamado, não está morrendo porque bebe demais, mas porque não teve sempre o suficiente para comer". Ele contou à escritora, bem do jeito dele, que acreditava que o cérebro continuava funcionando depois da morte durante a decomposição, e que esses sonhos *post-mortem* representam o Paraíso. O último pedido de Jarry foi um palito de dente. Trouxeram-no bem a tempo e ele ficou encantado, morrendo logo em seguida.

O brilhante capítulo sobre Jarry no livro de Roger Shattuck, *The Banquet Years*, é intitulado sucinta e justificadamente "Morte por alucinação". Jarry deixava não somente sua obra, mas um legado crescente de admiradores, "O colégio de Patafísica". A Société des Amis d'Alfred Jarry publica uma revista chamada *L'Étoile-Absinthe*.

NEM TODOS ENTRE os bebedores de absinto chegava a ser um gênio aclamado, como veremos no próximo capítulo. A peça em prosa *Absinthe*, de Alphonse Allais, reflete sobre os efeitos da bebida através de uma figura típica do final do século XIX: o homem de letras que lutava para sobreviver e se afirmar. Allais, amigo de Cros e de Verlaine, era um escritor cômico bastante excêntrico, que conquistou a distinção de pintar as primeiras telas completamente monocromáticas. Como na época era comum ouvir que os artistas contemporâneos não sabiam pintar, Allais e alguns outros – quase todos escritores, não artistas – formaram o Salão dos Incoerentes, cujos membros *realmente* não sabiam pintar. As obras-primas de Allais incluem um retângulo branco, *Primeira comunhão de meninas anêmicas em uma tempestade de neve* (1883), e uma tela completamente verde de 1884: *Aproveitadores deitados na grama tomando absinto*.

O texto da peça *Absinthe* é uma forma precoce de narração de fluxo de consciência e acompanha a progressiva intoxicação e a mudança de percepções de um escritor sentado em um *boulevard* durante a "Hora Verde", rodeado pelo grande mistério urbano das outras pessoas.

Cinco horas.
Porcaria de tempo. Céu cinza... de uma porcaria de cinza melancólico.
Oh, poderia dar uma pancada de chuva, daquelas rápidas, para que todos esses imbecis andando na rua como clichês ambulantes sumissem... Porcaria de tempo.
Outro dia ruim hoje, droga. Baita azar.
Matéria recusada. Tão polidamente, porém:
– Gostei de sua matéria... assunto interessante... bem escrita... mas sinto que não tem a ver com o estilo da revista...
O estilo da revista? O *estilo* da revista?? A revista mais idiota de toda Paris! De toda a França.
Editor preocupado, distraído, com a cabeça em outro lugar:
– Estou com seu manuscrito aqui em algum lugar... gostei de seu romance... assunto interessante... bem escrito... mas, entenda, os negócios estão muito devagar no momento... já temos vários livros para publicar... nunca pensou em escrever algo mais de acordo com o mercado? Milhões de exemplares vendidos... fama... lista de honoráveis...
Saí educadamente, sentindo-me um idiota:
– Talvez da próxima vez.
Porcaria de tempo. Cinco e meia.
Os *boulevards*! Vamos para os *boulevards*. Talvez encontre algum amigo. Se é que se pode chamá-los amigos. Bando de imprestáveis... Mas em quem se *pode* confiar em Paris?
E por que todo mundo que resolveu sair hoje no fim da tarde é tão *feio*?
As mulheres tão mal-vestidas. Os homens parecendo tão idiotas.
– Garçom! Traga-me um absinto com açúcar!
Boa diversão, observar o cubo de açúcar derreter bem devagar no pequeno coador enquanto o absinto treme embaixo. Da mesma forma, dizem que a gota d'água fura a pedra. A única diferença é que o açúcar é mais mole que a pedra.
Ainda bem. Já pensou? Garçom, um absinto com pedra!
Absinto com pedra... de gelo! Essa é boa, essa é boa. Muito engraçado.

Para quem não está com pressa – absinto com pedra! Muito boa.
O cubo de açúcar já está quase derretido. Aqui está. Exatamente como nós. Imagem chocante do ser humano, um cubo de açúcar...
Quando estivermos mortos, iremos todos embora do mesmo jeito. Átomo por átomo, molécula por molécula. Dissolvidos, desintegrados, devolvidos ao Grande Além graças à gentil permissão dos vermes da terra e do reino vegetal.
Tudo será melhor, então. Victor Hugo e o último dos escriturários iguais perante a Grande Larva. Graças a Deus.
Porcaria de tempo... Dia ruim. Gerente idiota. Editor inacreditavelmente imbecil.
Mas não sei. Talvez não haja tanto talento assim como dizem.
Coisa boa, o absinto. Talvez não no primeiro gole. Mas depois.

Coisa boa.
Seis horas. Os *boulevards* estão um pouco mais animados agora. E olhe as mulheres!
Muito mais bonitas que as de um hora atrás. E mais bem-vestidas, também. Os homens também não parecem tão cretinos.
O céu ainda está cinza. Um bonito cinza perolado. Com nuances adoráveis. O sol se pondo tinge as nuvens com tons pálidos de cobre e um brilho cor-de-rosa. Muito bonito.
– Garçom! Um absinto com anis!
Absinto com açúcar é divertido, mas não aguento esperar um tempão para o açúcar derreter.
Seis e meia.
Todas essas mulheres! E tão lindas, a maioria. E tão estranhas, também.
Misteriosas, na verdade.
De onde vêm? Para onde vão? Ah, jamais saberemos!
Nenhuma me lança um olhar sequer – e mesmo assim eu amo muito todas elas.
Olho para cada uma que passa e retenho na mente as feições de todas elas de forma tão indelével que sei que não as esquecerei nem mesmo no dia de minha morte. Então elas somem, e eu não tenho absolutamente nenhuma lembrança de como elas são.
Para minha sorte, há sempre mulheres bonitas vindo logo atrás.
E eu as amaria, se elas me permitissem! Mas todas vão embora. Será que as verei de novo algum dia?
Na calçada em frente camelôs vendem de tudo debaixo do sol. Jornais... porta-charutos em celuloide... pequenos macacos de brinquedo – de todas as cores que você quiser...

Quem *são* todos esses homens? Esmagados pela existência, sem dúvida. Gênios desconhecidos. Renegados. Olhos de uma profundeza estranha.

Um livro sobre eles à espera de ser escrito. Um grande livro. Um livro inesquecível. Um livro que todos teriam de comprar – todos!

Oh, essas mulheres!

Por que nenhuma delas se aproxima de mim e senta ao meu lado... me beija gentilmente... me acaricia... me abraça e embala como mamãe fazia quando eu era pequeno?

– Garçom! Um absinto puro. E dos grandes!

L'Absinthe por Apoux: luxúria, palhaçada e morte. © Roger-Viollet.

CAPÍTULO 6

Da Antiguidade à Hora Verde

Como tantas coisas que terminam mal, a história do absinto começa bem. No mundo antigo, a planta do absinto – *artemisia absinthium*, apelidada genericamente de artemísia – era amplamente conhecida como uma erva medicinal das mais valiosas. O Papiro Ebers, um papiro egípcio de 1600 a.C., recomenda a artemísia como estimulante e tônico, além de antisséptico, vermífugo, e como remédio para febre e dores menstruais. Pitágoras afirmava que folhas de artemísia maceradas em vinho facilitariam o parto, e Hipócrates as indicava para dores menstruais, anemia e reumatismo. Galeno as recomendava para desmaios e fraqueza, enquanto o naturalista romano Plínio acreditava que fizessem bem para o estômago, a bílis e a digestão em geral. Dioscorides escreveu em sua *De Materia Medica* que era um bom antídoto para a embriaguez.[1]

Apuleio escreve que a planta foi dada pela primeira vez ao centauro Quiron pela deusa Ártemis, de onde deriva seu nome, e foram os gregos também quem deram à infusão de artemísia seu nome moderno mais conhecido, *apsinthion*, "intragável", por causa do amargor.

Paracelso, médico e alquimista renascentista, redescobriu a prática egípcia de usar artemísia contra as febres, especialmente a malária, enquanto o manual de medicina do século XVII, de Nicholas Culpeper, *English Physician*, oferece um tesouro de informações obscuras:

> Artemísia é uma planta de Marte... quente e seca ao terceiro grau. Ela deleita-se nos lugares marciais e é encontrada em abundância perto das forjas e das fábricas de ferro. Ajuda os males que Vênus e a lascívia produzem. Remedia os males que a bílis e a cólera infligem ao corpo humano por simpatia. A artemísia, sendo uma

1. Pode parecer ironia, mas faz mais sentido do que parece, como veremos no Capítulo 11.

> erva de Marte, é um remédio instantâneo para mordidas de ratos e ratazanas. Os cogumelos estão sob o domínio de Saturno. Se alguém se envenenou comendo-os, a artemísia, erva de Marte, pode curá-lo, já que Marte é exaltado no Capricórnio. Se alguém for mordido ou picado por uma criatura marcial, digamos, uma vespa, um marimbondo ou um escorpião, a artemísia lhe dará cura imediata.

Melhor ainda, Culpeper nos diz que pode prevenir tanto a embriaguez quanto a sífilis, livrar as virgens da "sarna" e curar a melancolia nos idosos, mas, da mesma forma, pode tornar esplênicos os invejosos e os gananciosos.

A artemísia sempre foi considerada um remédio confiável para livrar seres humanos e animais de vermes intestinais, e serviria também para repelir traças – da mesma forma que sua parente, a cânfora – e matar insetos. O *Saint Albans Book of Hawking*, do século XV, recomenda sumo de artemísia para matar os ácaros dos falcões. O manual de administração doméstica *Husbandrie*, de Tusser (1580), apela para versos didáticos:

> Lá onde se varre o quarto e se esfrega artemísia,
> Nem pulga nem piolho se atreverão a aparecer.

E mais:

> É ainda um conforto para coração e mente,
> Então usá-la sempre não será em vão.

A artemísia não é o único inseticida já usado para fazer bebidas: nos Estados Unidos da década de 1950, o coquetel "Mickey Slim" era feito com gim e uma quantia mínima de DDT. Algumas pessoas achavam que isso dava à bebida um toque a mais e, para quem a consumia, um "barato" que alguns achavam agradável.

Do ponto de vista psicotrópico, a artemísia era associada a sonhos visionários. Antigamente acreditava-se que, no dia de São Lucas, a pessoa poderia enxergar "seus desejos mais recônditos" se bebesse uma infusão à base de vinagre, mel, artemísia e outras ervas. Lady Wilkinson escreve, em 1885, em seu *Weeds and Wild Flowers*:

> Há uma antiga crença ligada ao fato de as raízes mortas de artemísia ficarem pretas, duras e não se decomporem durante um longo período. São chamadas "carvão de artemísia"; se forem colocadas debaixo do travesseiro, acredita-se que produzam um sonho com a pessoa amada.

UMA OUTRA LENDA conta que a artemísia "cresceu na trilha ondulada deixada pela serpente ao sair do Paraíso", e o Livro do Apocalipse prevê a queda do céu da estrela amarga quando o Sétimo Selo for aberto. "E o nome da estrela é Artemísia: e um terço das águas se tornará artemísia; e muitos homens morrerão nas águas, porque ficarão amargas." Na Rússia, o nome para artemísia é *chernobyl*, o que dá um toque apocalíptico ao desastre nuclear ocorrido na usina de mesmo nome, enquanto na Bíblia francesa ela é chamada simplesmente *absinthe*.

A arruda é provavelmente a planta mais amarga conhecida, mas a artemísia chega bem perto. Isso se deve a uma substância chamada absintina ($C_{30}H_{40}O_6$), cujo amargor é perceptível já na proporção de uma parte em setenta mil. Plínio registrou que nas corridas de bigas na Roma antiga, dava-se ao vencedor uma bebida de artemísia, como memento de que toda vitória tem seu lado amargo. Esse amargor característico deu à artemísia uma longa carreira como metáfora de tudo que é "penoso para a alma", como se pode encontrar no *Oxford English Dictionary*. "A visão da boa sorte de outras pessoas é fel e artemísia para muita gente", por exemplo; ou "Era artemísia para o orgulho de Agrippa ser tratado como simples astrólogo".

Algumas das citações relativas ao absinto também têm um aspecto negativo, como no *Passenger's Dialogues*, de Benvenuto (1612): "Que absinto e veneno sejam minha sustentação". Na tragédia jacobina de John Webster, *The White Devil*, o diálogo entre Vittoria e o maquiavélico Flamineo, que causou a morte do marido dela, matou o próprio irmão e enlouqueceu de dor a mãe:

> Vittoria: Ei, estás bêbado?
> Flamineo: Sim, sim, de água de artemísia; saborearás dela agora mesmo.

Trata-se de uma discussão típica do teatro jacobino, com um monte de cadáveres em cena e que habitualmente conduz a plateia a uma risada alucinada. Como diz uma personagem de John Ford em outra peça jacobina: "Há artemísia nesse riso".

Houve muitas bebidas feitas com artemísia antes do absinto. Na Renascença, assim como nas épocas grega e romana, bebia-se "*absintites*", isto é, vinho de artemísia, produzido macerando-se folhas de artemísia no vinho em vez de destilá-las; o processo foi descrito em *Treasure of Evonymous*,[2] de Morwyng (1559), e em *Thesaurus*, de Cooper (1565). A água de artemísia, ou *eau d'absinthe*, era amplamente recomendada para dores de estômago, e havia também uma cerveja de artemísia chamada *purl*. Samuel Pepys conta em seu *Diary* que a bebia quando ia visitar um bordel na Londres do século XVII, e no século XIX, Robert Southey registra seu consumo no *All Soul's*, em Oxford: "Suas canecas são chamadas olho-de-boi, e o olho-de-boi de artemísia é o chope preferido ali. Não havia melhor lugar para tomar cerveja com infusão de artemísia".

O absinto, assim como o conhecemos hoje, parece ter surgido só no final do século XVIII. A data mais frequentemente mencionada é 1792, e a invenção, segundo a lenda, é atribuída a certo Dr. Pierre Ordinaire, que, fugindo da Revolução Francesa, mudou-se para uma aldeia suíça chamada Couvet, onde podia colher artemísia silvestre. Ordinaire elaborou sua receita especial e nunca se arrependeu. Quando morreu, em 1821, sua concocção de altíssimo teor alcoólico já era conhecida como *La fée verte* e considerada, naquela região, um tônico. Hoje, contudo, sabemos que as irmãs Henriod já produziam absinto antes da chegada de Ordinaire, embora haja também versões dessa história nas quais Ordinaire teria-lhes dado a receita.

Um certo Major Dubied descobriu que o produto curava indigestão, febres e calafrios, além de melhorar o apetite. Ele ficou tão impressionado que comprou a receita das irmãs Henriod e começou a fabricá-la por conta própria. Em 1797, a filha de Dubied casou-se com um homem chamado Henri-Louis Pernod, e assim começou a dinastia Pernod de bebidas. Dubied transferiu suas operações da Suíça para a França, a fim de evitar o pagamento de impostos de importação. Montou uma fábrica de absinto em Pontarlier, na região do Jura, na fronteira com a Suíça. Com a popularidade cada vez maior da bebida, a produção diária foi crescendo de 16 para 408 litros, e chegou a 20 mil. Surgiram concorrentes, e na época que o absinto foi finalmente banido, havia pelo menos 25 destilarias na pequena cidade de Pontarlier.

Os absintos variavam bastante em qualidade. Os melhores eram destilados usando álcool de uva, enquanto os de qualidade menor eram simplesmente

2. O *Evonymous* é um tipo de arbusto usado para muitos fins medicinais. O livro de Morwyng é um dos primeiros tratados detalhados sobre os vários métodos de destilação. E um dos primeiros, por exemplo, a dar detalhes sobre o *uisge beatha*, o destilado escocês de malte (também usado para fins medicinais) que mais tarde se tornaria universalmente conhecido como uísque. (N. T.)

macerados ou tinham essências vegetais acrescentadas a algum álcool industrial. Em geral, macerava-se artemísia seca (*artemisia absinthium*, ou *grande absinthe*), anis e erva-doce em álcool e deixava-se em repouso por uma noite. Depois a mistura era fervida para produzir o destilado de álcool combinado com os terpenoides destilados das ervas por meio do vapor. Para dar mais requinte, podia-se acrescentar outras ervas, como *petite absinthe* (*artemisia pontica*) e hissopo, e depois filtrar. Podia-se também proceder a uma dupla destilação, para dar mais suavidade e integrar o conteúdo. Os procedimentos e as receitas variavam, mas o ponto crucial é que o alto teor alcoólico não surge durante a fabricação do absinto, como ocorre com o uísque ou o *brandy*; pelo contrário, o álcool, a artemísia e as outras ervas são simplesmente misturados de forma mais ou menos refinada. A tradicional cor verde vem – ou vinha, inicialmente – da clorofila, que esmaece com a luz, por isso a necessidade de garrafas verde-escuro.

A fábrica Pernod era um modelo de eficiência, higiene e boas relações industriais, e até 1896 chegou a produzir incríveis 125 mil litros por dia. As coisas continuaram tranquilas até um domingo, 11 de agosto de 1901, quando a fábrica pegou fogo ao ser atingida por um raio. Tinha tanto álcool no local que foram necessários vários dias para apagar o fogo, enquanto as garrafas derretiam e explodiam com o calor. Teria sido até pior se um operário não tivesse aberto os tanques de absinto, altamente inflamáveis, para despejar seu conteúdo em um rio próximo, o Doubs, tingindo-o e perfumando-o por quilômetros. Barnaby Conrad relata os inesperados benefícios que o acidente ocasionou para a pesquisa geológica. Um certo professor Fournier sustentava que o rio Loue, localizado a vinte quilômetros de Pontarlier, estava conectado com o Doubs por um canal subterrâneo, e tentara provar essa teoria colocando uma substância fluorescente no Doubs e acompanhando seu fluir, sem grandes resultados. Agora, sentado à beira do Loue três dias depois de o raio atingir a fábrica Pernod, ele pôde testemunhar as águas assumirem a cor familiar, verde-amarelo leitoso, e farejar os vapores de álcool subindo do rio, "como o bafo de um bêbado".

O COSTUME DE BEBER absinto deu grande impulso às guerras coloniais francesas na África do Norte, que começaram em 1830 e chegaram ao ápice entre 1844 e 1847. As tropas francesas recebiam uma ração de absinto para protegê-las da malária e de outras febres, bem como para matar bactérias da água e evitar disenteria. Aparentemente, os resultados foram tão bons que o absinto se tornou parte da vida do

Exército francês desde Madagascar até a Indochina. Ao mesmo tempo, no entanto, as tropas francesas na África do Norte registraram cada vez mais casos de surtos psicóticos com episódios de delírio envolvendo persecução e alucinações, conhecidos como *le cafard*. Os colonos e desterrados franceses na Argélia também começaram a adotar o absinto, e os árabes que queriam conseguir a bebida no mercado negro podiam corromper algum soldado francês com a desculpa de que seus camelos estavam com vermes.

A associação absinto-colônias iria perdurar: anos depois, em um lance publicitário, Monsieur Ricard, o magnata do *pastis*, percorreu a Champs Elysées montado em um camelo. Quando os soldados franceses do Batalhão da África retornaram à França, levaram de volta também o vício em absinto. Glorificados em uma guerra vitoriosa, o Bataillon d'Afrique, ou "Bat d'Af", como era conhecido, contribuiu para dignificar e até transformou em moda beber absinto nos terraços dos cafés dos *boulevards* parisienses. Logo o costume se estendeu à vida civil, passando dos militares para a burguesia, e a idade do ouro do absinto teve início: um curto período antes de se transformar em problema. Mais tarde, quando a imagem do absinto já era outra, muita gente ficaria com saudade desse tempo, relembrando como fôra bom.

O absinto se tornou um dos traços fundamentais da vida parisiense no Segundo Império, o reino de Napoleão III, que durou de 1852 até sua queda com a guerra franco-prussiana de 1870. Depois da repressão da revolução de 1848, a burguesia assumiu o poder de forma vingativa, e imensas fortunas surgiram e desapareceram na bolsa de valores. Foi uma época dourada de ópera, prostituição de alta classe e consumo desenfreado.

O respeitável hábito burguês de beber absinto tornou-se quase universal. O período entre cinco da tarde e sete da noite era conhecido como a Hora Verde, quando o cheiro de absinto flutuava no ar, saído dos *boulevards* parisienses. O absinto da época era uma bebida muito forte: o Pernod, provavelmente a marca mais respeitável, tinha 60% de álcool, ou 120 graus, quase o dobro do uísque. Tomar um absinto deveria ser um ritual agradável para terminar o dia de atividades e entrar no espírito da tarde, ou da noite. A ideia, em princípio, era tomar um só.

As pessoas eram protegidas dos excessos, pelo menos até certo ponto, pela rigidez dos períodos estabelecidos para seu consumo: tomar absinto antes do jantar era perfeitamente aceitável, ou até antes do almoço, mas ficar bebendo durante a noite toda ou madrugada adentro seria um *faux pas* abjeto, e os garçons levantariam a sobrancelha. Mesmo assim, o alcoolismo era claramente um risco desde o começo, à medida que as pessoas gostavam cada vez mais da bebida. O romancista e homem de letras Alphonse Daudet culpou o absinto pela difusão do alcoolismo na França do século XIX, e se queixou para Robert Sherard, amigo de Dowson, de que "antes das guerras, éramos um povo muito sóbrio". Sherard observou que muitos bebedores de absinto mais reservados tinham vergonha de ser vistos bebendo demais, por isso aprenderam a passar de um café para outro:

> Ele toma sua primeira bebida em um café, sua segunda em outro, e seu décimo ou décimo segundo absinto em um décimo ou décimo segundo café. Conheço um músico muito distinto que costumava começar no Café Napolitain e terminava na Gare du Nord...

Sherard salienta que algumas marcas de absinto tinham até 90% de álcool puro, três vezes mais que o *brandy*.

> Além de tudo, é uma bebida insidiosa, e o hábito de consumir absinto vai se apoderando da pessoa, que mais cedo ou mais tarde acaba abdicando de seu poder de decisão, e fica sob o controle de sua paixão... Na verdade, é possível observar os efeitos habituais do absintismo, a voz rouca, gutural, típica do absinto, o olhar vidrado, vagante, típico do absinto, a mão fria e pegajosa... em pessoas que nunca tomaram um copo de absinto na vida. Vários *amers*, ou *bitter*, até o supostamente inócuo *vermouth*, podem levar o sujeito, se tomados em excesso, à epilepsia, à paralisia e à morte. O absinto simplesmente faz seu trabalho mais depressa.

O absinto não tinha como não agradar os alcoólatras, mas logo começou a atrair um círculo mais amplo de convertidos, e as mudanças em sua imagem tinham um apelo especial para três outros grupos: os artistas e boêmios, as mulheres e, por fim, a classe trabalhadora.

O ESCRITOR INGLÊS H. P. Hugh nos dá um relato vívido do que seria a Hora Verde em Montmartre. A duração é de duas horas, mas quando desce ao mundo da boêmia, pode se estender por toda a noite.

> Enquanto desce a noite, podemos observar, fascinados, os raios de luz graduais que rastejam, enquanto, avenida após avenida, acende-se a luz, e a cidade toda é marcada com fogo aos nossos pés. As velas vermelhas do Moulin Rouge

> rodopiam, o raio de luz da Torre Eiffel lambe o Sacré Cœur e branqueia a igreja velha de mil anos de Saint-Pierre. O outro Montmartre acorda, enquanto os habitantes tranquilos do morro se deitam. Esse Montmartre da meia-noite é um estranho estudo cinzento *in natura*. É o por fazer e o já feito, e o já feito e o por fazer. Artistas promissores, poetas apreciados só por alguma menina, e ao seu lado as caras ansiosas, apressadas, de mulheres desleixadas e homens de olhos cansados.
>
> O cheiro mórbido do absinto flutua pesadamente no ar. A "hora do absinto" dos *boulevards* inicia-se vagamente às cinco e meia, e termina, tão vagamente quanto, às sete e meia; mas no morro, ela nunca termina. Não que seja, de forma alguma, o refúgio do ébrio; mas a bebida mortal cor de opala dura mais que qualquer outra coisa, e o maior intento de Montmartre é ficar o maior tempo possível no *terrasse* de um café, olhando o mundo passar. Passar uma hora em um covil típico dos boêmios é uma lição de tolerância. Não há nada da alegria despreocupada do Quartier Latin, e ao mesmo tempo há um deleite sombrio em chafurdar na morte e na falência.

Houve desde o começo uma forte afinidade entre a boêmia e o absinto, a mais forte e, aparentemente, a mais cerebral das bebidas. A boêmia sempre carrega um lado aborrecido e estressado; mais que uma questão de lugar, era uma fase da carreira; a fase de escritores e artistas menos conhecidos ou emergentes, que podiam chegar à Académie Française ou acabar em um asilo para doentes mentais ou para indigentes, ou até mesmo no necrotério. Para muitos boêmios, essa fase poderia se prolongar indefinidamente, ou então até que algo se quebrasse. Depois da morte, aos 39 anos, de Henri Murger, autor de *Scènes de la vie de bohème*, em 1861, um dos irmãos Goncourt escreveu em seu diário:

> Isso para mim parece mesmo a morte da boêmia, uma morte por decomposição, na qual se combina tudo da vida de Murger e do mundo que ele retratou: as orgias de trabalho à noite, os períodos de miséria seguidos por fases de banquetes, a sífilis negligenciada, os altos e baixos de uma existência sem casa própria, os jantares em vez de almoços, e as taças de absinto para se consolar depois das visitas à casa de penhores; fazer de tudo para se acabar, se consumir, e no fim se matar...

O absinto era, sem a menor dúvida, a bebida para fazer carreira para todos os que aspiravam a ser intelectuais e artistas. Como disse Gustave Flaubert sobre a vida de escritor:

> Ser dramaturgo não é uma arte, é um jeito, e tenho de pegar o jeito de alguém que já o tem. É isso. Para começar, tem de tomar uns copos de absinto no Café du Cirque. Depois, ao se referir à peça de teatro que está sendo comentada, tem de dizer: "Não é ruim, mas precisaria de uns cortes", ou "Sim, mas a verdade é que não é mesmo uma peça".

Mas o mais importante, diz Flaubert, é nunca escrever você mesmo alguma coisa: "Uma vez que você escreveu uma peça... é o fim, acabou para você".

Flaubert também expõe de forma prosaica os clichês parisienses sobre o absinto em seu *Dicionário das ideias feitas*:[3]

> ABSINTO: Veneno extremamente violento. Um copo e você está morto. Os jornalistas o tomam para escrever suas matérias. Matou mais soldados que os beduínos. Levará à destruição o Exército francês.

Não há dúvidas de que muitos jornalistas realmente tomavam absinto enquanto escreviam suas matérias.

O absinto era "a Musa Verde", ou "a Musa de Olhos Verdes". Dizia-se que era o gênio dos que não tinham gênio próprio, ou a morte de qualquer gênio para quem realmente o tinha. Caricaturas e vinhetas satíricas francesas da época brincam com o clichê de "absinto e inspiração" (ainda que pouquíssimas – como a maioria das caricaturas do século XIX – sejam de fato divertidas). "É gozado", diz uma delas, "bebi quatro absintos e ainda não encontrei a quadra para meu soneto... Garçom! Um absinto!" Outra descreve o grande poeta de Montmartre, "Vert-de-Gris",[4] que busca inspirações maravilhosas em um café, carregando uma pequena moldura de papelão. Ele coloca a moldura na frente do copo de absinto, olha através dela enquanto rega a bebida, e acaba vendo as cataratas do Niágara. Um quadrinho satírico conta a triste história do "Decadente", que vai ao café para pesquisar sobre excessos para o livro que está escrevendo há dez anos. Infelizmente, não consegue tomar seus quinze absintos sem ficar completamente bêbado; então, no dia seguinte, como não se lembra de nada, tem de voltar ao café noite após noite. A mais triste de todas é a do artista para o qual não sobra mais dinheiro depois do sétimo absinto, porque ele sabe, com certeza, que somente após o oitavo a inspiração genial chega.

3. Publicado pela editora Nova Alexandria. (N. E.)

4. Azinhavre. (N. T.)

Magnífico desenho a nanquim de William Orpen, *O bebedor de absinto*. A cartola talvez já tenha visto tempos melhores.

CAPÍTULO 7

Antes do banimento

Em sua descrição quase sempre soturna da vida boêmia, os diários dos irmãos Goncourt incluem alguns relatos especialmente pavorosos da intoxicação provocada pelo absinto. Léon Daudet conta aos Goncourt sobre sua amante, uma mulher chamada Marie Rieu e apelidada de Cão Verde (*Chien Vert*), na qual Daudet se inspirou para compor a personagem Sapho, em seu romance homônimo. Escrevem os Goncourt que Daudet

> conta da *Chien Vert* e de seu namoro com essa mulher louca, maluca, doente... Uma história louca, embebida em absinto, que de vez em quando assumia um aspecto dramático com algumas facadas, cujas marcas ele exibia em uma das mãos.

Muitas bebidas são citadas de forma rotineira nos diários desses irmãos – vinho, cerveja, champanhe –, mas as referências ao absinto assumem uma qualidade quase gótica, como por exemplo esta imagem do Hotel Absinto, antigamente uma mansão chamada Le Château Rouge:

> [...] que se tornou um hotel imundo, no qual o quarto de dormir da amante de Henrique IV foi transformado no "Mortuário": aposento onde vários bêbados são empilhados uns sobre os outros até chegar a hora de ser jogados na sarjeta. Um hotel no qual o dono é um gigante vestido com uma malha vermelho-sangue e um par de cassetetes, e que possui com um arsenal de revólveres sempre ao seu alcance. E nesse hotel há um entra e sai de ambos os sexos, incluindo uma velha socialite e uma *absintheuse* que traga seus 22 copos de absinto por dia – aquele absinto terrível, tingido com sulfato de zinco...

E essa história em particular se torna pior ainda: os Goncourt nos contam que o filho da *absintheuse*, um advogado respeitável, não conseguiu tirá-la do vício e se matou de desespero e aflição.[1] Não menos gótico é este sinistro e arrepiante trecho de 1859:

> Minha amante estava deitada ao meu lado, completamente bêbada de absinto. Eu a havia embriagado, e ela agora dormia. Dormia e falava. Retendo a respiração, fiquei escutando... Era uma voz estranha, que suscitava uma emoção diferente, próxima do medo; essa voz involuntária que brotava em uma fala incontrolada, a voz do sono – uma voz baixa, com o tom, a ênfase, o *páthos* das vozes de um drama de *boulevard.* Para começar, aos poucos, palavra após palavra, lembrança após lembrança, como se, com os olhos da memória, ela fosse vasculhando em sua juventude, vendo coisas e observando rostos aparecendo, sob seu olhar fixo, da escuridão na qual o passado jazia: "Oh, sim, me amava de verdade!... Sim, diziam que sua mãe tinha um aspecto... Ele era louro... Mas não funcionaria... Estaríamos ricos agora, não é?... Se meu pai não tivesse feito aquilo... Mas o que está feito está feito... É só que não gosto de dizê-lo...".
>
> Era meio aterrador, ficar curvado em cima daquele corpo, no qual tudo parecia extinto e pairava somente uma vida animal, e escutar o passado ressurgir como um fantasma voltando a uma casa abandonada. E todos os segredos que podiam emergir depois de tão longamente contidos; aquele mistério do pensamento inconsciente, aquela voz no quarto na penumbra, tudo aquilo era tão assustador quanto um cadáver possuído por um sonho...

NO FINAL DO SÉCULO XIX, Paris era inundada com o excesso de substâncias de todos os tipos. Morangos em um caldo de éter estavam na moda como sobremesa, e a morfina era muito popular entre as mulheres chiques: joalheiros de luxo ofereciam seringas hipodérmicas banhadas em ouro e prata. Alexandre Dumas lamentava que a morfina se tornasse rapidamente "o absinto das mulheres", uma forma brilhante porém imprecisa de expressar o problema: o verdadeiro absinto das mulheres era o próprio absinto.

Henri Balesta afirma que as mulheres começaram a tomar absinto por volta de 1860, como uma espécie de doença contagiosa: "A absintomania é de fato bastante

1. J. K. Huysmans também descreve Le Château Rouge em seu romance de 1898, *La bièvre et Saint-Séverin.*

contagiosa; ela é transmitida do homem para a mulher. Graças a nós, temos *absintheuses*". E elas estão loucas pela bebida, acrescenta Balesta: olhem nos *boulevards* e verão *absintheuses* com a mesma arrogância dos *absintheurs*.

Com a mudança nos costumes, as mulheres podiam beber nos cafés, e o absinto era uma bebida "moderna" para elas, assim como era moderno fumar cigarros ou andar de bicicleta. Doris Lanier menciona uma publicidade na qual uma jovem *demi-mondaine*[2] segura uma taça de absinto afirmando ser esse um de seus vícios menores.

Um número cada vez maior de anúncios da época mostra mulheres liberadas tomando absinto e fumando ao mesmo tempo, enquanto as pinturas contam uma história diferente: mulheres acabadas, o olhar perdido no vazio diante de um copo. Um texto do Dr. J. A. Laborde, de 1903, coloca:

> As mulheres gostam muito do absinto e, se é raro que fiquem viciadas em vinho e álcool em geral, temos de reconhecer que pelo menos em Paris elas são frequentemente atraídas pelos aperitivos e, sem temor de exagerar, eu diria que o vício em absinto dos últimos anos é tão comum entre as mulheres quanto o é entre os homens. É possível afirmar que casos claros de absintismo crônico ocorrem nas mulheres depois de oito, dez meses, ou um ano, entre as mais jovens, ou até entre meninas de 18 a 20 anos.

Um correspondente do *The New York Times*, Sterling Heilig, reportava que a cirrose estava aumentando entre as mulheres francesas, e explicava a propensão destas à bebida como "simplesmente parte da tendência geral das mulheres em imitar os homens, o que inclui também o corte de cabelo masculino, o jeito de vestir masculino e a atração pelos cigarros".

Esse mesmo correspondente aponta a tendência das mulheres de tomar absinto puro, que ele explica pela relutância em beber fluidos demais: essas mulheres vestem corpetes apertados para evitar o inchaço. Pode ser verdade. O fato de o absinto ir "direto para o cérebro" é comparável à afinidade, tantas vezes evidenciada, de muitas mulheres com os cigarros, e o gosto limpo do absinto – fora do espectro normal das bebidas fermentadas – pode ter contribuído, portanto, para

2. Na França do século XIX, esse termo, algo como "semimundana" em português, designava as mulheres sustentadas por homens ricos. Esse grupo social, até então invisível, manifestou-se com alarde na imprensa e no teatro a partir do Segundo Império, atingindo seu apogeu por volta de 1900 e desaparecendo durante a Primeira Guerra Mundial. A palavra *demi-mondaine* origina-se de *demi-monde*, título de uma comédia de Alexandre Dumas Filho, de 1855, e designou, a princípio, as mulheres do mundo que caem na prostituição, vindo a ser aplicado mais tarde a todas as grandes cortesãs.

a atração de pessoas que não gostavam de cerveja, vinho ou de outras bebidas fermentadas. Até mesmo um copo de vinho branco chega a ter um gosto "sujo" depois do absinto, que tende a preservar seu sabor, assim como os cigarros mentolados.

Em suas memórias da vida em Montmartre, Francis Carco escreve: "O absinto sempre tende a acentuar certos traços do temperamento caprichoso, da dignidade, da obstinação, da frivolidade, especialmente nas mulheres". Muita gente achava que havia mais em jogo do que apenas isso, enquanto as preocupações realísticas sobre o alcoolismo se transformavam no temor da "degeneração", como as encontradas em escritores tão diferentes quanto Max Nordau, Marie Corelli e Émile Zola. Sterling Heilig resume o problema em termos sensacionalistas:

> O que mais preocupa os médicos é o alcoolismo entre as mulheres... Dizem que o absintismo, em particular, poderia criar uma raça especial, tanto do ponto de vista das faculdades intelectuais quanto das características físicas. Essa raça, segundo os médicos, poderia se perpetuar por um tempo limitado, com todas suas deformidades físicas e suas tendências doentias, até por várias gerações; mas depois, exposta de todas as formas aos acidentes e às doenças, derrubada pela impotência e pela esterilidade, acabaria desaparecendo. A família se extingue.

UMA IMAGEM MENOS ensandecida do consumo de absinto por parte das mulheres aparece no romance *Naná*, de 1880, de Zola, que descreve a carreira de uma aspirante *demi-mondaine* do Segundo Império. Longe do mundo cintilante que frequenta profissionalmente, Naná está em casa com sua amiga lésbica Satin:

> [...] ficava papeando durante horas, soltando intimidades sem fim, enquanto Satin ficava deitada na cama de camisola, com os pés levantados, fumando cigarros enquanto escutava. Às vezes, quando ambas estavam deprimidas, elas se concederiam um absinto, para "ajudar a esquecer", como dizem. Satin nem descia as escadas ou se vestia, simplesmente curvava-se no corrimão para gritar seu pedido à filhinha do porteiro, uma criança de 10 anos, que, quando chegava com o absinto e os copos, olhava furtivamente as pernas nuas da senhora. Qualquer conversa levava a um único assunto: a bestialidade dos homens.

Esse absinto sem charme, *déclassé*, banalmente íntimo, contrasta violentamente com o champanhe público de Naná, bebido profissionalmente com os homens.

Ao contrário da histeria antiabsinto que começava a surgir no final do século XIX, a imagem do absinto de Zola, equivocada mas calma, lembra muito as duas representações mais famosas de bebedores de absinto na pintura: de Manet e Degas. Essas telas mantêm certa imperscrutabilidade, e o que têm mais em comum é uma aparência deliberadamente prosaica e sem brilho.

A famosa tela de Edouard Manet, *O bebedor de absinto* (1859), é sua primeira grande pintura, o que significava começar a carreira com o pé errado. Seu modelo foi um catador de trapos alcoolizado chamado Collardet, que frequentava a área em volta do Louvre. Manet achava que ele tinha uma estranha dignidade, e até uma espécie de nobreza. O pintor já tinha manifestado interesse na embriaguez como tema quando estudava com Thomas Couture, a quem convidou para ver a tela quando ficou pronta, mas a reação não foi, provavelmente, a esperada. "Um bebedor de absinto!", disse Couture. "E pintam abominações como esta! Meu caro, você é o bebedor de absinto. Foi você quem perdeu sua faculdade moral."

De fato, trata-se de uma imagem esquisita, com a imensa cartola e seu estranho passo de dança, e não foi só Couture quem a detestou; quase ninguém a apreciou. Quando Manet a propôs para o Salão Francês de Belas-Artes de 1859, foi imediatamente recusada, mas acabou se tornando a ponta de lança de uma revolução na sensibilidade que levaria à criação do Salão dos Recusados quatro anos depois. Sua estética deve algo a Baudelaire, amigo de Manet, que achava que era preciso encontrar novos aspectos de beleza e heroísmo na "moderna" esqualidez das metrópoles contemporâneas, como em seu poema "O vinho do trapeiro". A cartola presente na tela também tinha algo de Baudelaire, pois Manet pintara o amigo com uma cartola parecida. Na tela original não havia a taça de absinto, que Manet pintou mais tarde, para acrescentar ênfase. *O bebedor de absinto* é uma das quatro obras às quais Manet se referia como "os filósofos". Mais tarde, Manet colocou seu bebedor de absinto como figura de fundo de outra tela, *O velho músico*. Quanto à personagem real, Collardet ficou tão feliz de ser retratado que se tornou uma presença inconveniente no estúdio de Manet.

O bebedor de absinto (1910), de William Orpen, é algo como um parente mais novo do Manet, com sua cartola e especialmente o ângulo estranho do pé, que parece mesmo uma referência ao trabalho anterior. Mais gótico que a pintura de Manet, com seu sombreamento em teia de aranha, emana um ar de contentamento decaído. Orpen era um grande admirador do pintor, tanto que no ano anterior pintara uma tela intitulada *Homenagem a Manet*.

Em outra grande imagem de Orpen ligada ao absinto, *Café Royale* (1912), aparecem nada menos que cinco copos de absinto discretamente espalhados pela cena.

Se *O bebedor de absinto* era uma homenagem a Manet, *Café Royale*, então, é uma homenagem a Degas, outra grande influência e paixão de Orpen: a composição de estilo fotográfico, com pessoas nas margens da tela, como se estivessem entrando ou saindo da cena, é claramente ligada ao estilo de Degas. O homem sentado no fundo é Oliver St. John Gogarty, que aparece no *Ulisses*, de James Joyce. Ele está tomando um absinto com Nina Hamnet, modelo famosa de ar sombrio: ela sobreviveu até se tornar uma figura desolada no Soho da década de 1950, quando ainda contava para todos: "Modigliani achava minhas tetas as mais lindas da Europa". Quanto às cariátides das colunas e aos espelhos, são exatamente como Enoch Soames, a já citada personagem do conto de Max Beerbohm, poderia ter observado.

A famosa tela de Edgar Degas, *O absinto*, intitulada originariamente *Em um café* (1876), com seu casal infeliz, sofreu uma rejeição ainda maior que a de Manet. Houve quem enxergasse Verlaine no homem do casal. Não era, mas há certa semelhança que pode ter influenciado a composição de três fotos de Verlaine tiradas algum tempo depois por Jules Dornac, em que ele aparece sentado a uma mesa de mármore branco e encostado em um espelho. O homem na pintura é um amigo de Degas, chamado Marcellin Desboutin, artista que também estudara com Couture. Desboutin nem está tomando absinto: a bebida marrom à sua frente foi identificada como café preto servido em um copo de vidro, o chamado *Mazagran*. Quem toma absinto é a mulher, uma atriz e modelo chamada Ellen Andrée, e é sua expressão vazia, exausta, imperscrutável, que dá força à tela. Uma figura está deslocada em relação à outra, e ambas estão isoladas de forma tão desoladora que lembram a obra do norte-americano Edward Hopper, com suas representações pictóricas da solidão. A reação lógica de quem observa é: "se essa é a boêmia, podem ficar com ela".

O café onde está sentado o casal chamava-se La Nouvelle Athènes[3] e localizava-se no número 9 da Place Pigalle. George Moore o cita de forma espirituosa como fonte de sua educação. "Não estudei nem em Oxford nem em Cambridge, mas frequentei o Nouvelle Athènes":

> Com que clareza quase sobrenatural consigo ver e ouvir – ver o rosto branco do café, o nariz também branco do quarteirão de casas que se estendia até a Place, entre duas ruas; posso rever a encosta entre elas, e ainda sei que lojas lá havia; posso ouvir a porta de vidro do café raspando na areia ao ser aberta. E posso

3. Nos anos 1940, era conhecido como Sphynx. Foi um clube de *strip-tease* frequentado pelos nazistas durante a Segunda Guerra Mundial e mais tarde pelos membros da Resistência francesa. Nos anos 1980 e 1990, tornou-se conhecido como New Moon, uma casa de *rock* onde bandas como Mano Negra, The French Lovers, Noir Désir, Calvin Russel, The Naked Apes of Reason, Les Wampas e muitas outras se apresentaram. Foi demolido em 2004.

> lembrar do cheiro de cada hora: de manhã eram os ovos fritando na manteiga, o cigarro acre, o café e o conhaque barato; às cinco começava o perfume fragrante do absinto...
> As mesas de mármore de sempre estão ali, e é onde nos sentávamos e ficávamos *estetizando* até duas da manhã.

Desboutin, por ter-se mudado, com seus amigos e companheiros, de outro café, chamado Café Guerbois, era em parte responsável pela popularidade do La Nouvelle Athènes como ponto de encontro da boêmia. Barnaby Conrad conta que, apesar de sua aparência miserável, Desboutin – que outrora fora muito rico – era um monarquista fervoroso, de maneiras elegantes e refinadas. O biógrafo de Desboutin, Clément-Janin, parece incomodado com a reputação que a tela de Degas impingiu ao artista, e aplica-se em demonstrar que Desboutin não era bebedor de absinto: o título do quadro, diz ele, deveria ser algo com *A bebedora de absinto e Marcellin Desboutin.*

A tela de Degas provocou controvérsias quando chegou à Inglaterra, onde Ronald Pickvance desvendou seu percurso. Foi comprada por um colecionador chamado Henry Hill, que a cedeu para uma exposição em Brighton em 1876. No catálogo, sóbrio e neutro, aparece como *Um esboço em um café francês*, mas o crítico da *Brighton Gazette* a definia como "A perfeição da feiura... A cor é repulsiva, assim como as figuras: um trabalhador francês com aparência brutal e sensual, e uma *grisette*[4] doentia; um casal revoltante". Como Pickvance destaca, são as figuras que são consideradas revoltantes, "não o absinto, no qual ninguém reparava naquela época".

A tela voltou para a coleção de Hill depois da exibição sem provocar mais controvérsias, até ser vendida em um leilão da Christie's em 1892. Nesse caso, apareceu como Lote 209, *Figuras em um café*, e o público a vaiou quando foi colocada no cavalete. Ainda assim foi comprada, e em 1893 foi cedida à Grafton Gallery, uma nova galeria de arte que almejava fazer concorrência à famosa e já mencionada Grosvenor. Agora a obra de Degas aparecia simplesmente como *O absinto*, dando a pista certa para os críticos. Estes, no começo, foram bastante favoráveis, seguindo a moda: "A grande cabeça do homem", escrevia o *Pall Mall Budget*, "um romântico, indolente sonhador, é jogada na tela com um toque de instantaneidade digno de um grande mestre". E quanto à sua companheira:

4. No começo do século XIX, *grisette* era o nome dado a uma operária de fábrica (vestida de *gris*, cinza) ou a uma trabalhadora qualquer, que se prostituía ocasionalmente para ganhar um dinheiro a mais. A mãe de Gauguin, por exemplo, fora uma *grisette*. Depois o termo passou a ser simplesmente sinônimo de prostituta. (N. T.)

> A mulher, apática, de olhos caídos, embrutecida, absolutamente indiferente a tudo à sua volta, parece fazer um sinal de aprovação com a cabeça sentindo o langor quente do veneno. Seus pés chatos, balançando, contam tudo. Cada tom, cada toque, exala a sensação do absinto.

O maior crítico da época, D. S. MacColl, descreveu a tela como "uma imagem inexaurível, que o traz de volta, mais e mais". No entanto, em resposta a essa crítica de MacColl começaram a voar tijolos. O crítico da *Westminster Gazette* – O Filisteu, como assinava suas matérias – escreveu que qualquer um que desse valor à dignidade e à beleza não podia considerar *O absinto* uma obra de arte. Sir William Blake Richmond entrou na briga para qualificá-la também de "literária": "*O absinto* é uma performance literária. Não é de forma alguma uma pintura. É um romanceco – um tratado contra a bebida. Tudo de bom que podia ser feito a respeito já foi feito por Zola".

Walter Sickert, ao contrário, achava que "toda essa confusão sobre *bebida*, *lições*, *bêbado* e *embriaguez* na obra de Degas era um exagero, e a tela deveria se chamar simplesmente *Um homem e uma mulher sentados em um café*. A lição que Degas tinha na cabeça era provavelmente a de George Moore, que deve ter reconhecido a cena e teria dito algo mais interessante que "Que puta! A história pode não ser agradável, mas é uma lição". Quanto à lição, poderia ser qualquer uma: em uma das muitas paródias que a tela suscitou, a lição seria, por exemplo: "Nunca mais vou ligar para essa agência de encontros".

MacColl definiu a oposição à tela como "panfleto à temperança" contra "o veneno francês". Ele chegou a encontrar Degas algum tempo depois em Paris, e o velho mestre pareceu-lhe aflito com as reações à tela, para a qual ele nunca teria dado um título tão espalhafatoso como *O absinto*. Degas lamentou os ataques da imprensa, especialmente a afirmação de que ele pintava "como um porco".

Quanto a Ellen Andrée, ela não tinha nada de miserável, como parece no quadro. Barnaby Conrad cita uma entrevista que Andrée deu a Félix Fénéon, mais de quarenta anos depois:

> Meu copo estava cheio de absinto. Desboutin tinha algo bastante inócuo no dele... E parecíamos dois idiotas. Eu não estava tão mal na época, nem era tão feia, posso dizê-lo agora; tinha algo em mim que seus Impressionistas achavam "bastante moderno". Eu era chique e conseguia segurar a pose como eles queriam... Mas Degas, ele me massacrou mesmo, não é?!

NA FRANÇA, o absinto começou a mudar de imagem pública especialmente depois de se tornar a bebida favorita da classe trabalhadora. No romance *A taberna*, de Émile Zola (1877), uma personagem chamada Boche se lembra de um homem que conhecia: "um carpinteiro que tinha ficado completamente nu na Rue Saint-Martin e morreu dançando polca - era um bebedor de absinto". Em torno de 1860, o absinto começou a deixar Montparnasse e se difundiu, passando da burguesia e da boêmia para os trabalhadores e operários, e a partir de então começou a ser considerado uma ameaça à sociedade.

Comentando os problemas mais graves da "contaminação" (a transferência dos costumes burgueses para os trabalhadores), um certo Dr. Legrain escreveu em 1903: "Sou um velho parisiense; vivo em Paris há 43 anos. Vivenciei muito claramente a primeira invasão do aperitivo entre a burguesia, e é somente muito depois, nos últimos quinze ou vinte anos, que foi a vez do trabalhador". O Dr. Ledoux, cinco anos depois, conta uma história parecida:

> Nossos pais ainda conheceram a época quando o absinto era uma bebida elegante: nos terraços dos cafés, velhos combatentes argelinos e burgueses ociosos consumiam aquela bebida suspeita, com gosto de desinfetante bucal. O mau exemplo começou lá em cima, e aos poucos o absinto foi se democratizando.

Um certo professor Achard sabia exatamente o que estava acontecendo: tudo se devia às melhorias nas condições de vida das classes trabalhadoras, em especial o aumento dos salários e a redução da jornada de trabalho para somente oito horas diárias; portanto, eles tinham "mais tempo e dinheiro para gastar em bebida".

Uma explicação mais plausível seria a diferença de preço entre o absinto e o vinho. Na época de seu apogeu de respeitabilidade, o absinto era uma bebida relativamente cara, mas o preço foi baixando com o passar dos anos, em especial por conta do surgimento de marcas mais baratas e de qualidade cada vez pior. Em particular, a devastação dos vinhedos franceses, provocada pela filoxera nas décadas de 1870 e 1880, tornou o vinho mais caro. O efeito foi até duplo, porque os fabricantes de absinto, que antes usavam álcool de uva, passaram a usar álcool industrial, tornando a bebida ainda mais barata. Ao preço de quinze centavos de franco, mais ou menos, um copo de absinto custava um terço do filão de pão, enquanto a garrafa de vinho podia chegar a um franco. O absinto era especialmente barato nos bares, como os de Les Halles, região de Paris então frequentada por feirantes e carregadores, onde era possível tomá-lo – em pé – por cerca de dez centavos. Nesses bares populares, como Le Père Lunette, não havia mesas nem cadeiras; apenas um balcão de zinco.

Um novo objeto começou a aparecer na iconografia das imagens sobre o absinto: a caixa de utensílios do operário na mesa do café. *A mãe* (1899), uma pintura de Jules Adler, mostra uma mulher miserável carregando nos braços uma criança enquanto passa ao lado de dois homens bebendo em um café. Ela parece desviar o olhar da criança, como se um dos ébrios fosse o pai. Um deles, levantando a mão em um gesto pesado de bêbado, está evidentemente tentando convencer o outro de algo. A sacola de ferramentas está debaixo da mesa. Na vitrine do café está escrito "Absinto, 15 centavos a dose". Em *A risada*, uma caricatura um pouco mais recente desse período, vemos uma sacola de couro do mesmo tipo – usada ainda hoje pelos trabalhadores das ferrovias – debaixo de outra mesa. Dessa vez o ocupante desarrumado da mesa, afundado na cadeira além do normal, parece quebrar a cabeça com um dos mistérios da vida: "O absinto te mata, mas te faz viver".

"Mata, mas te faz viver." Essa é a típica retórica que surge em torno dos narcóticos que viciam, subentendendo que oferecem tudo a quem os consome, mas levam à ruína. Tentando explicar o fascínio da cirurgia, um médico dizia para os irmãos Goncourt: "você chega ao ponto em que nada importa, a não ser a operação que está realizando, a ciência que está colocando em prática. É tão bonito. Às vezes acho que eu pararia de viver se não pudesse mais fazer cirurgias. É meu absinto". Do lado oposto do vício, no romance *Naná*, de Zola, há a figura sombria da Rainha Pomare, uma ex-cortesã idosa. Satin conta a história para Naná:

> Antigamente, ela era uma moça esplendorosa, que fascinava Paris com sua beleza. E que vitalidade, que atrevimento – todos os homens comiam em sua mão, e deixava muitos notáveis choramingando diante de sua porta! Agora ela fica bêbada o tempo todo: as mulheres das redondezas lhe dão absinto para divertir-se, e os moleques de rua a apedrejam e perseguem. Uma verdadeira decaída, a rainha chafurdando na lama. Naná escutava, o sangue gelando nas veias.

UM DOS PRIMEIROS a pesquisar a questão do absinto foi Henri Balesta, em seu livro de 1860, *Absinthe et absintheurs*. A maior parte da obra de Balesta, sensacionalista e admoestadora, não vai além de casos que poderiam ser tirados de gravuras do século XIX e de panfletos antiabsinto. O pai de uma menina de 6 anos – que chora a morte da mãe – lhe dá absinto para confortá-la e a transforma em dependente química. Depois que ela morre, vítima de absintismo, ele se enforca. Outro bebedor de absinto leva a família para a miséria, e finalmente encontra uma prostituta que reconhece ser sua filha.

Balesta constata que a "absintomania" não é "um vício exclusivo dos ricos e ociosos" (algo que em poucos anos não precisaria ser ressaltado); "o homem do povo, o trabalhador, não foi poupado da devastação". Ele previu que a dependência do absinto entre a classe trabalhadora, muito mais que entre a boêmia da classe média, arruinaria mulheres e crianças e acabaria com famílias inteiras.

Seria o absinto pior que outros tipos de álcool? Vamos deixar a farmacologia de lado por enquanto – e ponderar por que Van Gogh tomava terebintina –, mas o fato é que o debate a respeito se arrastou por décadas. O absinto chegou a ser considerado um veneno e associado, em geral, à decadência, à ruína, e, em particular, à insanidade. O *Dictionnaire de médecine*, de 1865, publicado por Littré e Robin, menciona o absintismo como um tipo de alcoolismo, mas destaca que seus efeitos procediam de outra coisa que não o álcool.

O Dr. Auguste Motet examinou *absinthistes* em um asilo parisiense e, em 1859, publicou suas descobertas em *Considérations générales sur l'alcoolisme et plus particulièrement des effects toxiques produits sur l'homme par la liqueur absinthe*. Ele concluía afirmando que o absinto era realmente pior que outras bebidas, pois produzia alucinações e delírios. Louis Marce, do Hospital Bicêtre, subministrou essência de absinto a animais com resultados previsivelmente espantosos. Mas a descoberta conclusiva para converter o absintismo em doença distinta do alcoolismo veio de um ex-aluno de Marce, Valentin Magnan.

O trabalho de Marce foi anunciado, com certo ceticismo, em *The Lancet*, famosa revista médica de Londres, em março de 1869. Magnan subministrou essência de artemísia a cobaias, um gato e um coelho, e os dois animais passaram rapidamente de um estado de excitação para convulsões do tipo epilético. "Não é a primeira vez que noticiamos discussões sobre esse assunto", dizia *The Lancet*, "e não é a primeira vez que temos de comentar a inadequação das provas produzidas a fim de demonstrar que o absintismo, como é encontrado em Paris, é algo diferente do alcoolismo." Magnan aparece de novo na revista em setembro de 1872, dessa vez brindado com menos ceticismo. Ele tinha conseguido isolar um "produto oxigenado" do absinto que se mostrou "potentemente tóxico": violentos ataques epiléticos levaram à morte um cão de grandes dimensões, no qual foi detectada "uma elevação extraordinária da temperatura, que passou de 39 °C para 42 °C". Em 1903, um certo Dr. Lalou demonstrou que a substância responsável, em maior grau, pela toxicidade do óleo essencial de absinto, era a tujona.

A expressão "ônibus para Charenton",[5] já citada no início do livro, tornou-se uma metáfora corriqueira para o absinto a partir de 1880. Nesse momento, a bebida estava claramente associada à demência, e a expressão "o absinto leva à loucura" era a típica advertência contra seu consumo em excesso. Estatísticas da época demonstravam que uma pessoa normal tinha 246 vezes mais chances de chegar à loucura tomando absinto que ao consumir qualquer outra bebida alcoólica; um líder antialcoolismo francês, Henri Schmidt, o descrevia como "demência engarrafada".

Tudo isso não parecia deter os apreciadores nem os bebedores empedernidos. As pessoas bebiam bastante em 1874, quando o consumo de absinto na França chegou a 700 mil litros por ano, e por volta de 1910, já tinha atingido os 36 milhões de

litros anuais. O absinto se tornara um vício proletário associado a epilepsia, descendência epiléptica, tuberculose, crianças abandonadas, e a gastar o dinheiro do sustento para beber: uma canção antiabsinto popular na época rima miséria (*misère*) e proletário (*prolétaire*), o que diz tudo. Essa é, com certeza, a fase menos glamorosa da bebida, que no fim de sua trajetória havia-se transformado no "ópio do povo". Uma música do cantor francês Jacques Brel sobre esse período, "Jean Jaurès", sobre o líder socialista assassinado, se pergunta por que nossos avós (ou bisavós) viviam "entre o absinto e a missa solene". O espectro da degeneração rodeava os debates de então:

> As autoridades médicas francesas estão angustiadas com o lento mas incontestável envenenamento da população. A raça está degenerando; a estatura das pessoas está diminuindo; em certos lugares, como ficou difícil encontrar homens de altura padrão para o Exército, a estatura mínima para se alistar teve de ser diminuída. O absintismo é muito mais pernicioso que o alcoolismo; sua influência no cérebro é especialmente danosa. Nos últimos trinta anos, o número de dementes triplicou. Em Paris, no hospital que trata desses casos, as estatísticas mostram que nove entre dez [pacientes atendidos] são devidos ao absinto.

5. Marquês de Sade foi internado duas vezes na Maison Royale des Frères de la Charité de Charenton (nome oficial, e um tanto irônico, do mais famoso hospício de Paris, do qual, na época, menos da metade dos internados saía viva). O enredo de *Marat-Sade*, famosa peça de teatro de Peter Weiss e transformada em filme por Peter Brook em 1966, é ambientado em Charenton. (N. T.)

O ABSINTO ATÉ QUE PODIA ter-se "democratizado", mas enquanto o século XIX chegava ao fim, a boêmia continuava a bebê-lo sem se preocupar com a concorrência popular. O absinto ocupa lugar especial na mitologia da pintura francesa, e era a bebida preferida da criatura que Lawrence Alloway identificou como "aquele monstro boêmio do fim do século XIX, o anão aristocrático que cortou a própria orelha e viveu em uma ilha dos Mares do Sul".

Nascido em uma família aristocrática[6] na qual os casamentos consanguíneos tiveram consequências trágicas, Henri de Toulouse-Lautrec não era um anão de verdade – ele media em torno de 1,50 metro –, mas suas pernas eram tortas, e sua cabeça grande demais, o que o fazia parecer mais baixo do que de fato era. Depois de começar a carreira pintando temas esportivos, Lautrec encontrou seu verdadeiro *métier* por volta dos 25 anos de idade, quando passou a pintar os teatros de revista, os cafés e o submundo de Paris, especialmente os estabelecimentos localizados na área de Montmartre e o famoso cabaré Moulin Rouge. Sua obra revolucionou a arte do cartaz e ao mesmo tempo imortalizou figuras como Louise Weber, A Glutona, estrela entre as dançarinas de *can-can* do Moulin Rouge.

Para Gustave Moreau, as telas de Lautrec eram "todas pintadas com absinto", e com Julia Frey temos um relato da dependência do pintor:

> No final do dia, Henri saía do ateliê e descia claudicando pela Rue Lepic... Ele gostava de, ao crepúsculo, *étouffer um perroquet* (literalmente: esganar um periquito – a gíria de Montmartre para beber uma taça de absinto verde, chamado *perroquet*)... Parece irônico que o papagaio verde da infância de Henri, emblema infantil do mal que assombrava seus cadernos de desenho, tenha reaparecido na forma de uma bebida alcoólica – o símbolo de sua decadência. A imagem do diabólico papagaio verde e, por extensão, o verde maléfico do absinto, pareciam ter uma importância especial para ele, até mesmo em sua arte. Ele disse mais tarde para um amigo: "Sabes o que é ser assombrado pelas cores? Para mim, na cor verde, há algo da tentação do demônio".

Lautrec tornou-se famoso como grande bebedor, e sua mistura preferida era uma combinação letal de absinto e *brandy* chamado Terremoto. "O importante é beber pouco, mas com frequência", prescrevia o pintor, e para colocar em prática tal regime, carregava uma bengala oca com sua reserva de absinto; esse *vade mecum*

6. A linhagem Toulouse-Lautrec, do Languedoc, é considerada a família nobre provavelmente mais antiga não só da França, mas do mundo ocidental, pelo menos no que diz respeito à possibilidade da nobiliarquia de retraçar a origem e a história do enobrecimento de seu fundador. (N. T.)

alcoólico lhe permitia levar para onde quisesse meio litro da bebida, e até mesmo um pequeno copo. Assim como Jarry, Lautrec colocava peixinhos na jarra de água quando recebia convidados para o jantar.

"Não, cara senhora, lhe garanto: posso beber sem riscos", ele disse certa vez, "já estou bem perto do chão." Mas Lautrec acabou pagando o preço da bebida em excesso e da vida devassa, a começar pela sífilis. Às vezes podia ser grosseiro e rude, seu temperamento era imprevisível, e sua tendência para babar foi piorando com o passar do tempo. Começou também a ficar muito embriagado com quantidades mínimas de álcool, um sintoma clássico do alcoolismo terminal. Pior ainda, a paranoia – tema de uma monografia de Yves Guyot publicada na época: "L'absinthe et le délire persécuteur" – começava a vir à tona.

Lautrec começou a ver coisas como um bicho sem cabeça, e o elefante do Moulin Rouge o seguia aonde quer que fosse. Não devia ser divertido como pode parecer. Ele via cachorros por todo lado, e passou a dormir com sua bengala para se defender em caso de um ataque noturno por parte da polícia. Ernest Dowson conviveu com Lautrec por pouco tempo, e no dia 1º de março de 1899, termina uma carta para Leonard Smithers com uma notícia triste de Paris: "Você lamentará saber que Toulouse-Lautrec foi levado ontem para um hospício".

Lautrec foi internado em um asilo privado em Neuilly no final de fevereiro de 1899. Há várias versões sobre como ele chegou lá: por ter desmaiado na rua em consequência de um ataque de *delirium tremens*; ou depois de ter sido raptado por dois enfermeiros do hospício a mando da própria mãe. Um vez trancado no asilo – uma clínica privada caríssima, sediada em uma mansão do século XVIII –, não tinha liberdade para sair, e os prós e os contras de seu aprisionamento foram debatidos na imprensa. Lautrec teve a má sorte de ser usado como cobaia em uma versão experimental do tratamento com eletrochoque; no entanto, sua saúde mental melhorou no manicômio, principalmente porque era impedido de beber. Logo depois de ter alta, começou a beber de novo; mais discretamente no começo, com a ajuda de sua bengala. Porém, acabou morrendo pacificamente, de bebida e de sífilis, na mansão da família, em 1901, aos 36 anos de idade, assistido pelo pai. O velho conde, caçador e desportista durante toda a vida, caçava moscas no quarto usando seus suspensórios elásticos. "Velho tolo", disse Lautrec – estas foram suas últimas palavras.

Se pessoas como Toulouse-Lautrec precisavam ser protegidas de si mesmas, isso fazia-se ainda mais necessário no caso dos bebedores de absinto provenientes das classes mais baixas. Talvez seja até surpreendente que o absinto tenha durado tanto, levando-se em consideração a extraordinária propaganda que foi se acumulando contra ele. O ímpeto final para o banimento chegou com a Primeira Guerra Mundial e o medo que os alemães bebedores de cerveja aniquilassem os decadentes franceses bebedores de absinto. A diferença entre os dois costumes alcoólicos já tinha ficado clara com a catastrófica derrota francesa na Guerra Franco-Prussiana. Um cartaz de propaganda de 1914, da coleção de Marie-Claude Delahaye, mostra uma linda mulher sentada à mesa de um café levantando seu absinto para admirá-lo; ela traz à cabeça um capacete prussiano, o clássico *Pickelhaube* com o espigão ornamental no topo da crista de águia da Ruritânia.[7] A mensagem clara era que o absinto e os *Boches*[8] estavam do mesmo lado. O banimento do absinto marcou o fim de uma era, ainda mais porque coincidiu com a guerra: da mesma forma que muitos consideram que os anos 1960 duraram até 1974, o século XIX na verdade durou até o fim da Primeira Guerra Mundial.

O absinto faz sua última grande aparição na arte pouco antes do banimento, em 1914, na escultura cubista de Pablo Picasso, *O copo de absinto*. O mesmo copo já figurara em uma obra do "Período Azul" do artista, de 1901 a 1903. Picasso chegara a Paris em 1900, com o amigo Carlos Casagemas, mas, em fevereiro de 1901, Casagemas se suicidou. Nos dois anos seguintes, as pinturas de Picasso foram predominantemente estudos melancólicos sobre a miséria e a depressão, pintados em tons de azul e verde. O absinto aparece nessas telas como um contexto de vício, angústia e aflição extrema. É a "esperança dos desesperados", embora tenha também conotações mais positivas no trabalho de Picasso. O absinto combinava bem com a tradição baudelairiana de sujeitos relacionados ao submundo urbano dos cafés, e Picasso o associava especialmente a Alfred Jarry. Ele era fascinado por Jarry e tentava emulá-lo de várias formas, entre elas tomando absinto e carregando um revólver.

Mulher tomando absinto, de 1901, apresenta uma mulher vestida de azul sentada à mesa em um canto de um café vermelho, com um copo de absinto diante dela. Ela se segura com os braços absurdamente longos e distorcidos e as mãos grandes demais, uma mão sustentando a cabeça e a outra segurando o braço e o ombro. Ela parece ao mesmo tempo absorta e perturbada. Esse quadro tem algo

7. País fictício da Europa central, onde o escritor Anthony Hope ambientou seus livros de aventura, o mais famoso dos quais é *O prisioneiro de Zenda*, transformado em filme em 1952. (N. T.)

8. Gíria depreciativa com que os franceses chamavam os alemães: cabeças-duras. (N. T.)

de pós-impressionista, como a obra de Gauguin. Em *A bebedora de absinto*, do mesmo ano, a forma de pintar se tornou mais grossa e desfocada, com pinceladas mais fortes e espessas na mesa do café e manchas salpicadas na roupa da mulher. A tela, em seu conjunto, é mais escura, com uma pequena luz quente em uma janela distante, enquanto a composição está concentrada em uma linha que corre dos lábios vermelhos, da face abatida e angulosa, até a mão que segura a colher e a leva até o copo de absinto.

Duas mulheres sentadas em um bar, de 1902, mostra as duas mulheres sentadas em banquinhos, com as costas nuas viradas para o observador. Na superfície logo atrás delas é possível ver um copo de absinto. As duas figuras têm uma pesada plasticidade escultural, e suas roupas e a parede são cor de absinto. Trata-se de uma composição relativamente calma; as sensações de angústia reaparecem em *O poeta Cornutti (Absinto)*, de 1902-1903. O emaciado Cornutti, com uma barba rala, está sentado ao lado de uma mulher à mesa de um café, como as duas figuras da tela de Degas. As mãos de Cornutti são expressivamente longas e finas, e há um toque de demência controlada em sua cara felina, vagamente chinesa. Uma anotação no verso da tela de Max Jacob, amigo de Picasso, explica que Cornutti era um viciado em éter que morreu na obscuridade.

O "Período Azul" de Picasso termina em 1903 e é significativo que o absinto não apareça no período mais feliz que se seguiu, o "Período Rosa". No entanto, com as obras cubistas, o absinto está de volta. Dessa vez, porém, as obras são mais intelectuais e menos emocionais, portanto, os objetos são fragmentados em facetas, como se os observássemos de várias direções ao mesmo tempo, e as garrafas de absinto são usadas agora sem nenhum melodrama ou angústia, apenas como acessórios básicos para a dissecação estrutural, ao lado de guitarras, mesas e cadeiras. *O copo de absinto* (1911) é um trabalho clássico de cubismo analítico, embora o observador tenha certa dificuldade em dizer onde está o copo. Aparentemente está na tela inteira, com o que poderia ser uma colher e um livro. Já *Garrafa de Pernod e copo* (1912) é mais fácil de decifrar, com a garrafa, o copo e a mesa claramente visíveis. Outras telas de Picasso incluem garrafas de Anisette Ojen e de Anis del Mono.

Essa atenção para os nomes de marcas de bebidas tem uma qualidade "pré-pop", embora ninguém consiga chegar a um consenso sobre o que significa. As coisas ficam mais claras quando Picasso pinta a sopa e a marca Bouillon Kub, provavelmente um gracejo com o termo cubismo. É significativo que o absinto de Picasso faça parte de um mundo moderno mais urbano e sintético, em oposição às maçãs e às garrafas de vinho de pintores como Matisse e Cézanne. Como muitos artistas, o pintor espanhol estava engajado em guerras artísticas, e seu odiado rival em 1907 era Matisse, que, segundo Picasso, era pior que o absinto: Picasso incentivava seus amigos a escrever "A pintura de Matisse leva à demência!" nas ruas e nos muros de Paris, distorcendo o velho clichê "O absinto leva à demência!".

A obra-prima de Picasso sobre o absinto é a já mencionada *O copo de absinto*, uma escultura de 1914: um bronze produzido em seis exemplares, cada um pintado de forma diferente. Brooke Adams discutiu essa obra com virtuosismo de interpretação, abrindo sua apresentação com uma comparação sombria: ele cita o livro de Gertrude Stein, *Autobiografia de Alice B. Toklas*, que fala sobre o estado de espírito em Paris logo depois do começo da Primeira Guerra Mundial, enquanto combatia-se na Batalha do Marne e as coisas estavam ficando cada vez piores para a França. Alfred Maurer, amigo de Stein, relembra:

> – Estava sentado – disse Alfie – em um café, e Paris estava pálida, se é que me entende... Era como um absinto clarinho.

Adams comenta: "Esse absinto serve perfeitamente para comunicar o vácuo, a luz peculiar, o tempo ruim e as vibrações de Paris em um estado de sítio iminente, e reflete seu poder alucinatório como símbolo do fim de uma era".

Picasso acabara de publicar algumas pinturas suas, de uma guitarra e de um violino desconstruídos de forma cubista, em uma pequena revista editada por Guillaume Apollinaire, chamada *Les Soirées de Paris*. Essa revista tinha apenas catorze assinantes, e treze destes, depois que viram as obras de Picasso, escreveram para a revista para cancelar a assinatura. Inabalável, Picasso lançou-se ao copo de absinto, que tinha uma base estável, como um copo de verdade, mas um corpo fracionado, fatiado. Por cima ficava uma colher de absinto de verdade e um cubo de açúcar de bronze pintado: "toques finais meio descuidados", diz Adams, "como um exercício na corda bamba dos Wallenda;[9] brilhantes, mas meio bobos". Quanto ao tema, Adams o vê como uma bomba jogada contra a seriedade, um emblema da juventude de Picasso e dos excessos de uma era, bem como uma celebração desafiadora da bebida agora claramente condenada. Com tom mais sombrio, acrescenta: "Já que o absinto, no fim das contas, é fatal, todos os *Copos* de Picasso representam um *memento mori* escultural". As manchinhas em muitos deles lembram as marcas de *A bebedora de absinto*, mas um dos copos da série é inteiramente preto, exceto por alguns pontos de cor nas bordas da peça e na parte interna.

9. Referência aos "Wallenda voadores", uma das mais famosas dinastias circenses, iniciada pelo alemão Karl Wallenda (que morreu ao cair da corda bamba em 1978, aos 73 anos de idade). (N.T.)

Essa peça, segundo Adams,

> lembra a satânica calmaria do absinto fazendo efeito, começando a iluminar o corpo. O preto comunica o vácuo produzido pelo absinto, e os pontinhos de cor evocam seu efeito mágico, tranquilizador. O equivalente verbal da cor cintilante de Picasso seria *la fée verte*, a fada verde – a expressão francesa para referir-se ao absinto.

Adams segue afirmando que, ao pintar cada copo de forma diferente, Picasso estava celebrando a liberdade de escolha individual quanto ao consumo alcoólico; e que a forma aberta das esculturas sugere a atitude aberta de Picasso a respeito do controle dos narcóticos.

Há quem tenha visto nos copos referências a um rosto, uma mulher com chapéu, a crucificação e outras coisas mais. Deixando de lado o simbolismo, qualquer um que tenha brincado com um copo e uma colher de absinto, colocado a colher sobre o copo, deve ter percebido o simples fascínio escultural que o objeto deve ter exercido sobre Picasso, com seus diferentes materiais agregados em vários planos. As esculturas também brincam com três ordens de representação: a colher é real, o cubo de açúcar é uma representação realística, mas falsa, e o copo é diagramático. Quaisquer que sejam suas complexidades e ramificações, os seis copos representam um objeto ameaçado, como bem sabia Picasso. A Alemanha declarou guerra no dia 13 de agosto de 1914; dois dias depois, o Ministério do Interior francês tomou medidas de emergência e proibiu a venda de absinto. Em março de 1915, a Câmara dos Deputados, por fim, votou a proibição não só da venda, mas também da fabricação da bebida. O absinto estava finalmente banido.

Victor Berlemont prepara um absinto no French Pub, no Soho londrino, em 1939. Foto © Hulton-Getty.

CAPÍTULO 8

Depois do banimento

Sabe-se como é a saudade: o absinto acabava de sumir, e muita gente já sentia sua falta, lembrando da bebida com afeição. Enquanto antes do banimento ele era acusado de levar os parisienses à beira da degeneração terminal e da exterminação racial, depois, o absinto passou a ser lembrado como a fórmula para uma boa conversa. A respeito do desaparecimento do absinto como sintoma de declínio cultural, Barnaby Conrad cita Robert Burnand:

> O espírito do *boulevard* está morto... Quando e onde teremos de novo tempo para passear, para devanear, para burilar um pensamento, para lançar uma flecha? [...] O absinto, o mágico absinto da Hora Verde, cuja flor cor de jade florescia em cada terraço – o absinto envenenava os parisienses de forma deliciosa, dando-lhes pelo menos uma imaginação fértil, enquanto as outras bebidas os enjoam sem maior exaltação.

Mas o absinto estava morto, ao menos para o século XX; até o *pastis* chegou a ser banido pelo governo de Vichy em 1940, sendo liberado de novo apenas em 1949. No lugar do absinto chegou uma nova cultura, com o *jazz* e os coquetéis ao estilo norte-americano, o primeiro passo para a americanização e a globalização de Paris. Aos poucos, os franceses foram esquecendo o absinto.

James Joyce o relembra em seu livro *Ulisses*, de 1922 (mas ambientado retrospectivamente no dia 16 de junho de 1904), no qual o absinto aparece como componente da estética do jovem Stephen Dedalus e de suas aspirações continentais, como seu "chapéu Quartier Latin". As lembranças de Paris da personagem Dedalus incluem "as presas da fada verde", "a artemísia cor de rã" e uma bebedeira com seus companheiros estudantes faz surgir o brinde em latim:

Nos omnes biberimus viridum toxicum diabolus capiat posteriora nostra.[1]

Mais adiante, Leopold Bloom, protagonista de Joyce, desculpa-se em nome de Stephen por este ter tomado do "monstro de olhos verdes". O absinto é lembrado novamente no grande turbilhão do sonho de *Finnegans Wake*, associado mais uma vez com Paris, quando "Pastor Intelligentius" está "com a cabeça no absinto,[2] em seu endereço parisiense".

Nos Estados Unidos, enquanto isso, o absinto assumira conotações culturais muito específicas: ele é mais gótico, decadente e perverso lá que em qualquer outra parte do mundo. É possível que a atitude norte-americana em relação ao absinto tenha sido influenciada pelo fato de essa bebida ter uma forte semelhança com o paregórico, uma panaceia opiácea, hoje esquecida, que consistia em uma base de 90% de álcool, à qual acrescia-se óleo de anis, cânfora e tintura de ópio. Da mesma forma que o absinto, o paregórico tinha de ser misturado com água e se tornava turvo.

Um conto publicado em 1930, "Two Absinthe-Minded Beggars", de Coulson Kernahan, apresenta dois jovens que leram sobre a vida em Paris e decidem que devem pesquisar mais sobre o absinto: "somos literatos, ou gostaríamos de sê-lo, e um dia talvez daremos ao mundo uma obra de arte na qual será preciso descrever um viciado em absinto, ou os efeitos do absinto sobre quem o toma, e por isso precisamos ter um conhecimento de primeira mão". Querem descobrir o segredo da inspiração de Verlaine e experimentar o efeito "mágico" do absinto para levantar o moral. Eles pedem seu absinto:

> O garçom [...] colocou na nossa frente um copo quase cheio de um líquido claro. Dentro do copo, como dentro de um receptáculo – nos perguntamos se ele ia executar algum truque de ilusionismo – estava uma taça para vinho, cheia até a borda de um líquido viscoso [...] que, pela aparência, poderia até ser resina. Então o garçom se curvou e se recolheu, e nós, duas crianças que se imaginavam homens do mundo, ficamos nos perguntando o que, nesse tal mundo, esperava-se que fizéssemos depois.

1. Tomamos todos do verde veneno, e que o Diabo tome nossos traseiros.

2. No original de James Joyce há um trocadilho entre *absent-minded* (distraído) e *absinthe-minded*.

Eles acabam perguntando para o garçom, que sequer responde, mas executa silenciosamente o ritual:

> [ele] não disse nada, mas levantou a taça para vinho e a revirou no copo até o líquido viscoso escoar pesada e pegajosamente – contorcendo-se como uma cobra, ou como fumaça, em caracóis iridescentes, espirais e serpentinas, até os dois líquidos dentro do copo assumirem, combinando-se, a cor e a turvação de uma opala. Não gostei da aparência da coisa, e pelo cheiro pesado de remédio, fiquei com a certeza de que não gostaria do sabor. "Parece uma droga satânica", eu disse. O líquido mais denso se enroscando, se enrolando em espiral, de um jeito furtivo, em volta do líquido mais leve, me lembrou uma cobra abraçando e esmagando sua vítima.

Eles pedem mais, esperando chegar à animação que lhes foi prometida, mas tudo o que conseguem é desânimo. Fora a questão dos méritos literários, a historinha de Kernahan nos oferece uma descrição da época do método "dos dois copos" descrito por George Saintsbury, além de uma imagem fantasiosa do absinto como "mal líquido". Não é desse jeito que o absinto enturva; a descrição de Kernahan se parece mais com leite no chá. O absinto não é mais denso que a água; pelo contrário, é mais leve e menos denso, já que é em grande parte álcool. Quando era adicionado à água, agia aos poucos; o que acontece é que a metade inferior fica opaca e a parte superior do copo permanece transparente.

A descrição extraordinariamente expressionista de Kernahan é meio Chinatown, meio castelo de Drácula: a reverência silenciosa do garçom; a aparência satânica da *droga*; o comportamento predatório da cobra líquida enquanto se apodera da água inocente no copo; os atributos maus da viscosidade e da turbidez; e, mais que tudo, a sinistra metáfora das espirais, curvas, caracóis e serpentinas. É algo que lembra o cartaz do filme *Chinatown*, de Roman Polansky, com a fumaça perversamente sinuosa. Kernahan nos apresenta o absinto da forma que Sax Rohmer o teria descrito em um de seus livros com o Dr. Fu Manchu.

Um conto anterior, "Over an Absinthe Bottle", de William Chambers Morrow, também não tem o menor mérito literário, mas é ainda mais mórbido. Um estrangeiro misterioso convida um jovem faminto para tomar absinto com ele e jogar dados na sala privada de um restaurante. O desconhecido é abonado e toma cuidado para não atrair atenção sobre si; dá a impressão de ser um ladrão de banco em fuga. Ele manda o jovem buscar bebida em um bar e continua jogando dados. Quando a polícia abre a porta da sala, encontra os dois sentados, mortos.

Edgar Allan Poe tomava absinto como parte de seu alcoolismo usual, e costumava tomar uma mistura de absinto e *brandy* com seu editor, John Sartain, que também era um grande bebedor de absinto. Poe conseguiu largar o álcool durante um curto período, já perto do final da vida, mas foi convencido a voltar a beber por alguns amigos, o que o levou à morte logo em seguida no Washington College Hospital, com alucinações e *delirium tremens*.

Além da morbidez, a imagem do absinto nos Estados Unidos ficou muito associada à de Nova Orleans, um lugar onde a elegância decaída da cultura franco-americana, com gesso descascando e balcões sinuosos de ferro forjado, se fundia com a selvageria perversa da pantanosa Louisiana. Doris Lanier pesquisou em detalhes a cultura de Nova Orleans em seu livro, *Absinthe: Cocaine of the Nineteenth Century*. Fora de Nova Orleans, o absinto não chegou a ser uma bebida muito difundida nos Estados Unidos, mas ficou mais conhecido por causa de uma música muito popular na época, "*Frappé* de absinto", com letra de Glenn McDonough:

> No primeiro gole frio nos teus lábios febris
> Você decide viver plenamente seu dia,
> A vida vale de novo a pena, como um sorriso esboçado
> É só você tragar seu *frappé* de absinto.[3]

Tudo isso acontecendo logo cedo, no começo do dia. "*Frappé* de absinto", isto é, absinto com gelo moído, era a especialidade da Old Absinthe House. Uma matéria de 1907, publicada no *Harper's Weekly*, intitulada "The 'Green Curse' in the United States", culpava as letras de McDonough (que Victor Herbert cantava em uma "melodia envolvente") pela popularização do absinto, e afirmava que a bebida era considerada "quase tão fatal quanto a cocaína, com seus efeitos devastadores na mente e no corpo".

Em sua brilhante pesquisa sobre o alcoolismo literário norte-americano, *The Thirsty Muse*, Tom Dardis, em sua discussão sobre Eugene O'Neill, aponta o absinto como o ponto extremo nas bebidas pesadas. O'Neill, autor de *The Iceman Cometh*, estudou em Princeton durante um único e deplorável ano acadêmico entre 1906 e 1907, no qual gostava de chocar seus companheiros com seu excesso de bebida. "Beber socialmente", escreve Dardis, "se limitava geralmente a vinho e cerveja, enquanto as bebidas mais fortes eram consideradas o refúgio adequado para aqueles

3. No original, "Absinthe Frappé": At the first cool sip on your fevered lip/ You determine to live through the day,/ Life's again worth while as with a dawning smile/ You imbibe your absinthe frappé.

que os estudantes consideravam vagabundos. Quando não conseguia mais chamar a atenção de tanto beber uísque, O'Neill decidiu mostrar a seus amigos os efeitos do absinto, considerado, na época, o caminho direto para o alcoolismo":

> Depois de convencer Louis Holladay, um amigo do Greenwich Village, a levar uma garrafa da mal-afamada bebida para o *campus* de Princeton, O'Neill tomou o suficiente para sofrer um surto durante o qual destruiu praticamente todos os móveis de seu quarto. Depois foi procurar seu revólver; quando o achou, "o apontou [para Holladay] e apertou o gatilho. Por sorte não estava carregado". Dois de seus companheiros de classe lembram que "O'Neill estava possuído... Foram necessárias três pessoas para conseguir imobilizá-lo no chão, onde logo desmaiou, e colocá-lo na cama".

O que pode ter começado como uma pose, mais tarde se tornou um problema grave, mas O'Neill conseguiu enfrentar o alcoolismo e largar a bebida, embora continuasse a desgostar da vida, assim, passou a usar hidrato de cloro e barbitúricos como escape. O próprio O'Neill escreveu o epitáfio para seu túmulo, a ser esculpido abaixo de seu nome:

THERE IS SOMETHING
TO BE SAID
FOR BEING DEAD[4]

ATÉ MESMO ANTES do absurdo Proibicionismo geral nos Estados Unidos em 1919, os temores em relação ao absinto haviam levado uma comissão do Senado à conclusão de que era, sim, "um veneno", e o Senado de Washington, antes mesmo do banimento na França, proibiu em 1912 "todas as bebidas que contenham tujona". É claro que os norte-americanos continuaram bebendo, e pelo menos durante algum tempo o absinto e o *pastis* devem ter sido uma alternativa mais saudável que o gim produzido nos alambiques de fundo de quintal, ainda com um toque de elegância sulista e o charme rebelde de desafiar uma norma de Washington. Dardis cita um amigo de William Faulkner, lembrando a vida de festas no Vieux Carré

4. Algo que poderia ser traduzido como "Não é tão mal assim estar morto". Segundo a lenda, suas últimas palavras foram: "Nasci em um quarto de hotel e morri em um maldito quarto de hotel". (N. T.)

de Nova Orleans: "A bebida mais popular na época era o Pernod feito ali perto, em Nova Orleans mesmo, que custava seis dólares a garrafa. Preparávamos em grandes cântaros para todas as festas".

Elizabeth Anderson, esposa do contista Sherwood Anderson, escreveu:

> Bebíamos muito, mas não por embriaguez. Todos pareciam viver o Proibicionismo como uma afronta pessoal, algo que tínhamos o dever moral de sabotar [...] A grande bebida do momento era o absinto, ainda mais ilegal que o uísque, por causa da artemísia... Era servido com gelo moído e, como daquela forma não tinha muito gosto de álcool, era consumido em grandes quantidades.

O ESCRITOR NORTE-AMERICANO que escreveu de forma mais persuasiva e evocativa sobre o absinto e seus méritos foi, sem dúvida, Ernest Hemingway. O contato prolongado de Hemingway com o absinto, após o banimento na França, vinha de sua convivência com a cultura hispânica na Espanha e em Cuba. O absinto nunca foi proibido na Espanha, e, depois da proibição na França, Pernod mudou sua produção para Tarragona. Alguns dos melhores absintos encontrados atualmente são espanhóis, e o escritor inglês Robert Elms fez um relato pitoresco de seu encontro com o absinto no começo da década de 1990, no famoso Barrio Chino de Barcelona.[5]

Hemingway sempre foi um grande bebedor, e Dardis comenta que durante muito tempo parecia que ele tinha um talento especial para beber, "apesar de indícios ocasionais de que não estava tudo tão bem como podia parecer". Em 1928, o escritor sofreu o primeiro de uma longa série de acidentes provocados por ele mesmo: disse ter puxado a corrente do banheiro da sala de estar, mas o que puxou na verdade foi a corrente do teto de vidro, que desabou sobre ele. O incidente o marcou para o resto da vida, deixando-o com uma cicatriz na testa. Não está claro o papel que o álcool teve nesse e em vários outros acidentes, continua Dardis, mas parece que Hemingway "estava bebendo antes de todos acontecerem".

Quando Hemingway vivia na Flórida, conseguia seu absinto em Cuba, onde possuía uma casa e gostava de pescar. Barnaby Conrad cita uma carta de 1931, na qual Hemingway escreve: "Fiquei bêbado de absinto na noite passada, e fiquei brincando com a faca. Grande sucesso em atirar a faca no piano". Sobre os danos,

5. Ver relato no final do livro.

ele se justificava depois dizendo que haviam sido os cupins,[6] e Conrad destaca a transposição cômica de "*wormwood*" para "*woodworm*", que pode ter sido involuntária e inconsciente por parte do escritor norte-americano.

Hemingway passou muito tempo na Espanha, onde cultuava as touradas. Seu livro *Death in the Afternoon* explica por que abandonou esse hábito: "Ficou cada vez mais difícil com a idade entrar na arena com alegria, a não ser depois de beber três ou quatro absintos, os quais, ao mesmo tempo que inflamavam minha coragem, distorciam um pouco meus reflexos".[7]

O grande hino de Hemingway ao absinto aparece em seu romance sobre a guerra civil espanhola, *Por quem os sinos dobram*. Robert Jordan, líder norte-americano da guerrilha, é encarregado de explodir uma ponte; um de seus poucos confortos é o absinto, a "alquimia líquida", que pode substituir qualquer outra coisa, e até valer-lhe como destilado da *dolce vita* que viveu em Paris:

> [...] uma xícara de absinto tomava o lugar dos jornais da tarde, de todas as tardes nos cafés, de todas as avelaneiras que estariam florindo neste mês, dos grandes, lentos cavalos dos *boulevards* externos, das livrarias, dos quiosques, das galerias, do Parc Montsouris, do Stade Buffalo, e da Butte Chaumont, da Guaranty Trust Company e da Île de la Cité, do velho hotel de Foyot, e da possibilidade de ler e relaxar no final da tarde; todas as coisas de que ele gostara e esquecera, e que voltavam quando degustava aquela alquimia líquida, opaca, amarga, que fazia a língua adormecer, aquecia o cérebro e o estômago, e mudava as ideias.

Jordan o toma com Pablo, um membro nada confiável de seu bando de *partisans*, que acha o absinto amargo demais. "É por causa da artemísia", explica Jordan. "Neste, no absinto de verdade, tem artemísia. Dizem que faz o cérebro apodrecer, mas não acredito. Só muda as ideias. Você tem de derramar água nele muito devagar, poucas gotas de cada vez". Mais adiante Hemingway nos dá seu julgamento definitivo: o uísque com água é "limpo e esquenta de forma sutil":

> Mas não se enrosca dentro de você do jeito que o absinto o faz, pensou. Não há nada como o absinto.

6. Cupim em inglês é *woodworm*, enquanto artemísia é *wormwood*. (N. T.)

7. *Death in the Afternoon* é também o nome do coquetel que Hemingway criou com o absinto, misturando-o ao champanhe. (N. T.)

As coisas que Hemingway escreve sobre o absinto são notáveis pela absoluta autenticidade, até nos pequenos detalhes, como a "delicada anestesia" que Robert Jordan sente na língua. Outro grande *absintheur* norte-americano, Harry Crosby, adorava a ideia do absinto tanto quanto de sua realidade, da mesma forma que estava apaixonado pela ideia de Baudelaire.

Crosby era um jovem milionário norte-americano que viajava pela Europa da década de 1920 com sua mulher Caresse (que antes fora a primeira menina escoteira dos Estados Unidos) e seus cães Narcisse Noir e Clytoris. Sua base era Paris: eles moravam em um apartamento na Île Saint-Louis e montaram sua famosa editora Black Sun Press no número 2 da Rue Cardinale. Crosby era uma mistura extraordinária de vitalidade, ingenuidade e exagero, e se tornou um mito na Paris norte-americana dos anos 1920, por causa do livro *Exiles Return*, de Malcolm Cowley. Juntos, Harry e Caresse – que se chamava Polly Peabody antes de conhecê-lo – embarcaram em uma extraordinária e (afinal) desastrosa obra de autocriação: "Tornaremo-nos", dizia Harry à esposa, "muito cultos e melhoraremos cada vez mais".

Em teoria, Crosby era uma pessoa abençoada, pois tinha tudo na vida – boa aparência, dinheiro, inteligência, uma bela esposa –, mas era um jovem profundamente tresloucado, obcecado com a decadência e a morte: usava uma flor preta na lapela e tentava viver sua vida como se esta fosse *O retrato de Dorian Gray*, de Oscar Wilde. Claramente desequilibrado, Crosby ficou pior depois de uma experiência traumática na Primeira Guerra Mundial (durante a qual mereceu a *Croix de Guerre*), quando uma ambulância que dirigia foi atingida em cheio por um obus de canhão, deixando-o miraculosamente ileso ao lado de seu copiloto estraçalhado.

Na maravilhosa biografia dessa personagem trágica mas bastante absurda, *Black Sun*, Geoffrey Wolff cita uma lista de palavras que Crosby fora juntando para usar em seus futuros poemas, mostrando a influência, como afirma Wolff, de Baudelaire, Huysmans, Poe e Wilde:

> absurdo, sombrio... caos... desolado... aflito, desilusão, envenenado... emaranhado... fragrante, feudal, fragmento, retorcido... magnitude, heráldico... ilusão... idolatria... labirinto... lenda, lúrido... medieval, misterioso, macabro, impiedoso, massacre, nostalgia... obsoleto, orquídea... primordial... perfume, pagão, fantasma...

E assim por diante. Muitos dos problemas de Crosby vinham de uma obsessão excessiva por Baudelaire, especialmente pela aflição desesperada do poema "Spleen IV". Não é difícil ver, diz Wolff, como pode ter afetado Crosby: "Ele reconhecia sua beleza, cintilando como uma pérola negra em uma taça de absinto de um verde mortal".

Crosby comprava íris negros para Baudelaire em seu aniversário de nascimento, e em 1925 escreveu um soneto que parece uma obra póstuma de Enoch Soames, notável (segundo Wolff) por sua "prostração exagerada, *outré*, injustificada".

> Acho que consigo entendê-lo, Baudelaire
> Com toda sua estranheza e perversões
> Você, cujo ódio vibrante pelos enfadonhos dias de trabalho
> Levou em busca da visão macabra, onde
> A mortalha da noite vinha se arrastando para enfeitiçar
> Seu cérebro febril de fantasmas, em um emaranhado sutil
> De amores putrescentes, de arrependimento, de desânimo
> E a corrosão toda do desespero do mundo.
>
> Dentro de minha alma você fincou sua bandeira mais preta
> E fez de meu coração desiludido seu túmulo,
> Minha mente, que fora um dia jovem e virginal,
> É agora um pântano, um ventre grávido de desgosto
> De coisas abomináveis; coisas andróginas
> Flores de Dissolução, Fleurs du Mal.[8]

Crosby publicou esse poema em seu livro *Red Skeletons*, ilustrado por Alastair, um artista plástico tardiamente decadente (Hans Henning Voigt, que trabalhara com John Lane no Bodley Head). O livro, que contém poemas como "Black Sarcophagus", "Futility", "Désespoir", "Orchidaceous", "Dance in a Madhouse" e "Necrophile", chegou a ser elogiado por um Arthur Symons já idoso ("uma originalidade estranha, um tanto macabra, violenta, anormal, sinistra e também – 'sombras ardentes do inferno'"). Mas Crosby acabou achando que o livro todo – com suas epígrafes de Wilde e Baudelaire, e as ilustrações de Alastair claramente inspiradas em Beardsley – era imitativo demais, e arruinou as cópias que sobraram com uma espingarda.

Conrad comenta, de forma sagaz, que para Crosby a bebida de Baudelaire, Wilde, Lautrec, Rimbaud e tantos outros "valia *um oceano de associações*, um

8. No original: I think I understand you Baudelaire/ With all your strangeness and perverted ways/ You whose fierce hatred of dull working days/ Led you to seek your macabre vision there/ Where shrouded night came creeping to ensnare/ Your phantom-fevered brain, with subtle maze/ Of decomposed lovers, remorse, dismays/ And all the gnawing of a world's despair.// Within my soul you've set your blackest flag/ And made my disillusioned heart your tomb,/ My mind which once was young and virginal/ Is now a swamp, a spleen filled pregnant womb/ Of things abominable; things androgynal/ Flowers of Dissolution, Fleurs du Mal.

mórbido paraíso verde" [o destaque é meu]. Os diários de Crosby contêm referências pitorescas ao absinto. Em um certo dia em 1927, ele encontra Caresse na Gare du Nord, e anota o fato de ela "correr pela plataforma carregando dois volumes pesados de Aubrey Beardsley e duas garrafas de absinto". Crosby era um grande bibliófilo: sempre encontrava livros raros e curiosos nas livrarias:

> [em 1928] consegui em uma livraria uma garrafa de absinto bastante antiga (tive de escolher entre a garrafa ou um livro erótico com imagens de meninas fazendo sexo), e o atendente da livraria me recomendou *La guérison des maladies*, de Ramuz, mas eu já tinha a *Guérison* de todas as doenças, isto é, o absinto. Não comprei o livro, e fui para uma farmácia, onde comprei duas garrafas vazias com rótulo de tônico capilar, nas quais decantei o absinto...

Harry foi passando do absinto ao ópio, que descobriu ser, afinal, seu narcótico preferido. Um amigo lembra que Harry e Caresse guardavam seu ópio, que parecia um pote de geleia de amora, no cofre de brinquedo dela; mas antes da fase do ópio, "tivemos uma festinha em homenagem a Verlaine, na qual tomamos um monte de absinto".

Os Crosby conheciam Hemingway, que apresentou Crosby a James Joyce, e Harry pareceu fazer algum progresso para sair da decadência. Entrou na diretoria de um periódico da *avant-garde transition* e sua editora – que publicara livros de Poe e Wilde – se tornou mais "modernista", publicando obras de Joyce, Hemingway, Hart Crane e D. H. Lawrence. Mas Crosby continuava obcecado pelo tema da morte, e a última coisa que escreveu em seu diário inclui seu credo: "não amamos de verdade se não desejamos morrer com nossa amada".

Em uma tarde de dezembro de 1929, Crosby tinha um encontro marcado com Caresse e sua mãe. O trio iria jantar e depois ao teatro com o poeta Hart Crane, que Harry introduzira no absinto. Mas, de fato, Crosby foi encontrar sua amante do momento, Josephine Bigelow – que curiosamente se parecia muito com ele –, no Hotel des Artistes, em Nova York. Eles tiraram os sapatos e, vestidos, ficaram deitados na cama durante algum tempo; então Crosby a matou com um tiro na têmpora e ficou ali, ao lado dela, durante cerca de duas horas, enquanto o sol se punha, e depois atirou em si mesmo entre os olhos. Ezra Pound escreveu que Crosby morreu por "excesso de vitalidade", e que sua morte fora "um voto de confiança no cosmos". Talvez fosse, mas é difícil não ficar com a sensação de que foi a Maldição da Literatura que o levou para o fundo do poço.

O ABSINTO CONTINUOU proibido depois da Primeira Guerra Mundial, e era geralmente considerado uma lembrança da velha Nova Orleans até ganhar uma nova identidade, graças à subcultura gótica: uma das melhores páginas na Internet sobre absinto nos últimos tempos é assinada por uma mulher chamada Mordantia Bat.[9] O absinto aparece no romance vampiresco de 1976, *Entrevista com o vampiro*, de Anne Rice, mas não exatamente da forma que poderíamos esperar. Nesse caso, ele não é nada bom para vampiros. A personagem Claudia, que tem planos próprios, encontrou dois órfãos angelicais e os entorpeceu para fornecer sangue a Lestat, que depois de bebê-lo, fica transtornado:

> – Há algo errado – [Lestat] disse ofegante, e seus olhos foram dilatando, como se simplesmente pronunciar as palavras fosse um esforço colossal. Ele não conseguia se mexer [...] Não conseguia fazer movimento algum. – Claudia! – tentou gritar, arfando, e seus olhos rolaram na direção dela.
> – Você não gosta de sangue de crianças...? – ela perguntou suavemente.
> – Louis... – ele sussurrou, conseguindo levantar a cabeça por um instante. E voltou a tombar no encosto. – Louis, é... absinto! Absinto demais! – ele disse ofegando. – Ela os envenenou com absinto. Ela me envenenou. Louis... – ele tentou levantar a mão. Aproximei-me, a mesa entre nós.
> – Fique longe! – ela disse de novo. Então deslizou de onde estava deitada e se aproximou dele, olhando-o na cara como olhara para a criança. – Absinto, Pai – ela disse –, e láudano!
> – Demônio! – ele disse para ela. – Louis... coloque-me em meu caixão.
> Ele tentou se levantar. – Coloque-me em meu caixão!
> Sua voz era rouca, difícil de ouvir. A mão titubeou, levantou e voltou a cair.

No filme de 1992, de Francis Ford Coppola, *Drácula de Bram Stoker*, o conde interpretado por Gary Oldman se apaixona pela namorada de Jonathan Harker, Mina, que o faz lembrar de sua princesa, morta muito tempo antes. Com óculos escuros típicos da Costa Oeste californiana, ele a segue em uma versão MTV da Londres vitoriana. Eles se falam na rua e seguem para um café, onde, em uma mesa para dois com uma garrafa de absinto, o conde executa o ritual da colher e do cubo de açúcar. "O absinto é o afrodisíaco da alma", ele diz para Mina: "A Fada Verde que vive no

9. Em inglês, *mordant* é mordaz, e *bat*, morcego.

absinto quer sua alma – mas comigo você está a salvo". A produção do filme de Coppola se superou, conseguindo uma colher de absinto especialmente linda para essa aparição fugaz na tela. A colher, ornamentada com desenhos de plantas, pertence a Marie-Claude Delahaye, figura fundamental no ressurgimento do interesse pelo absinto na França.[10]

Mais recentemente, a ideia do absinto foi se encaixando na nova tendência, em São Francisco e no restante da Costa Oeste dos Estados Unidos, de um "vitorianismo meio perverso", acompanhado pelas substâncias certas. Em 1994, a revista *Newsweek* revelava que "nos *lofts* e nas mansardas do Noroeste do Pacífico, artistas buscando inspiração em um copo estão começando a redescobrir os narcóticos que seus antepassados tornaram famosos". Na reportagem apareciam ópio, chá de ópio e láudano, além do inevitável absinto e de roupas que o *Times* de Londres definia como "Victo-grunge". Ainda em 1994, a jovem escritora gótica moradora de Nova Orleans, Poppy Z. Brite, publicou o conto "His Mouth Will Taste of Wormwood" na coleção *Swamp Foetus*:

> – Aos tesouros e prazeres da tumba – disse meu amigo Louis, e levantou a caneca de absinto na minha direção, em uma bênção bêbada.
> – Aos lírios dos funerais – respondi –, e aos calmos, claros ossos. Bebi um grande gole de meu copo. O absinto cauterizou minha garganta com seu aroma, meio pimenta, meio alcaçuz, meio podre. Fora uma de nossas maiores descobertas: mais de cinquenta garrafas do licor agora proibido trancadas no jazigo de uma família de Nova Orleans. Transportá-las fora uma chatice, mas depois de aprender a apreciar o gosto de artemísia, nossa embriaguez continuada estava garantida por muito, muito tempo. Tiramos também da cripta a caveira do patriarca da família, que agora estava alojada em um nicho forrado de veludo no nosso museu. Louis e eu, vejam, éramos sonhadores de uma forma sombria e angustiada. Conhecemo-nos no segundo ano da faculdade e logo descobrimos que tínhamos em comum uma característica vital: ambos éramos desgostosos de tudo.

Nem todos se impressionaram com o jeito de escrever de Brite (embora dê para perdoar-lhe muitas coisas por causa do título "Are You Loathsome Tonight?"), mas já vi uma moça no metrô de Londres, possivelmente uma turista, vestida de renda preta e botas militares pretas, lendo *Swamp Foetus* e parecendo extasiada.

10. A colher está agora no museu do absinto de Madame Delahaye, em Auvers-sur-Oise, com a carta da produção do filme. A colher pode ser vista na página 232 do livro de Delahaye, *L'Absinthe: histoire de la Fée Verte*.

O absinto embrenhou-se ainda mais na cultura alternativa com o vídeo de 1997 para a música "The Perfect Drug", da banda *dark* e de orientação sadomasoquista nascida nos Estados Unidos, Nine Inch Nails, na qual Trent Reznor aparece preparando absinto em uma paisagem ao estilo do escritor e ilustrador norte-americano Edward Gorey, e talvez arrependido de ter matado uma menina. Assim como Nine Inch Nails, o roqueiro gótico Marilyn Manson compra caixas de absinto na Grã-Bretanha. No folhetim *Wormwood*, D. J. Levien imagina um surto de "clubes do absinto" clandestinos, realmente uma ficção, pois o absinto ainda hoje é ilegal nos Estados Unidos. A ilegalidade de seu consumo provocou muitas especulações quando a então primeira-dama norte-americana, Hillary Clinton, foi fotografada em Praga diante de um copo de absinto. Será que ela tomou mesmo absinto, muita gente se perguntou, ou terá sido apenas uma resposta elegante ao comentário de seu marido em uma entrevista anos antes, na qual afirmou que já fumara maconha, mas "sem tragar"?

NA GRÃ-BRETANHA, enquanto isso, o absinto mantinha uma imagem bem diferente: nunca fora banido, principalmente porque, como vimos, sempre foi uma bebida para intelectuais, e na ilha britânica nunca deu o menor sinal de estar se tornando um "ópio para as massas" como aconteceu na França; assim, nunca chegou a ser um *problema*. Pelo contrário, manteve-se radicado, sem provocar escândalos, na cultura dos bebedores de coquetéis da década de 1920, apesar da reprovação de C. W. J. Brasher, autor de um artigo publicado na revista médica *The Lancet* em 1930. Nesse texto, "Absinthe and Absinthe Drinking in England", Brasher começa lembrando seus leitores que o absinto – banido em países como França, Bélgica, Suíça, Itália, Alemanha e Bulgária – ainda era importado livremente na Inglaterra.

O Dr. Brasher cita três figurões abastados, os quais, lendo-se nas entrelinhas, estavam evidentemente sendo tratados para curar-se da dipsomania:

> Fui informado por um membro de um clube de elite de Londres de que, quando alguém pede um coquetel, é costume perguntar se a pessoa o deseja com um *spot* – o *spot* significa absinto. Outro frequentador de clubes de Londres afirma que "o coquetel 'com *kick*' é o que pedem os bebedores de coquetéis mais empedernidos"; para dar o *kick*, acrescenta-se uma quantidade extra do álcool base do coquetel ou uma quantidade variável de absinto. Um terceiro paciente afirma

> que "em meu clube, quando pedimos um coquetel, o garçom pergunta 'com ou sem?' - isto é, com ou sem absinto".

Brasher procede examinando a questão do absinto em detalhes, baseando-se para tanto, principalmente, em fontes francesas, e acrescentando alguns floreios um tanto assustadores por conta própria.

A visão de Brasher sobre o absinto é muito próxima da dos autores franceses, enquanto há um olhar inglês mais moderado na imagem dada por Alec Waugh, irmão mais velho de Evelyn Waugh e também escritor, da época dos coquetéis em seu livro *In Praise of Wine*. Ele lembra estar tomando absinto na Sala Domino do Café Royal:

> Eu o tomei com a deferência apropriada, em homenagem a Dowson e Arthur Symons, Verlaine, Toulouse-Lautrec e à Nouvelle Athènes. Só o tomei uma vez, porque detestava o sabor. Naquela época você pedia um *dry martini* com um *dash*; um *dry martini* era meio gim e meio vermute, e o *dash* para completar não era Angostura, mas absinto. Mesmo diluído daquela forma, eu ainda achava que estragava o coquetel. Mas me atrevo a dizer que talvez fosse gostar dele agora.[11]

No romance de 1928 de Evelyn Waugh, *Decline and Fall*, o absinto aparece como símbolo cômico de uma vida ao mesmo tempo "corrida" e bastante podre. Expulso de Oxford por conduta indecente (mesmo sendo completamente inocente), o jovem e honesto Paul Pennyfeather se envolve em uma série de desventuras bizarras que começam com um trabalho horrível como professor em uma escola e acabam com uma sentença de prisão. Ele é preso depois de se envolver com Margot Beste-Chetwynde, cujo estilo de vida supostamente elegante revela-se financiado, na realidade, por um negócio de prostituição na Argentina, o Latin-American Entertainment Co. Ltd. Talvez o leitor já tenha desconfiado de algo quando Margot aparece "olhando nas profundezas opalescentes de seu *frappé* de absinto", especialmente porque esse *frappé* parece ter sido preparado por seu filho de 10 anos de idade.

O absinto tem um papel ferozmente cômico em outro romance de Waugh,

11. Alec Waugh levanta também a questão, interessante do ponto de vista empírico, de que o absinto parece dobrar a força das bebidas tomadas em seguida. Esse é um fenômeno relatado por muitos, e era costume dizer que "o absinto é a centelha que explode a pólvora do vinho". H. Warner Allen, escritor especializado em bebidas, advertia sobre esse efeito "potencializador" do absinto: "É bom que os que experimentam o absinto tomem cuidado, pois ele tem a curiosa propriedade de dobrar o efeito de cada bebida tomada depois, de forma que meia garrafa de vinho tomada na refeição seguinte terá efeitos equivalentes a uma garrafa inteira".

Scoop, dessa vez por causa de seu excesso. William Boot, jornalista do jornal *The Beast*, na Fleet Street,[12] está tomando "algum absinto 60% de verdade", com um dinamarquês deprimido chamado Olafsen:

– O que está tomando, Eriksen?
– Olafsen. Obrigado, é granadina. Esse absinto aí é muito perigoso. Foi assim que matei meu avô.
– Você matou seu avô, Erik?
– Sim. Você não sabia? Pensei que todo mundo soubesse. Eu era muito novo naquela época e tinha tomado muito sessenta por cento. Foi com um cutelo.
– E podemos saber, *sir* – perguntou Sir Jocelyn ceticamente –, quantos anos você tinha quando isso aconteceu?
– 17. Era meu aniversário. É por isso que tinha bebido muito. E é por isso que vim viver em Jacksonburg e agora só tomo isso – então levantou sem entusiasmo seu copo de xarope escarlate.

Olafsen é bastante complicado quando fica bêbado.

– Quando era muito jovem, me embebedava com frequência. Agora só raramente. Uma ou duas vezes por ano. Mas a cada vez acabo fazendo alguma coisa da qual me arrependo depois. Acho que poderia me embriagar esta noite mesmo – sugeriu, iluminando-se.
– Não, Erik. Esta noite não.
– Não? Então tudo bem. Esta noite não. Mas será logo. Faz muito tempo que não fico bêbado.
A confissão criou um momento de desânimo. Sentamos os quatro em silêncio. *Sir* Jocelyn acabou pedindo mais absinto.

Não sobra quase nada dessa cômica razoabilidade britânica nos relatos de bebedeiras, autênticos e intensos, de expatriados longe de seus países de origem: no caso de Malcolm Lowry, inglês no México, e de Samuel Beckett, um irlandês no continente. Lowry foi alcoólatra durante toda a vida e sofria, como ele mesmo disse certa vez, de "delowryum tremens" durante a "Tooloose Lowrytrek"[13] de sua existência. Perguntar para um amigo, "Você se importa se eu tomar um trago no

12. Rua onde está situada a maioria das redações dos grandes jornais de Londres. (N. T.)

13. Jogos de palavras com a grafia fonética de Toulouse-Lautrec: em inglês, *too loose* significa "solto demais", e *low trek* significa "jornada ou caminho desprezível, ordinário", ambos misturados ao sobrenome dele, Lowry. (N. T.)

sherry que você usa pra cozinhar?", e acabar com a garrafa inteira era um comportamento relativamente normal para Lowry: ele tomava até loção pós-barba, e uma vez tomou uma garrafa inteira de azeite de oliva na esperança frustrada de que fosse tônico capilar. Ele via elefantes no Soho e urubus na pia de sua casa, e tremia tão violentamente que teve de improvisar um sistema de roldanas para conseguir beber.

No romance mexicano de Lowry, *À sombra do vulcão*, de 1947, uma personagem menor, chamada Monsieur Laruelle, toma anis porque lembra-lhe o absinto: "sua mão tremia levemente sobre a garrafa, em cujo rótulo um flórido demônio o ameaça brandindo um forcado". A principal menção ao absinto emerge em um fluxo desconexo de detalhes, que dá para sua vida de bebedeiras a imagem de um turbilhão fantasmagórico de tempo mal-utilizado:

> O Cônsul por fim baixou os olhos. Quantas garrafas desde então? Em quantos copos, em quantas garrafas ele estivera se escondendo, desde então? De repente ele chegou a vê-las todas, as garrafas de aguardente, de anis, de xerez, de Highland Queen, os copos, a babel de copos – torreando altíssima, como a fumaça do trem aquele dia – erguer-se contra o céu e depois ruir, os copos caindo e espatifando-se, rolando ladeira abaixo dos Jardins do Generalife, as garrafas quebrando, garrafas de Oporto, tinto, branco, garrafas de Pernod, Oxygénée, absinto, garrafas se espatifando, garrafas descartadas caindo com um baque surdo no chão em parques, debaixo de bancos, camas, assentos de cinema, escondidas em gavetas nos Consulados...

Oxygénée era uma marca famosa de absinto, cuja propaganda mostrava um homem bem gorducho, de aparência floreada, acompanhado pelo *slogan* improvável *C'est ma santé.*

O efeito vertiginoso da lista de Lowry é comparável à evocação da bebedeira em um dos primeiros romances de Samuel Beckett, *A Dream of Fair to Middling Women*, no qual essa mesma marca ganha outra menção:

> O dinheiro vinha dos olhos azuis lá de casa, e ele os gastava em concertos, cinemas, teatros, aperitivos, e especificamente estes, o potente, o desagradável Mandarin-Curaçao, o onipresente Fernet-Branca que subia à cabeça e acalmava o estômago, e que, olhando bem, parecia um conto de Mauriac, a Oxygénée...

Descrição muito diferente da evocação, igualmente sugestiva, de outra qualidade de embriaguez na Irlanda, quando tomava "toda a *stout* que ajudasse a inchar a tristeza de tardes tristes".

Depois da Segunda Guerra Mundial, quando a época dos coquetéis e do *jazz* se fora, o absinto ficou mais discreto ainda na Grã-Bretanha, continuando a existir apenas como um pálido clichê do *fin-de-siècle* em Paris. Entre os clichês que acompanhavam o famoso *marchand* dos Swinging Sixties, Robert "Groovy Bob" Fraser,[14] um deles o definia: "o velho boêmio endurecido por anos de bebedeiras de absinto nos cafés de Montmartre", embora Fraser tivesse 10 anos de idade na época dos cafés de Montmartre.

O absinto (nada menos que absinto da Albânia) é mencionado também como bebida comicamente horrível do romance de Kingsley Amis, *The Biographer's Moustache*. É claro que se o absinto tinha uma imagem verdadeiramente gótica e sombria nos Estados Unidos, ficou com um aspecto cômico que persiste na Inglaterra, onde o exagero e os excessos são vistos de forma diferente, e a depravação chega a ser encarada como divertida, assim como os estrangeiros, a artificialidade e a sofisticação exagerada. De Enoch Soames a Robert Fraser, muita coisa ligada ao absinto parece engraçada na Grã-Bretanha do século XX: com todos seus méritos reais, muitos ingleses acham que parecia bebida para Tony Hancock.[15]

14. Charmoso e carismático, Fraser foi durante a década de 1960 o *marchand* de arte mais badalado de Londres. Ele gostava de sair na companhia dos Rolling Stones, e aparece algemado a Mick Jagger no cartaz de Richard Hamilton *Swingeing London*, depois de os dois serem presos por porte de drogas em 1967. No seu currículo aparece também a aventura de uma noite com Idi Amin. Fraser ficou famoso por ter faro para arte moderna e pela quantidade de dívidas não pagas que sua galeria deixou quando foi à falência. Ele se tornou viciado em heroína, e quando morreu de Aids, em 1986, já estava completamente esquecido.

15. Ator cômico inglês dos anos 1940 a 1960, que encarnava a autodestruição e que acabou se matando. (N. T.)

A noite do demônio: *O demônio do absinto*, por Jacques Sourian, 1910. © ANPA, Paris.

CAPÍTULO 9

O *revival* do absinto

O recente *revival* do absinto se origina no colapso da Cortina de Ferro e na Revolução de Veludo ocorrida na Checoslováquia em 1987, que levou à abertura de Praga aos jovens ocidentais. O músico londrino John Moore, ex-guitarrista das bandas Jesus and Mary Chain e Black Box Recorder, descobriu o absinto em Praga em 1993:

> Em um inverno, enquanto estava em um bar de Praga observando as garrafas, notei uma que parecia particularmente convidativa. Cheia de um líquido verde-esmeralda, parecia algo que poderia causar estragos. Era absinto. Sabia muito pouco sobre absinto, mas nunca teria imaginado que um dia o experimentaria. Como a maioria das pessoas, achava que ele tivesse sido banido e que sumira completamente.
>
> [...]
>
> Os primeiros efeitos foram quase imediatos. Parecia que o havia injetado, mais que tragado. Não pareceu subir aos poucos nem infiltrar-se gradativamente na corrente sanguínea. Com a ajuda de um copo de água, acabei o resto e pedi outra dose. Uma amizade acabava de começar.

O *absinth* que Moore acabava de descobrir, escrito sem o *e* final, era uma marca checa da Boêmia, chamada Hill's. O absinto boêmio é bastante diferente do bom e velho absinto francês: muito menos anisado, não enturva na água, e é preparado com um ritual próprio, sobre uma chama, o que nunca foi costume na França. Nesse caso, a Boêmia é o lugar geográfico, não a atitude, se bem que qualquer confusão entre uma e outra com certeza não prejudicou o produto.

A empresa de destilaria Hill's, chamada Hill's Liquere, foi fundada por Albin Hill em 1920, para produzir uma ampla gama de bebidas. Os negócios explodiram e na década de 1940 a empresa abriu uma segunda fábrica: o racionamento de álcool na Checoslováquia durante a guerra baseava-se no volume de líquido, não no de álcool: portanto, para quem queria beber, fazia mais sentido comprar absinto e diluí-lo. Mas com o advento do comunismo depois da guerra, a prosperidade da Hill's acabou. A destilaria foi confiscada e, em 1948, a produção oficial de absinto cessou. No entanto, com a volta da economia de livre mercado em 1990, o filho de Albin Hill, Radomil, voltou a produzir absinto.

John Moore escreveu uma matéria cativante sobre absinto para a revista londrina *The Idler*, publicada na edição de inverno de 1997. Além de uma breve história e de uma visão geral bastante completa, a matéria apresentava dois pontos que, com certeza, iriam suscitar o interesse dos leitores. Primeiro, escreve Moore:

> A adição do açúcar na hora de beber absinto dá um toque ritualístico, similar ao uso das drogas intravenosas. Ambos implicam o uso de colheres, fogo, e de um pouco de paciência: meios semelhantes para um fim bastante semelhante.

Segundo, "pelo que posso lembrar, nunca tive alucinações enquanto o tomava, mas produz sonhos incrivelmente vívidos, invariavelmente surreais e obscenos". A parte mais significativa da matéria, no entanto, é provavelmente o parágrafo final:

> Desde que o descobri por acaso, em 1993, continuo me abastecendo regularmente, graças aos amigos e ao próprio Sr. Hill. Se estiverem interessados em importá-lo, liguem para *The Idler*.

Afinal, foram os próprios fundadores da revista – o editor Tom Hodgkinson e o diretor de arte Gavin Pretor-Pinney – que acabaram se entusiasmando com a ideia de Moore de importar o absinto checo. No final do verão de 1998, os três conheceram George Rowley, importador de cervejas e de outras bebidas checas, que também vinha pensando na possibilidade de importar o absinto da Hill's, com a qual até já fizera contato. Radomil Hill os pressionou para que formassem uma única empresa antes de fechar um acordo comercial, e assim foi fundada a Green Bohemia. Com o tempo, a importação de absinto fez tanto sucesso que os criadores de *The Idler* tiveram cada vez menos tempo para pensar na revista, e deixaram que uma publicação periódica (realmente excelente, aliás) minguasse a uma periodicidade ocasional, a cada ano mais ou menos. Mais uma vez o absinto, conhecido pelo perigo que representa, quase matou um grande produto cultural.

O absinto foi lançado novamente na Grã-Bretanha em dezembro de 1998, com uma cobertura ampla e neurótica por parte da imprensa. "Agora", escreveu o jornal *The Guardian*, "para espanto dos militantes antiálcool, uma empresa britânica assinou um contrato de importação com uma pequena destilaria checa depois de descobrir que o absinto nunca foi formalmente proibido neste país". O mais respeitável dos diários populares, o *Daily Mail*, publicou uma matéria que parecia um conto de horror, afirmando, entre outras coisas, que tomar absinto era o mesmo que usar maconha, vodca e LSD ao mesmo tempo. O pessoal da Green Bohemia ficou extasiado. "Nada poderia comprar uma publicidade dessas", disse Hodgkinson, feliz da vida.

A formidável máquina de *marketing* da Green Bohemia transformou uma lista impressionante de celebridades em consumidores. O primeiro freguês do absinto checo foi o ator Johnny Depp, que queria absinto para beber com Hunter S. Thompson,[1] que ele interpretaria no filme *Medo e delírio em Las Vegas*, adaptação do maior romance de Thompson. A banda Suede lançou seu álbum de 1999, *Head Music*, em uma festa regada a absinto na boate londrina China White, e os muitos consumidores na grande indústria musical iam do *rapper* Eminem ao gótico Marilyn Manson. A revista *Select* chegou a ter uma coluna fixa com o título de "Our Absinthe Friends", na qual convidava grupos musicais a se embebedar de absinto – fornecido por Moore – e depois gravar seus delírios enquanto iam se soltando e desabando aos poucos.

DE REPENTE, as pessoas ficaram sedentas da palavra *absinto*, com a vaga reminiscência cultural de algo "misterioso, tentador, a quintessência da decadência *fin-de-siècle*". Mas, por outro lado, o sucesso do Hill's é surpreendente, pois não era segredo para ninguém que se tratava de uma bebida não muito agradável. "Horrível", segundo alguém que tentou tomá-la pela primeira vez: "cheiro muito desagradável, gosto de *marshmallow* misturado com xarope para tosse, ervas e baunilha, e um fundo violento de álcool". *The Times* descreveu assim o sabor: "parece *aquavit* com esteroides e um toque de cabelo chamuscado, e ainda deixa na boca um forte gosto anestésico, como aquelas pastilhas de alcaçuz cor-de-rosa de que ninguém gosta". "Nunca tomei xampu", escreveu um jornalista do *Daily Telegraph* em Praga, "mas

1. Hunter Stockton Thompson (1937-2005), jornalista e escritor norte-americano, é considerado o criador do estilo *Gonzo* de jornalismo, um estilo de reportagem no qual o repórter está envolvido no tema sobre o qual escreve a ponto de se tornar uma figura central da história. Thompson, grande consumidor de álcool e de entorpecentes de todo tipo, ironizava a pretensa imparcialidade e a objetividade tão exaltada pela imprensa anglo-saxã. (N. T.)

deve ser algo bastante parecido."

Um apreciador em Praga colocou a coisa na perspectiva certa: "Você toma absinto para ficar logo bêbado – teria de ser masoquista para acrescentar água e fazer a coisa durar mais" (o bom absinto francês diluído, ao contrário, dá um excelente *long drink*). Diante do fato de o absinto Hill's ser ao mesmo tempo fortemente inebriante e praticamente intragável para a maioria das pessoas, a solução lógica é tomá-lo misturado e "mascarado". Com isso em mente, a Green Bohemia lançou uma campanha muito interessante para promover coquetéis à base de absinto, difundindo receitas recém-inventadas tendo o Hill's como base, e com nomes bastante chamativos: *Psycho Surfer*, *Green Rose*, *Flaming Absinthe Passion*, *Six Pack*, *Vincent Van G*, *China Blue*, *The Bohemian* e vários outros horrores de luxo, muitos dos quais ficaram bastante populares no norte da Inglaterra.

A capacidade de embebedar era a questão-chave, e a Green Bohemia tentou manter um equilíbrio prudente. Por um lado, adotaram uma atitude realmente responsável e divulgaram uma diretiva recomendando que não sejam servidos mais que dois absintos por noite para os consumidores (uma diretiva sem precedentes na indústria das bebidas). Por outro, todo mundo sabia qual era o ponto em questão. Quem bebe para ficar sóbrio? Quando perguntaram sua opinião sobre o absinto Hill's no lançamento do Green Bohemia Groucho Club, o ator Keith Allen ficou rindo como um demente e anunciou: "Funciona!".

Franceses e suíços não ficaram nada felizes com o chamado *revival* do absinto na Grã-Bretanha. "Essa coisa inglesa [isto é, checa] não é absinto", proclamou François Guy, especialista francês na bebida. A família Guy começou a destilar absinto em 1870, em Portarlier, onde ainda hoje destila bebidas – menos absinto, que continua sendo proibido na França – e administra um museu do absinto. "É nojento, lixo estrangeiro. Como ousam roubar o nome de nossa bebida? Isso é lamentável", disse Jocelyn Parisot, executivo da Guy: "Se Baudelaire e Rimbaud tivessem de tomar essa porcaria checa, se revirariam no túmulo".

A maior autoridade francesa sobre absinto foi Marie-Claude Delahaye que abriu, em 1994, em Auvers-sur-Oise (onde Van Gogh está sepultado), o Museu do Absinto. O interesse de Delahaye pelo tema começou quando encontrou, em um mercado de pulgas de Paris, uma estranha colher furada em forma de planta – uma colher para absinto. A partir desse momento, ela foi coletando objetos ligados ao absinto e escreveu vários livros sobre o assunto. Esses livros são de interesse tanto para colecionadores de antiguidades e de objetos usados (ela publicara antes um livro sobre mamadeiras antigas) quanto para poetas e artistas. Parte do charme das parafernálias para absinto, explica em seu livro *Histoire de la Fée Verte*, é a evocação do antigo jeito de tomar absinto, sem pressa e de forma relaxada e prazerosa, seja em um café, seja à sombra de uma árvore no calor do sul da França, *un climat de farniente, de douceur de vivre.*[2]

Delahaye afirmava de forma peremptória que o absinto checo não tinha nada a ver com o verdadeiro absinto. Assim, com sua colaboração, a Green Bohemia acabou lançando um absinto "estilo francês" em julho de 2000. Ao contrário do Hill's, a nova marca – La Fée, com o típico olho no rótulo – é agradável o bastante para ser tomada com prazer, misturada com água. "Turvo, verde, com o típico gosto de anis, e realmente delicioso, se você gosta desse tipo de coisa... É muito parecido com o Pernod, porém, mais forte, e não é amarelado." Por ser uma verdadeira purista, Delahaye não vê com bons olhos a ideia de misturá-lo com o que quer que seja.

La Fée foi lançado – mais uma vez no Groucho Club, como no caso do Hill's – com uma propaganda faustosa. O golpe de mestre de *marketing* foi o Ônibus do Absinto, um típico ônibus londrino de dois andares (um Routemaster de 1960, com a plataforma aberta e a escadaria na parte de trás) pintado de verde. Essa nova encarnação do "ônibus para Charenton" rodou até o norte da Inglaterra e pelas maiores cidades da Escócia, onde o Hill's já fizera sucesso na cultura alcoólica local, de tipo russa, com bebidas mais brutas. O Ônibus do Absinto trazia à frente um mostrador anunciando destinos como "Oblívio" e "Utopia", justificados pelo bar perfeitamente equipado no segundo andar.

A Green Bohemia patrocinou a festa depois do Prêmio Turner de 2000 – o ano em que Wolfgang Tillmans ganhou –, levando o vencedor e os finalistas para uma festa na Shoreditch Town Hall, onde os abasteceu de La Fée. Damien Hirst se declarou um entusiasta do absinto, e diz que pretende criar uma série de obras inspiradas na bebida.

O absinto voltou a fazer parte das festas da vanguarda da cultura, e é considerado agora o jeito mais rápido e fácil de ficar inebriado. Uma evolução que a cultura das drogas dos anos 1960 e 1970 teria estranhado, já que na época o consumo de álcool, especialmente por parte dos jovens, era considerado algo bastante repugnante. Mas agora as pretensas propriedades entorpecentes do absinto forneciam à Geração E[3] um álibi para se embebedar com prazer e sem remorso.

As estratégias alegres e espirituosas da Green Bohemia para promover a imagem pública do absinto passavam uma ideia de "bebida da liberdade", o que combinava bem com a liberdade recente da Praga pós-Cortina de Ferro, com a economia do

2. Uma atmosfera de nada a fazer, de vida gostosa. (N. T.)

3. Referente aos usuários de *ecstasy*.

laissez-faire, e com os efeitos desinibidores da embriaguez (para a bebida mais próxima, o Pernod, foi criada uma propaganda com um *slogan* arguto: "Libere o espírito"). O absinto caminhou de conquista em conquista no Reino Unido, onde surgiu uma "comunidade do absinto" com uma composição social variada, análoga à comunidade da Brit Art, isto é, aos meninos das escolas públicas tocando o negócio e os proletários dando-lhes sustento. Ao contrário das conotações góticas que grudaram à imagem do absinto nos Estados Unidos, o *revival* na Grã-Bretanha representa a imagem mais positiva que a bebida já teve.

ALGUMAS VOZES ISOLADAS discordam dessa alegria generalizada, uma delas é Nicholas Monson, herdeiro de 43 anos do décimo primeiro Barão de Monson. Ex-aluno de Eton, Monson perdeu a carteira de habilitação em 1999, por dirigir depois de beber dois copos de absinto em um bar em Chelsea. Mas ele recorreu da sentença, alegando que "os bares não deveriam servir venenos sem advertência". "O governo deveria tornar ilegal o absinto", dizia Monson, cujo pai é presidente da Sociedade para a Liberdade Individual. "Foi provado que essa bebida deixa as pessoas malucas."[4] Monson admitiu ter bebido dois copos de absinto, mas afirmou não conseguir lembrar se bebeu três ou mais, e chegou a equiparar o "impacto" do absinto a uma mistura de vodca com maconha. O advogado de Monson afirmou que a petição tinha fundamento, porque "as pessoas têm direito de esperar, quando frequentam lugares públicos autorizados, que estes não sirvam bebidas que possam 'envenenar'. Essa bebida tem propriedades claramente psicotrópicas".

O Ministério do Interior britânico já havia testado o absinto para determinar se as presumidas propriedades alucinógenas o tornavam ilegal para as leis vigentes, e decretara que esse não era o caso. "Não é mais perigoso que o abuso de qualquer outra substância", anunciara um porta-voz. De um certo ponto de vista, o governo tinha boas razões para ser grato aos importadores de absinto, pois, como os impostos são um meio de arrecadar dinheiro, mas também uma forma discreta de controle social, o altíssimo teor alcoólico do absinto mereceu um nível de imposição desencorajador e punitivo, algo em torno de 16 libras para o Estado das 40 do preço de uma garrafa.

---

4. No original, o termo inglês é *doolally*, deformação fonética de Deolali, uma cidade no deserto da Índia Central. Termo adotado pelos militares ingleses, desde a época colonial, porque dizia-se que a vida em Deolali deixava os soldados britânicos tresloucados de tanta monotonia. (N. T.)

Apesar dessa arrecadação, o ministro do Interior britânico da época, George Howarth, afirmou aos jornalistas que o reaparecimento do absinto "causava bastante preocupação", e que "ficaremos de olho caso as vendas disparem". A questão crucial – que já provocara o banimento na França e o não banimento na Grã-Bretanha – continuava sendo se o absinto iria se espalhar pela classe trabalhadora, ou até entre os "cheiradores de cola" e outros toxicodependentes. Entretanto, fiel aos princípios de *laissez-faire* da Green Bohemia, o importador Tom Hodgkinson chegou a afirmar que uma parte do "fascínio" em beber absinto, e até um de seus "principais atrativos", é "zombar da mentalidade de babá do Novo Partido Trabalhista [inglês]". Na época, segundo o *Daily Telegraph*, o primeiro-ministro Tony Blair afirmou que "ficaria de olho no assunto", "e que baniria o absinto caso viesse a se tornar popular".

A forma mais segura de preparar um absinto: um soneto de "Valentin". © Marie-Claude Delahaye.

CAPÍTULO 10

Os rituais do absinto

Da mesma forma que fumar ópio, a Santa Comunhão e a cerimônia do chá japonesa, a palavra "ritual" volta com frequência quando se fala de absinto: "é o ritual que faz a diferença"; "a beleza do ritual"; "Há um lado fascinante e pitoresco no ritual do absinto. O ritual sempre traz as pessoas de volta". Como já mencionamos, John Moore foi atraído pela "aparência de ritual, que lembra a das drogas intravenosas", quando descobriu o absinto em Praga. George Saintsbury se deliciava com "o cerimonial e a etiqueta que tornam a forma correta de tomá-lo um deleite para uma pessoa de bom gosto".

Os rituais do absinto implicam tanto o fogo quanto a água. O *revival* recente acompanha-se de um ritual de fogo surgido em Praga, no caso do absinto proveniente do Leste Europeu. Despeja-se uma dose da bebida em um copo e mergulha-se neste uma colher de açúcar. Retira-se a colher e ateia-se fogo no açúcar embebido de álcool com um fósforo, até ele borbulhar e caramelizar. A colher de açúcar derretido é então inserida novamente no copo, o que, em geral, acende o próprio absinto. Despeja-se, então, uma quantidade igual ou maior de água de uma jarra ou de outro copo, apagando as chamas. O fato de atear fogo no absinto reduz um pouco o excesso de álcool, o que pode tornar-se positivo para os bares que o servem, mas o maior atrativo do ritual é simplesmente a novidade. Isso traz à lembrança as práticas das confrarias norte-americanas, que costumam botar fogo no Southern Comfort e em outros *bourbons*. Não há o que dizer dessa performance, a não ser que seria considerada uma abominação na França do século XIX.

O método clássico envolve absinto e água. Quando se acrescenta água a um bom absinto, ele enturva ou *louche*, como dizem os franceses (literalmente, se torna vesgo, ou suspeito, ambíguo). O absinto embranquece e se torna opaco quando a água entorna, desordenando o equilíbrio entre o álcool e os extratos de ervas, e provocando a precipitação dos óleos essenciais da solução alcoólica em uma suspensão coloidal. Esse "*louche*" era muito apreciado pelos *absintheurs*, e para obter o mesmo efeito, os produtores de absinto de má qualidade acrescentavam aditivos venenosos, como o antimônio, para aumentar o efeito.

Geralmente, uma dose de absinto era despejada em um copo para absinto – a forma mais tradicional era uma taça que ia se abrindo a partir de uma base redonda, lembrando os copos de sorvete atuais, com uma haste espessa, ao contrário das taças de vinho. Colocava-se então uma colher especial em cima do copo, com um cubo de açúcar no centro; despejava-se água fria sobre o açúcar, para que fluísse no copo. Como ensinava um anúncio da época da Pernod, pode-se tomar "o absinto Pernod Fils com ou sem açúcar; despeja-se em um copo grande, e acrescenta-se água gelada bem devagar; para adoçar, utilize uma colher, como na ilustração". Parece bastante fácil, mas esse simples ato podia comportar um nível extraordinário de *savoir-faire* e refinamento nos detalhes.

A primeira coisa é a parafernália correta. A colher furada para o açúcar comportava tantas variedades que há hoje livros e mais livros sobre o assunto para colecionadores; há também acessórios mais obscuros para segurar o açúcar, como pequenas torres e funis a ser colocados sobre o copo. Os próprios copos variavam bastante: alguns deles tinham a sutileza de uma cavidade em forma de ovo na base para medir a quantidade certa de absinto ("dose" é outra palavra que ocorre com frequência quando se fala de absinto).[1] Os copos eram também frequentemente marcados com ácido para indicar o nível da dose, ou decorados de formas variadas.

Havia sempre uma jarra de água disponível, às vezes estampando uma marca, e em alguns bares havia também uma "fonte" com torneira no bar. A jarra tinha um bico estreito, para permitir pingar a água aos poucos. E aí vem todo um narcisismo de pequenos detalhes e diferenças, embora a questão toda, em suma, era não derramar a água de uma só vez.

Teria sido um insulto para um garçom preparar o absinto de um verdadeiro *absintheur*. A meticulosa preparação representava metade do prazer, enquanto o bebedor tentava alcançar e apreciar o grau exato de opalescência no copo. Pingando com cuidado, com a mesma concentração que certos indivíduos demonstram ter ao fazer anéis no ar com a fumaça do cigarro, o *absintheur* podia observar cada gota de água deixar rastros turvos na bebida. O bebedor também podia, no linguajar da época, *frapper* ou *étonner* o absinto (surpreender), ou até mesmo *battre* (golpeá-lo), deixando cair, uma após a outra, as gotas de água de uma certa altura – e tudo isso

1. Curiosamente, "dose" é a palavra usada habitualmente em português para servir as bebidas alcoólicas, enquanto em inglês é associada unicamente às drogas. (N. T.)

com o único intuito de diluir a bebida.

Pingar água no absinto de certa altura era, sem dúvida, uma afetação. Uma caricatura da época mostra um velho colonialista francês, vestindo apenas cueca, uma medalha e um capacete com uma pequena bandeira em cima, sentado à mesa e tomando absinto. Uma criança africana, com um fez na cabeça, pinga água no absinto de uma árvore acima dele. Em oposição, em *La famille Dubois*, de Charles Cros, uma personagem anuncia que são quatro e meia da tarde e que é tempo de conversar, então coloca um absinto na frente do amigo e despeja um tênue fluxo de água no copo, explicando-lhe como preparar um bom absinto: "Não há necessidade alguma de jorrar água lá de cima (isso é só mito). É só despejar delicadamente e de repente *flouf!* Você tem a *purée parfaite*".

A altura era certamente opcional, mas a falta de pressa era a essência do ritual. *Em Le vol d'Icare*, Raymond Queneau leva várias páginas instruindo o leitor sobre como despejar o absinto, para o principiante não *afogá-lo.*[2] Há outra descrição pitoresca em *Le temps des secrets*, de Marcel Pagnol, a qual, curiosamente, se torna uma questão de família:

> Os olhos do poeta repentinamente brilharam.
> Então, em silêncio total, ele começou uma espécie de cerimônia.
> Colocou o copo – um bem grande – na frente dele depois de examinar se estava limpo. Depois pegou a garrafa, destampou-a, cheirou-a, e despejou no copo um líquido cor de âmbar com cintilações verdes. Ele parecia medir a dose com uma atenção desconfiada, já que, depois de uma checagem cuidadosa e alguma reflexão, acabou acrescentando algumas gotas.
> Em seguida, pegou da bandeja uma espécie de pequena pá de prata, longa e estreita, com pequenos furos compondo uma ornamentação. Colocou essa engenhoca na borda do copo como uma ponte, pôs e colocou no meio dois cubos de açúcar.
> Virou então para a esposa: ela já estava a postos, segurando a alça de uma jarra de cerâmica; a jarra era porosa e em forma de galo; então disse:
> – Sua vez, minha Infanta!
> A Infanta colocou graciosamente uma mão no quadril e com a outra levantou bem alto a jarra para despejar, com habilidade infalível, um jorro muito fino de água fria – saindo do bico da jarra – sobre os cubos de açúcar, que começaram a se desintegrar aos poucos.

2. Ver Apêndice 1.

O poeta, com o queixo quase tocando a mesa no espaço entre as duas mãos espalmadas horizontalmente sobre ela, observava a operação com toda atenção. A Infanta com a jarra estava imóvel como uma fonte, e Isabelle nem respirava.

No líquido, cujo nível estava subindo devagar, eu podia ver uma névoa leitosa formando-se, em turbilhões que iam se fundindo aos poucos, enquanto um cheiro pungente de anis refrescava deliciosamente minhas narinas.

Por duas vezes, o mestre de cerimônia levantou a mão para interromper a queda do líquido, sem dúvida por achá-la brutal demais, ou muito abundante: depois de examinar a bebida com ar constrangido e logo aliviado, ele fazia sinal, só com o olhar, que a operação podia recomeçar.

De repente ele estremeceu e mandou parar o fluir da água com um gesto imperativo, como se uma única gota a mais pudesse estragar instantaneamente a poção sagrada.

A dose de álcool típica é considerada atualmente em torno de 30 ml (segundo o *British Medical Journal*), ou 27,5 ml segundo as autoridades norte-americanas. Um copo de absinto de minha coleção, de forma e tamanho padrão, está marcado para conter em torno de 75 ml, ou seja, mais do dobro, uma medida mais natural considerando-se o volume de líquido diluído que aparece nas imagens de copos de absinto da época.

A proporção tradicional de água era mais ou menos de cinco ou seis para um, mas podia variar a gosto. A marca Pernod 51 ganhou esse nome por causa da proporção 5:1, embora muitos recomendassem uma diluição 4:1, enquanto hoje La Fée sugira algo entre seis e oito para um. Uma das proporções mais altas foi proposta por Barnaby Conrad, em uma entrevista a um jornal norte-americano em 1997: "uma ou duas polegadas de absinto... a proporção de absinto e água deveria ser em torno de 1:2... mas tem de tomar devagar. E é bom colocar uma música da época, de Satie ou Ravel, para entrar no espírito". Um verdadeiro ritual, incluindo o ambiente psíquico.

ESSA INSISTÊNCIA FETICHISTA sobre a forma certa de despejar a água implicava que a preparação do absinto não era só um prazer em si, mas também um decoroso afazer, que envolvia certa habilidade e no qual é possível cometer erros. Felizmente, era possível obter assistência semiprofissional na forma de "professores de absinto", em especial nos pequenos bares decadentes, onde esperavam que lhes fosse oferecido uma bebida em troca de seus judiciosos conselhos.

Henri Balesta, em *Absinthe et absintheurs*, com suas histórias e casos dignos de Zola, esclarece esse aspecto social do ritual do absinto. No meio de todos os horrores do livro – exagerados, mas talvez com certo fundamento –, há uma descrição interessante dos "professores". No final da manhã,

> os instrutores de absinto já estão em posição, sim, os professores de absinto, pois tomar absinto é uma ciência, ou melhor, uma arte, especialmente se for em quantidade. Eles rondam os bebedores novatos, ensinando-lhes a levantar o cotovelo bem alto e com frequência, *para aguar o absinto de forma artística*, [o realce é meu] e aí, depois do décimo copinho, com o aluno caído debaixo da mesa, o mestre passava para outro, sem parar de beber, aguentando firme, sempre inabalável e inamovível em seu posto.

É a pressão do ambiente e de seus pares que leva o novato a beber, portanto, é importante fazê-lo da forma certa:

> É uma prova solene para o diletante! É o momento de se exibir, de conquistar a estima dos demais e o respeito dos contemporâneos. Garçom, um absinto *panachée*. Muito bem!!!!
>
> Que momento para o novato! Vai realizar o sonho de dois anos. Ele levanta devagar o copo, olha uma última vez para o conteúdo, e leva-o aos lábios. Ele vai tomar. Toma. O desejo está satisfeito; o sonho está realizado. O absinto já não é mais um mito para seu paladar. Eca! Que gosto ruim, diz para si mesmo o pobre-diabo fazendo careta, e mesmo assim todos tomam. Mas está sendo observado. É uma delícia esse absinto, nunca tomei algo assim, proclama com uma expressão encantada, enquanto seu estômago e seu coração ficam revoltados. O segundo trago já fica melhor. O terceiro, melhor ainda.
>
> Em qualquer roda de jovens encontra-se um veterano cuja especialidade é "fazer o absinto". Quando levanta a jarra, a conversa para, os cachimbos se apagam, e as atenções voltam-se para o *mestre-absinteiro*;[3] acompanha-se cada detalhe da operação para a qual ele se dedica sem falhas. O próprio garçom, com as mãos às costas e um sorriso barato no rosto, aprova com a cabeça. O *mestre-absinteiro*, sentindo-se o foco das atenções, goza secretamente com a admiração que inspira e se esforça para ser digno dela. Segura a jarra de uma forma

3. No original, *absinthe-maker*. (N. E.)

descontraída, ergue-a até a altura dos olhos com um movimento elegante do braço, e despeja então a água gota a gota sobre os copos com uma lentidão judiciosa, para os dois líquidos combinarem de forma gradual.

Aí está, o *shibboleth*[4] do bebedor de absinto: dependendo da maior ou menor elegância com que é realizada essa delicada operação, os *connoisseurs* conseguem distinguir o verdadeiro profissional do absinto... Infelizmente para o novato sem experiência. O próprio garçom dá sua contribuição para criar uma opinião geral sobre o freguês ao sacudir os ombros com uma expressão de comiseração e murmurar com o tom mais desdenhoso possível: "Que palhaço! Não tem a menor ideia de como fazer um absinto".

O LINGUAJAR DO BEBEDOR revela o *modus operandi* do absinto e suas formas de preparo. Não se tratava, apenas, de enforcar um papagaio e comprar uma passagem só de ida no ônibus para Charenton, ou ainda *bater* ou *surpreender* o absinto. Além disso, podia-se tomar um *puro*, isto é, absinto sem açúcar (ou, muito raramente, sem água, "limpo"), que não deve ser confundido com *purée*, ou seja, com o absinto com pouquíssima água e tão denso que mais parecia uma sopa, e especialmente com a *purée des pois*, purê de ervilhas, expressão vulgar do linguajar militar para um absinto denso e forte.

O absinto "padrão" era o *absinthe au sucre* (absinto com açúcar), mas havia pequenas variações possíveis. Um *absinthe anisée* vinha com mais anis, enquanto *une bourgeoise* ou *une panachée* seriam absintos com mais cordial de *anisette*. Um *absinthe gommée* era adoçado com xarope de goma, e juntar goma e *anisette* dava uma *suissesse* (suíça), feminizando o absinto. O absinto podia ser adoçado com *orgeat* (xarope de cevada e amêndoas), na proporção de uma colher de chá de *orgeat* para cada dose de absinto, enquanto o *Vichy* era absinto e *orgeat* nas mesmas proporções, além da quantidade habitual de água. Essa mesma combinação, no linguajar militar, era chamada *Bureau Arabe* (a Agência Árabe, responsável pela segurança nas colônias francesas nos países árabes), o que passava a ideia do duro e do doce, algo como "punho de ferro em luva de pelica".

O termo *tomate* soava menos sinistro, sendo simplesmente uma bebida vermelha feita com absinto, água e algumas gotas de granadina. Um *absinthe minuit*,

4. Termo hebraico, presente na Bíblia, hoje usado em várias línguas para indicar palavra, termo, senha ou expressão que revela pertencimento a um determinado grupo, tribo, geração ou país. (N. T.)

o absinto da meia-noite, era preparado com vinho branco, enquanto o *absinthe vidangeur*, o absinto do lixeiro, era misturado ao vinho tinto. O *minuit* era um coquetel agradável, enquanto o *vidangeur* era mais para os desesperados. Toulouse--Lautrec era tragicamente apaixonado pelo *tremblement de terre* (terremoto), absinto com *brandy*, e pelo *Crocodile*, que era um terço rum, um terço absinto e um terço *trois-six*,[5] uma receita criada por um anarquista polonês durante a Comuna de Paris.

A cultura do absinto na França do século XIX não apreciava muito os coquetéis, e o absinto de verdade não se prestava muito bem à criação de coquetéis, por causa do forte gosto de anis. Em compensação, os coquetéis de absinto foram muito apreciados na Inglaterra da década de 1920. O Martini com absinto, preparado por Anthony Patch em *Os belos e malditos*, de F. Scott Fitzgerald, era meio gim e meio vermute, com uma "mancha" de absinto "para dar um toque estimulante". No *Café Royal Cocktail Book*, (1937) de W. J. Tarling, aparecem vários coquetéis com um "borrifo" de absinto. Há também aqueles em que o absinto é mais que um "toque": o *Creole* (um terço absinto, dois terços vermute doce); o *Duchess* (um terço *Dry* Martini, um terço vermute Martini doce, um terço absinto); o *Glad Eye* (dois terços absinto, um terço xarope de hortelã); o *Macaroni* (dois terços absinto, um terço vermute Martini doce); o *Pick Me Up* (um terço conhaque, um terço absinto, um terço vermute *Dry* Martini); e o *Monkey Gland* (dois terços gim, um terço suco de laranja, duas doses de absinto, duas doses de granadina). No livro de Tarling, a receita para o *Absinthe* clássico é meio absinto e meio água, com um toque de xarope e um toque de Bitter Angostura misturados em um *shaker* de coquetel.

Um coquetel de absinto mais espetacular pode ser encontrado no *site* Proust Said That, no qual o autor relembra a época em que tomou absinto, durante o serviço militar na Ásia, por volta de 1985. Ilegal nos Estados Unidos, o consumo de absinto é proibido para os militares norte-americanos em qualquer parte do mundo.

> Minha primeira experiência com o absinto foi em um bar de Okinawa, frequentado por soldados norte-americanos, iluminado por luzes estroboscópicas e com o som a mil. O que tomei não foi a "Fada Verde" da *Belle Époque*, mas o *Purple Haze* de Koza City: uma mistura perigosa de gim, absinto e violeta, doce e amarga, que costumávamos tomar após as missões de reconhecimento, para tirar de nossas cabeças o tagarelar do rádio. O Japão é um dos poucos lugares no mundo onde ainda se pode pedir absinto no balcão, mas eu era um oficial dos EUA em

5. Aguardente de uva na moda na França naquela época, algo como um *brandy* caseiro, citado no poema de Baudelaire, *Une Béotie Belge*.

> missão secreta, e arriscava meu emprego cada vez que pedia uma bebida. [...] Vários bares em Koza City serviam sua variação em cima da fórmula básica do *Purple Haze*, com uma escalada de adjetivos que informavam a (suposta) quantidade de absinto na mistura: Regular, Super, Especial, Extra etc. Meu amigo Takeo, no Rock House Purple Haze (esse era mesmo o nome do lugar), criara a pior de todas, chamada *Big Fire*, uma bebida que mais parecia uma arma de guerra, coroada por uma nuvem em forma de cogumelo de absinto que tomava dois terços do copo. Surpreendentemente gostosa, extraordinariamente forte e estranhamente linda quando iluminada pela luz preta no andar de cima da Gate Two Street...

Absinto com Sprite ou Soda Limão também tinha seus fãs, tanto em Nova Orleans quanto em Londres, mas nesse caso faltavam os prazeres e o conforto do ritual.

Só restam dois preparos clássicos, um com gelo e outro com água. Absinto com gelo era mais popular nos Estados Unidos que na França, especialmente em Nova Orleans, onde se preparava o clássico *absinthe frappé* com uma dose de absinto despejada por cima de um copo com gelo moído. Colocava-se então por cima do copo uma colher para absinto, ou um pequeno copo furado, com o cubo de açúcar habitual, e despejava-se água aos poucos, às vezes de uma "fonte" – uma torneira no balcão. Por fim, mexia-se com uma colher e filtrava-se antes de beber.

O último método clássico, raramente usado hoje, é o método de "dois copos", descrito por Saintsbury e Kernahan. Um pequeno copo de absinto é colocado em um copo maior vazio, e a água é despejada aos poucos no copo menor, para misturar os dois líquidos, até transbordar. Quando o copo menor contivesse só água, o líquido no copo maior estava pronto para consumo.

A palavra final sobre a preparação do absinto cabe a Valentin, pseudônimo de Henri Bourette, que escreveu um soneto sobre o tema ilustrado por vários chargistas. Valentin descreve vagarosamente toda a encenação com seus cuidados exagerados, para concluir:

> Finalmente, para coroar essas atenções meticulosas,
> Pegue com toda delicadeza a taça e, por fim,
> Jogue tudo, sem hesitação, pela janela.

Antes e depois: uma cobaia sob a influência fatal do absinto, em uma demonstração preventiva para soldados franceses. © Roger-Viollet.

CAPÍTULO 11

O que o absinto faz?

Deixando de lado o ritual, por que o alvoroço todo? O que o absinto faz, e como? No coração da lenda do absinto, além da decadência, da boêmia e da desgraça, há a convicção de que provoca uma intoxicação de qualidade diferente. O absinto já foi definido, com graus diferentes de imprecisão, como droga, narcótico, ou até mesmo alucinógeno. Em doses moderadas, era associado à inspiração, "uma visão diferente e sensações incomparáveis", e a uma forma especialmente "lúcida" de intoxicação, uma "euforia sem embriaguez".

Usuários modernos de absinto (frequentemente caseiro) nos Estados Unidos parecem confirmá-lo. "Fora a sensação óbvia do álcool, dá uma nuvem de euforia própria, que nada tem a ver com a névoa confusa, entorpecente de outros 'narcóticos'. Você não fica olhando as paredes; olha além delas"; "a sensação é de euforia... não como acontece com o álcool ou com a maconha. Você experimenta uma lucidez que nenhum dos dois te dá". Ou, ainda mais entusiástico: "O absinto te leva para um foco mais claro e conciso da mente consciente, deixando ao mesmo tempo aberta o que poderíamos chamar porta dos fundos para o inconsciente, para que pensamentos e ideias possam entrar; depois do primeiro trago, depois do ritual da preparação... o mundo todo é poesia".

Esses três fãs do absinto – todos eles mulheres, curiosamente – têm, sem dúvida, um estilo mais elegante que o da *Clinical Toxicology Review* (revista de toxicologia publicada pelo Massachusetts Poison Control System), mas é fácil reconhecer os denominadores comuns:

> Os usuários relatam o "duplo deslumbramento" da intoxicação por absinto: o embriagamento causado pelo etanol e ao mesmo tempo um efeito bastante distinto (euforia, sensação de bem-estar, alucinações visuais suaves), que pode ser atribuído especificamente à artemísia. O consumo de absinto provoca um

estado de espírito alegre e uma capacidade de percepção aguçada, e ambos os estados justificam sua atração e a dependência psicológica de seus notáveis efeitos entre usuários crônicos.

A INTOXICAÇÃO É UM FATO, mas ainda se discute até que ponto pode ser atribuída simplesmente ao álcool. Um usuário, em Praga, afirmou a um jornalista que despejar "pequenas bolas de açúcar flamejando" em seu absinto ampliava a "potência alucinatória" da bebida, por causa da elevação de temperatura – relato realmente surpreendente, já que a marca em questão não contém praticamente nada de artemísia. Relatos anedóticos dos poderes do Hill's ("provoca sonhos incrivelmente vívidos e invariavelmente obscenos", por exemplo) são interessantes justamente porque, de fato, o absinto da marca não contém nada além de álcool, substância subestimada, afinal.

A embriaguez por absinto poderia comportar um efeito placebo ou, mais exatamente, uma experiência ambivalente comparável à intoxicação provocada pela maconha, que os psicofarmacólogos consideram uma "experiência aprendida", dependendo das expectativas culturais. O delicioso relato da embriaguez de absinto de Tom Hodgkinson insere-se nessa perspectiva e esclarece bastante as razões da popularidade do Hill's na Grã-Bretanha. As bochechas brilham, diz Hodgkinson, e uma "embriaguez relaxada e risonha se apodera de nós". Além disso:

> O outro efeito – não menos importante, talvez – é que, depois de tomá-lo, você pode se imaginar como um depravado poeta boêmio da França do século XIX trocando gracejos com Baudelaire antes de compor alguns poemas, para depois surrar sua amante, rindo loucamente, e se jogar na cama de latão gritando: "Quero morrer!"

Prossegue:

> E se você acha que começa a falar bobagens depois de tomar algumas cervejas, espere até escutar os indescritíveis disparates que você irá proclamar depois de dois ou três coquetéis de absinto. Como um usuário já disse, o absinto inspira babaquices pseudoartísticas da mais alta qualidade, enquanto bebidas inferiores produzem apenas bobeiras de nível inferior.

A INGESTÃO DE ABSINTO provoca um tipo peculiar de embriaguez, mas também leva a uma síndrome característica e reconhecível, o absintismo, que começou a ser notada na década de 1850. Os que sofriam de absintismo mostravam-se confusos, intelectualmente lentos, propensos à paranoia e a alucinações terríveis. As pesquisas se multiplicaram depois da tese de Auguste Motet, "On Alcoholism and the Poisonous Effects Produced in Man by the Liqueur Absinthe", de 1859, logo seguida pelas pesquisas de Marce e de Magnan. Retomando o Capítulo 7: Magnan, depois de estudar os estados epiléticos em bebedores de absinto, descobriu que, enquanto o álcool por si só embriagava os animais usados como cobaias e depois os matava, a artemísia os excitava para, em seguida, provocar convulsões de tipo epilético.

Émile Lancereaux traça um retrato sombrio do absintismo em 1880, no qual descreve as luzes ofuscantes e as terríveis alucinações experimentadas pelo viciado. Segundo Lancereaux, o *absintheur* podia ver-se circundado de animais sedentos de sangue; na beira de abismos sem fundo, com medo da queda; sofrer de irritações da pele que lhe pareciam insetos andando pelo corpo; ouvir lamentações, gritos e ameaças; e viver na convicção de ser constantemente insultado e perseguido (a paranoia provocada pelo absinto foi também o assunto da monografia de Yves Guyot, de 1907, "L'absinthe et le délire persécuteur").

Embora ninguém tivesse descoberto como o absinto produzia seus efeitos, o lugar-comum sobre o absintismo naquele ponto era que se tratava de uma subcategoria específica do alcoolismo; e embora a quantidade de álcool no absinto fosse maior que em qualquer outra bebida, haveria outra coisa para justificar seus terríveis efeitos. Lancereaux, como resume a revista *Lancet*, "estava convencido de que os óleos essenciais de absinto e de outros componentes do licor eram muito mais tóxicos que o álcool no qual estavam dissolvidos". E continua: "a atração que esse licor exerce sobre as mulheres, mais ainda que sobre os homens, explica-se pelos óleos essenciais que contém". Lancereaux traçava um paralelo com a desgraça dos bebedores de perfume, viciados em *eau-de-cologne*, água de lavanda e em extrato de violetas de Parma não só por causa do álcool, mas pelos "óleos essenciais tóxicos contidos nos perfumes"; "muitos bebedores de perfume são mulheres, e algumas acabam se viciando em morfina, heroína e cocaína".

A artemísia, obviamente, era o principal suspeito desde sempre. Já em 1708, em *De veneris*, Johan Lindestolophe advertia, com base em experiência própria e na de seu colega Stenzelius, que o uso continuado de artemísia podia causar "danos graves ao sistema nervoso". No final do século XIX, o ingrediente ativo da artemísia começou finalmente a ser examinado em detalhe. Em 1900, um químico alemão chamado Semmler propôs a estrutura correta da tujona, que ele chamou inicialmente tanacetona, porque seu material inicial era óleo de atanásia-das-boticas. Ficou claro que se tratava da mesma tujona analisada por outro químico alemão, chamado Wallach. Essa substância está presente em muitas plantas, mas seu nome deriva da forte concentração no óleo essencial que pode ser destilado da *Thuja occidentalis* (cedro branco ou tuia) e de outras coníferas do grupo *arbor vitae*. A tujona também está presente em várias ervas usadas na culinária, e é bastante parecida não só com a tanacetona da atanásia, mas também com o salvanol encontrado na sálvia.

Em 1903, o Dr. Lalou provou que a tujona é a maior responsável pelos efeitos do absinto e que se parece com outras essências, como as de atanásia, sálvia, hissopo, erva-doce, coentro e anis. A tujona é um terpeno, muito próximo do mentol – e cheira da mesma forma – e da cânfora: Vick VapoRub® contém tujona e outros terpenos. O *tetra-hydra-cannabinol* (THC), ingrediente ativo da maconha, também é um terpeno, assim como a miristicina, presente na noz-moscada. Vários outros ingredientes do absinto – que também pode causar convulsões e epilepsia quando ingerido em concentrações suficientes – contêm terpenos, como a pinocanfona do hissopo e a fenchona da erva-doce.

Hoje, a tujona é classificada entre os venenos que provocam convulsões. Na Primeira Guerra Mundial, pesquisadores já estudavam seus efeitos sobre o sistema nervoso, mas sem chegar à causa específica: a excitação do sistema nervoso autônomo, seguida de inconsciência e convulsões. As violentas contrações musculares involuntárias são clônicas (isto é, rápidas e repetitivas, com intervalos de relaxamento) no começo, tornando-se depois tônicas (isto é, contínuas e incessantes). Doses maciças podem provocar derrame seguido de morte. Convulsões provocadas deliberadamente por meio de cânfora e tujona foram pesquisadas na década de 1920 como modelo para epilepsia e usadas, antes do surgimento da terapia eletroconvulsiva (eletrochoque), como tratamento para a esquizofrenia e a depressão.

E agora – sempre lembrando o cheiro da cânfora, da tujona e de outros terpenos, todos eles com frescor de pinho, capacidade de afugentar traças e de estimular a mente – chegou a hora de examinar o caso de Vincent Van Gogh.

VINCENT VAN GOGH (1853-1890) sempre foi uma parte vital da criatura mítica com a qual já cruzamos no Capítulo 7: "o monstro boêmio do final do século XIX, o anão aristocrático que cortou a própria orelha e viveu em uma ilha dos Mares do

Sul". Na verdade, Van Gogh nada tinha de boêmio – era um indivíduo profundamente religioso e solitário, que viveu entre os miseráveis tentando ajudá-los sem receber nada em troca além de chutes na cara –, mas acabou sendo uma das vítimas mais espetaculares do absinto.

Van Gogh ficou obcecado com os valores expressivos e puramente simbólicos da cor, em vez de tentar capturar impressões visuais da realidade, abrindo, portanto, o caminho para o expressionismo. Na tela *Café Noturno*, por exemplo, com sua perspectiva distorcida e a predominância de verdes e amarelos, ele disse "ter tentado expressar os poderes da escuridão em um lugar público por meio de verde Luís XV e da malaquita, em contraste com o verde-amarelo e o verde-azul brutal, tudo isso em uma atmosfera de fornalha satânica de enxofre pálido".

Reza a lenda que foi Toulouse-Lautrec quem apresentou Van Gogh ao absinto, e em 1887 Lautrec pintou um retrato em pastel de Van Gogh com um copo de absinto à frente. No mesmo ano, Van Gogh pintou sua natureza-morta *Absinto*, mostrando um copo de absinto e um decantador de água. No *British Journal of Addictions*, W. R. Bett traçou nos anos 1950 uma imagem revoltante do vício em absinto e de seus pretensos efeitos sobre a obra de Van Gogh. A intensidade do estilo de Marie Corelli no relato de Bett pode ser avaliada pelo retrato que este traça de Lautrec:

> a imagem satírica de um anão de cabeça enorme, imenso nariz carnudo, lábios roxos nojentos, barba preta desgrenhada, olhos míopes malignos [...] Ele se sustenta graças a uma bengala minúscula, ao lado de uma lixeira, poluindo a noite com sua feiura – símbolo de sujeira e de podridão. Ele senta-se a uma mesa de mármore, acolhido carinhosamente pelos que desperdiçaram a vida e agora a vida os desperdiça: bebendo absinto com esperança desesperada. A fada de olhos verdes escravizou seus cérebros, roubou suas almas. Ele polui a noite com suas obscenidades desbocadas – símbolo de sujeira e podridão.

A vida de Van Gogh – em um sentido muito literal – e sua visão foram tão extremadas que levaram críticos e comentaristas a ir além da moda das psicobiografias[1] romantizadas, chegando à análise clínica. Sugeriu-se que as pinceladas de Van Gogh, e seu tratamento da cor e da luz, seriam o resultado de esquizofrenia, da epilepsia, do glaucoma, da porfiria, do envenenamento por digitális e da psicose tóxica: esta última provocada pelo absinto, como sustenta Albert J. Lubin em sua psicobiografia

1. No original, *psycho-biography.* (N.E.)

do pintor, *Stranger on Earth,* de 1972. A obra de Van Gogh foi uma dádiva para o movimento de crítica de arte "Qual era o barato dele?". Wilkins e Schulz afirmam que a estranha perspectiva distorcida de *Café Noturno* "poderia ter sido influenciada pelas visões que sofreu no começo de um ataque epilético", e, claro, pelo "absinto, um dos vícios habituais do artista [...] que sabidamente afeta o lobo occipital, que controla a visão".

Van Gogh ficou cada vez mais instável e sofreu meia dúzia de crises psicóticas nos últimos dois anos de vida, algumas das quais provavelmente causadas pela bebida. Seu amigo Gauguin tentou ajudá-lo, mas desistiu. Uma tarde, depois de beber absinto, Van Gogh lançou-se contra Gauguin, e no dia seguinte ocorreu o trágico acidente no qual ele cortou parte de sua orelha esquerda e a entregou a uma prostituta. (Quanto a Gauguin, ele era um personagem menos sombrio e mais robusto: um certo dia em 1897, depois de receber pelo correio um cheque de seu *marchand* em Paris, escreveu do Taiti para um amigo: "Estou sentado na porta de casa, fumando um cigarro e tomando meu absinto [...] sem qualquer preocupação na vida".)

O estado mental de Van Gogh piorou: passava dos ataques de epilepsia às alucinações. Tomava muito conhaque e absinto, e chegou a tentar tomar terebintina. Com base nesse fato, Wilfred Neils Arnold escreveu um artigo bastante persuasivo, centrado na constatação de que a terebintina possui terpeno, como a tujona. Arnold sugere, então, que Van Gogh se viciou em substâncias com afinidades químicas com a tujona, como o pineno e a irmã gêmea da tujona, a cânfora, que ele também usava em doses maciças. "Para lutar contra a insônia, coloco grandes quantidades de cânfora em meu travesseiro e colchão; se você não conseguir dormir, recomendo-lhe fazer o mesmo", escreveu Van Gogh para o irmão Theo. Arnold lembra que a cânfora tem a mesma estrutura da tujona, com farmacodinâmicas similares, e acrescenta que análises atuais do óleo de cânfora descobriram nele traços de pineno e de outros terpenos.

Na mesma época, Van Gogh recebeu a visita de seu amigo Signac, que impediu o pintor de tomar um litro de terebintina. Segundo Arnold, isso foi considerado um sinal de sua demência, mas a terebintina contém de fato pineno e outros terpenos, assim como o absinto. Além disso, ainda conforme Arnold, pode ter sido simplesmente uma *pica* – um surto de apetite por alguma substância, como acontece com as mulheres grávidas –, o que forneceria uma explicação para alguns dos atos mais insanos de Van Gogh nos dois últimos anos, como suas tentativas de comer tintas, tentativas consideradas até então delírios sem nexo algum.

A porfiria – uma doença metabólica, frequentemente congênita, que pode provocar doenças mentais intermitentes – também foi proposta como explicação para os problemas de Van Gogh. Acredita-se que o rei George III, o Louco, sofresse de porfiria intermitente. A tujona tem outras consequências farmacológicas além dos efeitos diretos sobre o sistema nervoso, uma das quais é inibir a síntese da porfirina. Ela é tão eficaz nisso que foi usada em experimentos com animais para criar um modelo experimental de porfiria intermitente aguda. Um artigo de 1991 do *British Medical Journal*, assinado por Loftus e Arnold, sugeriu que Van Gogh sofria de porfiria intermitente aguda, uma hipótese que faz sentido, levando-se em consideração os efeitos porfirogênicos dos terpenoides.

Tudo isso não explica, porém, a arte de Van Gogh, mas pode dizer algo sobre sua vida, a qual, como vimos, foi se tornando cada vez mais insustentável. Com uma mente visionária e um sistema nervoso tão exacerbado, Van Gogh, que tinha um prazer enorme em contemplar as estrelas, escreveu para seu irmão Theo:

> olhar as estrelas sempre me faz sonhar, da mesma forma que sonho com os pontos pretos dos mapas que representam cidades e vilarejos. Por que, me pergunto, os pontos brilhantes no céu não são tão acessíveis quanto os pontos negros do mapa da França? Se pegamos o trem para ir a Tarascon ou Rouen, precisamos da morte para alcançar uma estrela. Uma coisa absolutamente verdadeira nesse raciocínio é que *não* podemos chegar a uma estrela enquanto *vivemos*, da mesma forma que não podemos pegar o trem quando estamos mortos.

No dia 27 de julho de 1890, Van Gogh saiu para pintar e levou consigo uma espingarda. Naquela tarde ele tentou se matar.

As buscas começaram quando deram por sua falta – ele não voltara para casa à noite. Morreu dois dias depois. Sua afinidade eletiva com a tujona, a substância na qual era viciado e que parece ter dominado até certo ponto sua vida, prolongou-se até depois da morte, com um episódio enigmático. Ele foi enterrado no cemitério local, e seu amigo Dr. Gachet providenciou uma árvore ornamental para enfeitar seu túmulo. A árvore que o Dr. Gachet escolheu era uma tuia, que mais tarde foi identificada como a principal fonte de tujona. Quinze anos depois – quando expirou o contrato de aluguel do espaço no cemitério –, Van Gogh foi retirado de lá e transladado para o túmulo do irmão Theo. Quando abriram o caixão, descobriu-se que as raízes da tuia haviam entrelaçado completamente o corpo, como em uma história em quadrinhos de horror dos anos 1950; uma testemunha contou que "era como se o segurassem em um abraço".

Não foi só o corpo de Van Gogh a ser transladado; a árvore também foi transplantada para o jardim do Dr. Gachet. Está lá até hoje.

Durante certo período, os tentáculos da tujona envolveram muito mais gente, com o abuso de artemísia como diversão da moda nos Estados Unidos. Drogas desconhecidas faziam parte da cultura *hippy* "cabeça".

Em 1973, Adam Gottlieb publicou *Legal Highs*, um pequeno compêndio prático e bem em sintonia com a fixação da época por qualquer tipo de droga. Uma época em que alguém teria morrido, dizem, depois de injetar manteiga de amendoim na veia. A maioria das substâncias citadas ali continuou permitida simplesmente porque ninguém seria tão demente para pensar em usá-las para se drogar, mas depois de um catálogo alfabético de horrores vegetais (citando ao acaso: "Efeitos: vômito, intoxicação, aumento dos batimentos cardíacos, seguido por três dias de sonolência ou sono"), chegamos finalmente à artemísia. Segundo o livro, os princípios ativos seriam "Absintina (um guaianólido dimérico), anabsintina e um óleo volátil composto principalmente de tujona". Os curiosos são informados de que o óleo essencial amargo, transformado em álcool, pode ser combinado com Pernod ou *anisette* para fazer absinto, e que os efeitos são narcóticos. Eles são avisados também que pode causar dependência e prostração, e que a tujona provocaria estupor e convulsões. Podia ser comprada como erva seca na Magic Garden Herb Company da Califórnia, ou na forma de "mistura de artemísia seca para absinto" na Woodley Herber's, "vendida só como referência histórica".

Nos últimos tempos, foi surgindo nos Estados Unidos uma moda de absinto caseiro: na sua forma mais simples, macerando folhas de artemísia em vodca ou Pernod. "Kurt", na Internet, conta ter impregnado 60 gramas de artemísia em álcool e *bitter* angostura, acrescentando depois 30 gramas de óleo de anis, cujas folhas foram maceradas durante cinco dias. Longe de embebedar, diz Kurt,

> um gole foi suficiente para me acordar completamente, e para duas horas de imaginação vívida e estimulação eufórica... Senti-me muito criativo e dinâmico, mas ao mesmo tempo dopado. Minha visão era um pouco distorcida (o que ficava mais evidente na escuridão). A euforia e a estimulação são sem comparação. Tudo isso devido ao absinto, já que a quantidade de álcool que tomei foi de menos de 30 gramas.

Kurt foi se apaixonando por essa "tintura de artemísia" (e continuou aperfeiçoando-a e tentando novas receitas, com cheiro-verde, erva-doce e anis), mas chegou à conclusão que sua memória estava se deteriorando muito, mesmo depois de parar de tomá-la. Ele conclui sua comunicação com "vou mantê-los informados (se conseguir me lembrar!)".

Ninguém soube mais nada dele. Recentemente, óleo de artemísia podia ser encontrado na Internet como "suplemento dietético vegetal", embora não fique claro que tipo de carência a artemísia poderia suprir. Não se costuma tomar artemísia como se se ingerisse vitaminas. O fornecedor garante também que é um produto orgânico, o que parece a última preocupação de quem busca artemísia. Pelo menos uma das marcas vem em um lindo pacote, com um rótulo que lembra demais uma marca conhecida de *pastis* (sem artemísia): tanto que, para a maioria das pessoas, poderia parecer um convite a juntar os dois. Nos Estados Unidos, o absinto agora é associado às subculturas do gótico e da bruxaria. Esta última, em especial, já se tornou um ingrediente de *marketing*: há anúncios afirmando que "sabe-se" que as primeiras a produzir absinto foram as bruxas. E como prova disso são apresentadas etimologias até interessantes: em anglo-saxão, a palavra *wermode* (muito próximo de *wormwood*) significa "estado de lucidez", ou "resguardar a mente", e *wermod* em inglês arcaico é "mãe do espírito".

Óleo de artemísia está disponível também para massagem e aromaterapia: em 1997, uma pessoa quase morreu quando tentou tomar um gole. Um homem de 31 anos, morador de Boston, ficou curioso com o que leu sobre absinto na Internet e conseguiu (sempre pela Internet!) óleo de artemísia de um fornecedor *on-line* de produtos de aromaterapia. Ele tomou apenas um gole, mas foi encontrado mais tarde em casa pelo pai "em um estado incoerente, agitado e desorientado". No pronto-socorro, teve ataques, espasmos clônicos e se comportou de forma "letárgica, mas agressiva". Além das convulsões, sofreu falência aguda dos rins, seguida por falência do coração no segundo dia de hospitalização.

O homem em questão sobreviveu, depois de uma semana no hospital, e os três médicos que o curaram publicaram seu caso no *New England Journal of Medicine*, denunciando a facilidade com que se obtêm substâncias tóxicas na Internet. O caso teve bastante repercussão, e talvez de forma injustificada, o homem ficou conhecido por sua idiotice. Mas na verdade, sua correspondência com o dono de <www.gumbopages.com> – um ótimo *site* dedicado a Nova Orleans e que conseguiu um monte de publicidade involuntária depois que os três médicos afirmaram que sua página na *web* "Sobre absinto" seria onde o homem poderia ter tido acesso às informações sobre a bebida – mostra que é uma pessoa inteligente, articulada e atenciosa.

> Sou aquele que tomou óleo de artemísia [...] Acho que foi azar você ter sido mencionado, mas nada mais – azar, um assunto do qual sei do que falo.

> E concordo com você que jogar a culpa na Internet é algo histérico e talvez de má-fé.
> Não fiz confusão alguma na minha cabeça [entre óleo de artemísia e absinto]. Meu erro foi ter sido imprudente em meus cálculos e ter tomado em excesso. Lamento os transtornos que posso ter-lhe causado.

Isso é muito diferente da imagem pública que assumiu o caso. Naquela época, um jornal norte-americano lembrou aos seus leitores que "o absinto [...] foi banido em muitos países há décadas por ser venenoso".

Até os entusiastas de absinto mais conscientes não estão livres de sofrer algum envenenamento acidental por artemísia. Uma das três mulheres dos depoimentos sobre absinto citados no começo deste capítulo menciona uma péssima experiência com absinto caseiro:

> Tentei adicionar artemísia a um lote recente [...] funcionou bem [...] mas esqueci do acréscimo de artemísia e tomei um pouco mais do que deveria [...] passei muito mal. Estava vendo "rastros" e fiquei bastante ansiosa. Então é verdade que experimentei seus efeitos alucinógenos. Mas chegar até aquele ponto é bastante perigoso.

HOUVE MUITAS COMPARAÇÕES entre absinto e maconha – o absinto chegou a ser chamado "baseado líquido". Há razões culturais para as pessoas quererem acreditar nisso, começando por um artigo hoje ultrapassado, "Marijuana, Absinthe and the Nervous Central System", escrito por Del Castillo *et al.* Os autores proclamavam similitudes impressionantes entre os efeitos psicológicos relatados por usuários de absinto e maconha, baseando-se em uma matéria de Maurice Zolotow sobre a bebida, publicada na *Playboy* de 1971, que contava aos seus leitores que o absinto é "um dos melhores e mais seguros afrodisíacos inventados pelo homem".

Del Castillo e seus colegas destacavam que a tujona e o princípio ativo da maconha, o tetraidrocanabinol, são ambos terpenos com uma estrutura molecular similar, e sugeriam que produziam efeitos psicotomiméticos ao agir no mesmo receptor no cérebro. Eles concluíam que essa hipotética sobreposição era interessante do ponto de vista histórico e sociológico; e de fato seria, se fosse verdade. Mas os efeitos do absinto e da maconha são muito diferentes. Embora a maconha possa causar uma excitação de breve duração, às vezes por causa de ataques de ansiedade, é um alucinógeno muito leve, e no final das contas, um entorpecente. A tujona, pelo contrário, é um estimulante, e pode ser tão estimulante a ponto de ser letal, e um veneno convulsivo.

Enquanto cavalgava em uma região remota e montanhosa do Afeganistão, Eric Newby observou que seus cavalos paravam com frequência para comer artemísia, "*artemisia absinthium*, uma raiz pela qual têm um apetite mórbido". O resultado era que os cavalos se tornavam "extremamente buliçosos, possivelmente por causa de alguma propriedade afrodisíaca da raiz *absinthium*, da qual se empanturravam sem parar". Os ratos também são estimulados pela tujona a ponto de, em um experimento científico, parecerem mais inteligentes: Pinto-Scognamilio, em 1968, demonstrou que a tujona tornava os ratos mais ativos, parecendo até aumentar a capacidade de aprendizado dos mais lentos. Ressaltou também uma questão mais importante e assustadora: o fato de a dosagem de tujona ter efeito cumulativo. Em um experimento anterior, o cientista descobriu que, nos ratos, aproximadamente 5% da dose diária ficava acumulada, assim, depois de 38 dias, eles começavam a ter convulsões, o que nos leva de volta à Paris do século XIX. Ficou confirmado que pequenas doses diárias podiam de fato acumular-se no corpo e desse modo produzir efeitos tóxicos, psicoativos e alucinatórios.

Como é que a tujona age, então? Aos poucos, os pesquisadores foram desmontando a teoria dos receptores da tujona e da maconha, sepultada definitivamente por Meschler *et al.* em 1999, e em 2000 por Karin M. Hold e outros coautores, que demonstraram que a tujona, na verdade, age no sistema receptor GABA do cérebro. O GABA (ácido gamma-aminobutírico) inibe ou limita a transmissão das sinapses neurais; quando bloqueadores do GABA, como a tujona, estão operando, os neurônios transmitem com excessiva facilidade e quantidade, e à medida que enlouquecem, os sinais ficam fora de controle. O efeito inibidor do GABA é essencial para o cérebro ficar "afinado", e sua redução produz tremores e convulsões. Tranquilizantes de benzodiazepina, como o Valium, aumentam a eficácia do GABA e são o oposto e o antídoto para os bloqueadores de GABA; já a nicotina, pelo contrário, piora o efeito da tujona, baixando o limiar convulsivo. Além de descobrir que a tujona bloqueia os receptores GABA no cérebro dos mamíferos, Hold e seus colegas demonstraram que o envenenamento de tujona é similar aos efeitos do protótipo dos bloqueadores de GABA, a picrotoxinina, um convulsivo encontrado em uma variedade de astrágalo,[2] com sintomas e antídotos similares.

Vários inseticidas organoclorados, como a dieldrina e o DDT, agem como

2. Chamada *loco weed* pelos vaqueiros norte-americanos, por enlouquecer o gado que pasta nela. (N. T.)

bloqueadores do GABA, e uma linhagem de moscas resistentes à dieldrina se mostrou igualmente imune à tujona. Os sintomas de envenenamento agudo por DDT (excitabilidade, convulsões tônicas e clônicas, que em alguns casos se aproximam da epilepsia, e assim por diante) soam familiares a quem estuda a artemísia e a tujona. Nenhum desses efeitos está relacionado ao álcool. Na verdade, o álcool, da mesma forma que os tranquilizantes de benzodiazepina, faz parte dos antídotos contra o envenenamento convulsivo da tujona, do DDT e da dieldrina.

Portanto, pode se dizer que o absinto faz perder as inibições em vários sentidos. Enfim, a ação farmacológica da artemísia (orgânica ou não) é mais próxima do DDT – lembre-se do coquetel *Mickey Slim* da década de 1940 – que da maconha.

Pode parecer medonho, mas o mesmo vale para os efeitos do envenenamento agudo de nicotina: se levarmos em conta seus efeitos terminais, seria impossível acreditar que Liszt disse um dia: "Um bom charuto cubano fecha a porta às vulgaridades do mundo". Todo mundo concorda que o barato da artemísia é agradável desde que haja moderação, e o bem-estar, a excitação e a inspiração associadas ao verdadeiro absinto podem ser atribuídos, pelo menos parcialmente, à atividade frenética dos neurônios. O fator crucial é a dose correta.

Parece provável que o absinto do século XIX contivesse mais artemísia que o absinto moderno, até porque, pelo que sabemos, era muito mais amargo. Eu pessoalmente nunca tomei um absinto que precisasse ser adoçado. Isso fica evidente também pelos dados, embora as estimativas variem. As normas da União Europeia proíbem mais de dez partes por milhão de artemísia no absinto (ou seja, 10 mg por quilo), e no Hill's, com 1,8 parte por milhão, é pouco mais que uma lembrancinha (enquanto o Sebor e o King of Spirits contêm as 10 ppm permitidas). Enquanto isso, calcula-se que o conteúdo de tujona no absinto na *Belle Époque* variasse entre 60 e 90 ppm, e em alguns casos até 260 ppm; com o álcool, poderia alcançar 350 ppm.

Os absintos mais fortes comercializados atualmente são o suíço La Bleue, que está na beira da ilegalidade até no próprio país e contém 60 ppm de tujona; e o Logan 100, uma marca checa que contém 100 ppm e uma proporção de álcool levemente inferior à habitual, feito especialmente para quem quiser experimentar o barato da tujona. Alguém que provou o La Bleue conta que "depois de um copo – estava muito presente; depois de dois – estava extremamente presente; depois de três – sóbrio como um pedaço de gelo, mas muito sensível à luz; e depois de quatro – começava a ter dificuldades com as relações espaciais, mais ainda era mentalmente muito focado.

Na base da experiência pessoal, diria que a quantidade de tujona é meio alta...".

Já que o álcool é um depressivo e a tujona, um estimulante, o absinto de verdade se encaixa na família dos *speedball*, que combinam um entorpecente a uma droga estimulante, desde o café com *brandy* e à horrível mistura de anfetaminas e álcool, até o verdadeiro *speedball*, heroína com cocaína. E também o Vin Mariani, um parente distante da Coca-Cola, que continha 20 miligramas de cocaína por litro de vinho, muito popular na época de apogeu do absinto. O Vin Mariani era muito apreciado por Ibsen, Zola, Júlio Verne e pelo Papa Leão XIII, entre outros; o Pontífice chegou a outorgar a Mariani uma medalha de ouro por seus serviços à humanidade.

Estimulante ou entorpecente, a decisão ainda está em aberto quanto à questão de o absinto ser pior que outras bebidas alcoólicas simplesmente porque contém artemísia. Faz 150 anos que há pessoas digladiando sobre isso. Embora desde o tempo do Dr. Magnan tenha ficado claro que a artemísia de fato torna o absinto mais perigoso, ainda é duvidoso se isso vale para a maioria dos usuários. Não há dúvida que a tujona "dá um barato", mas o culpado de verdade neste livro só pode ser o álcool. Em outros livros e pesquisas, os médicos sempre concluem que, *na prática*, o álcool é o componente mais perigoso e nocivo do absinto, e é com o álcool que vamos concluir.

O absinto de verdade envolve dois efeitos contraditórios. O teor alcoólico realmente protege o usuário dos efeitos da artemísia, porque é difícil tomar o suficiente para ser envenenado pela pequena quantidade presente. Porém, é a água que torna o álcool tão perigoso. Enquanto é impossível não ter certo respeito ou até desgosto por um triplo *brandy*, um bom absinto desce redondo, limpo e refrescante; poderíamos dizer que é o cigarro mentolado das bebidas alcoólicas letais.

A maioria dos escritores e artistas citados neste livro eram alcoólatras, desde Verlaine e Toulouse-Lautrec até Malcolm Lowry e Ernest Hemingway. Eles pertenciam ao bando, um bando numeroso e infeliz, de pessoas sobre as quais Cyril Connolly escreveu:

> Nunca mais quero ler sobre qualquer um desses alcoólatras; o alcoolismo é o inimigo da arte e a maldição da civilização ocidental. Não é poético, e tampouco divertido. Não estou falando das pessoas que se embebedam, mas do apagamento gradual das sensibilidades e da destruição das relações pessoais que implica o suicídio social prolongado.

Por que os escritores bebem? É claro que nem todos bebem, mas Tom Dardis, em seu livro sobre o alcoolismo literário nos Estados Unidos, mostra que havia uma pressão cultural sobre os escritores norte-americanos que os impelia a beber para corresponder à ideia do que se espera de um escritor. Ele cita Glenway Westcott – um amigo de Hemingway e Fitzgerald – sobre a diferença entre a vida literária norte-americana e a francesa. "Na França, ninguém espera grande coisa de alguém que bebe, enquanto nos Estados Unidos espera-se de quem bebe que beba *e* produza. Alguns autores norte-americanos conseguiram, mas a gestão do fato de beber e do que se espera de quem bebe é muito diferente na França." O absinto pode ter inspirado alguns dos personagens deste livro, mas o efeito mais tangível sobre a carreira deles, e até sobre suas vidas, foi o de encurtá-las.

Independentemente da pressão cultural norte-americana, os escritores em geral parecem ter certa tendência à bebida. Alguns podem ter um fundo de amargura, desde o começo ou por causa da vida de escritor, que implica certo estresse, no que diz respeito, por exemplo, à separação entre vida e obra. A obra sempre paira acima do escritor, que não tem como escapar dela. A bebida, escrevia Hemingway, "ajuda a suportar os idiotas, a largar o que se está escrevendo e a não pensar naquilo depois de encerrar o expediente... e a dormir à noite".

Frederick Exley menciona, de forma bastante similar, o fato de beber para apagar, e pensar um pouco menos: "Diferentemente de outros, nunca bebi para ficar mais forte, ou charmoso, ou esperto; costumo usar o álcool precisamente pelo que ele é: um depressivo para controlar a exaltação mental causada pela sobriedade". Essa "exaltação" incômoda lembra o brilhante paradoxo da observação de Baudelaire: "A inspiração sempre vem quando queremos, mas nem sempre se vai quando esperamos".

Há uma beleza estranha na descrição pitoresca do alcoolismo no brilhante relato autobiográfico de Carolyn Knapp, *Drinking*:

> [...] em algum momento, em algum lugar, durante o segundo copo, alguma coisa fez clique [...] uma sensação de derretimento, uma impressão de calor e leveza na minha cabeça, e senti como se a salvação tivesse chegado àquele copo [...] o mal-estar se fora, substituído por algo que dava uma sensação parecida com amor.
>
> Como tomar estrelas. É assim que Mary Karr o descreve em suas memórias, *The Liar's Club* [...] ela sentia aquele calor demorado, quase como uma luz. "Algo como um grande girassol desabrochava no centro de meu ser", ela escreve [...] "o vinho acabou de me penetrar, aliviando até meus ossos...".
>
> Chega, basta. Palavras obscuras para um alcoólatra, absolutamente desconhecidas.

> [...] Você está sempre atrás daquela segurança, sempre pensando só naquilo, sempre tão aliviada na hora de beber o primeiro copo e de sentir aquele zumbido esquentando a parte de trás de sua cabeça, se esforçando sempre em manter a sensação, em reforçar o zumbido, fazê-lo crescer sem perdê-lo. Uma conhecida minha, chamada Liz, alcunha o alcoolismo de "a doença do mais", em uma alusão à avidez que sentimos em relação à bebida, a cobiça, o esforço para fugir da privação, e a certeza de que nunca teremos o bastante.

Há outra descrição acertada da vida em função da bebida no romance *The Grotesque*, de Patrick McGrath: "Doris é uma daquelas pessoas nas quais o primeiro copo do dia pode suscitar uma sensação de satisfação completa sem comparação na gama das gratificações humanas". "Pergunto-me", acrescenta o narrador:

> se já te ocorreu a possível analogia entre a bebedeira e o suicídio? [...] Mas não há dúvida de que quem bebe rejeitaria a morte súbita, a abençoada cessação repentina da experiência, a liberação de si que o suicida almeja. A morte súbita é anátema para quem bebe, porque a aproximação do vácuo há de ser gradual, há de ser atenuada.

Gradual e atenuada? Sem dúvida. Quando as autoridades francesas lançaram uma campanha de saúde pública na década de 1950, com cartazes que diziam *L'alcool tue lentement*, o grupo de sátira vanguardista Os Letristas escreveu abaixo "*On n'est pas pressés*".[3]

O líder dos Letristas, e mais tarde dos Situacionistas, era Guy Debord. Ele se orgulhava – em seu estilo clássico de prosa, impecavelmente límpido em sua clareza glacial e em sua grandiosidade paranoica – do fato de que, "mesmo tendo lido muito, bebi muito mais. Escrevi muito menos que a maioria das pessoas que escrevem; mas bebi muito mais que a maioria das pessoas que bebem". Como muitos de seus escritos, a descrição lapidária de Debord sobre o vício de beber merece ser gravada na pedra. Aliás, quando a lemos, até parece que já está:

> No começo, como qualquer um, gostei da sensação de estar um pouco bêbado; mas logo passei a gostar do que há além da embriaguez violenta; quando se passa esse estágio, uma paz magnífica e terrível, o verdadeiro gosto do passar do tempo.

3. "O álcool mata lentamente." "Não temos pressa." Ou de forma mais sarcástica, "*On s'en fout. On a le temps*", algo como "Quem se importa. Temos tempo" (ver Hussey, p. 56).

A gravura *La buveuse d'absinthe*, de Félicien Rops, tema do poema de Joséphin Péladan "Para Félicien Rops".
© Marie-Claude Delahaye.

APÊNDICE 1

Textos selecionados

Um Fantasma Londrino

por R. Thurston Hopkins

A pitoresca lembrança de Thurston Hopkins sobre Dowson é a fonte de uma citação famosa do poeta, mas na verdade parece mais um conto. A veracidade de Hopkins foi questionada, a começar pelo fato de que mais tarde ele se tornou um escritor sob encomenda de histórias de mistério do mesmo teor. Contribuiu também para criar a lenda da Maldição da Múmia. Mesmo assim, como escreveu Jad Adams, biógrafo de Dowson, "nos dá o gosto fantástico das tardes em companhia de Dowson e mostra quanto, mesmo em estado de devastação e frequentemente de loucura, Dowson podia ser uma companhia fascinante para o companheiro certo".

No final da década de 1890, eu estudava no University College, na Gower Street, em Londres. Isso deve ser suficiente para deixar claro que eu não tinha o menor interesse em quem quer que seja, a não ser no próprio autor desta narrativa. Mas o que pode interessar ao leitor é que foi naquela época que entrou em minha vida (por meio da Bun House,[1] um lugar de encontro dos boêmios na Strand Street) o surpreendente e errático poeta Ernest Dowson. Magro, de ossos finos, cabelo castanho-claro ondulado e sempre estranhamente em pé, olhos azuis, uma voz cansada e mãos fracas, de dedos finos, como que acostumadas a deixar as coisas escorregar e cair. Esse é Dowson como o ressuscito das névoas da boa e velha Londres da década de 1890. Vestia um paletó, indecente de tão gasto, que causava aflição de tão curto que era no traseiro. O colarinho, lembro-me perfeitamente,

1. A Bun Shop, ou Bun House, é hoje um bar de vinhos e restaurante, chamado Da Marco's, localizado no número 417 de The Strand Street.

estava amarrado no pescoço com uma fita preta de chamalote que servia tanto de gravata borboleta, bem ao estilo de um poeta, como para segurar a camisa.

Dowson raramente sorria. O rosto era marcado e grave, e ao mesmo tempo parecia a cara redonda de um jovem estudante. Às vezes podia-se perceber um brilho de juventude em seus olhos azuis. Naquela hora, o fantasma de um sorriso pairaria sobre suas feições sombrias e varreria a expressão rabugenta sempre furtivamente presente em seus olhos.

Naquela época, ele levava um pequeno revólver prateado no bolso, e parecia ridiculamente orgulhoso dele. Exibia-o nos bares e cafés, fazendo que os frequentadores o inspecionassem, sem comentários e sem nenhuma razão aparente. Nunca descobri quais caminhos tortuosos e arriscados pesavam na vida de Dowson para que lhe parecesse necessário carregar uma arma; mas talvez sempre brincasse com a ideia do suicídio. Deus sabe que ele deve ter achado a vida um fardo bem pesado, já que seus trinta anos de existência na Terra foram uma lista interminável de problemas financeiros e desilusões amorosas.

Passei muitas tardes com Dowson na Bun House,[2] que, apesar do nome, nunca oferecia pãezinhos para os fregueses. Nada mais é que uma taverna londrina, ponto de encontro da vida literária e jornalística da década de 1890. Foi ali que cruzei com Lionel Johnson, o poeta; John Evelyn Barlas,[3] poeta e anarquista que atentou contra a Câmara dos Deputados; Edgar Wallace, que acabava de sair do uniforme de soldado; Arthur Machen em uma capa tipo "Inverness" que, conforme me confidenciou, fora sua fiel amiga dos últimos vinte anos. "Espero gastar quatro desses magníficos mantos ao longo de minha vida – de qualquer maneira, consigo que quatro durem uns cem anos!"

Naquela época, o absinto era a bebida alcoólica da moda entre os jovens poetas e vagabundos da literatura, e ainda posso ver Dowson, sentado em um banquinho alto, dissertando sobre os méritos daquele narcótico opalescente. "*Uísque* e cerveja para os bobos; absinto para os poetas"; "o absinto tem o poder dos magos: pode varrer ou renovar o passado, anular ou prever o futuro", eram as frases mais frequentes em seus discursos. "Amanhã morre um" era um dito sempre presente em seus lábios, e às vezes ele acrescentava: "e ninguém se importará – o trânsito na London Bridge não vai parar".

Ao encontrar Dowson na Bun House, era possível que andássemos sem rumo

2. O *bun* é um pãozinho doce tipo *brioche*. (N.T.)

3. Barlas, possuidor de uma saúde mental frágil e refém de emoções intensas, foi preso na manhã de Ano-Novo de 1891, após atirar três vezes com um revólver contra o prédio da Câmara, aparentemente para mostrar seu descontentamento com o Parlamento inglês.

pelas ruas enevoadas de Londres, boêmios iniciados, provando o entusiasmo um do outro. Partilhando dinheiro e confissões, Dowson costumava manejar um charuto austríaco e produzir anéis de fumaça com as narinas. Enquanto andávamos à noite pelas ruas da cidade, disputávamos uma espécie de jogo, que chamávamos Moléstia Cega.[4] A ideia era descobrir atalhos ou formas de contornar obstáculos nas áreas mais movimentadas da cidade, usando para isso caminhos escondidos, becos e vias secundárias desconhecidas do londrino comum.

Uma tarde, estávamos *blind chivvying* em um labirinto de atalhos, quintais, pátios, praças e becos, quando percebemos que éramos seguidos por uma figura sombria – agasalhada, absorta, carregando uma bolsa Gladstone.[5] Demos meia-volta e começamos a voltar para o caminho principal, então a figura também fez o mesmo. Não havia dúvidas – estava nos seguindo. Logo nosso indesejado "companheiro" estava tão perto que podíamos escutar sua respiração ofegante. Uma sensação boba de medo apoderou-se de mim, mas lutei para não me deixar tomar pelo pânico. Contudo, tão logo chegamos a uma rua maior, puxei Dowson para a claridade amiga dos lampiões a gás e gritei para ele: "Corra pra Diabo!".

Depois de nos livrarmos daquele viajante inoportuno, perguntei a Dowson se ele enxergara o rosto do homem. Não, não vira; eu tampouco. Mas ficamos ambos com a impressão de um espantalho agasalhado e sombrio nos perseguindo pelos becos vazios e carregando sua desgastada bolsa Gladstone.

Passadas algumas noites, estávamos em um bar tomando cervejas e Dowson apalpou os bolsos em busca do estojo de cigarros. Dowson – que escrevera o poema "Cynara", celebrizado mais tarde como título e tema de um filme famoso de Ronald Colman – era um sonhador distraído, que nunca conseguia colocar duas vezes o estojo no mesmo bolso. Naquele exato momento, alguém apareceu na porta do bar. Era alto e magro, com uma horrível bolsa Gladstone toda puída; uma figura mumificada, com uma capa de chuva gasta por cima de um sobretudo. O rosto estava quase completamente escondido por um lenço sujo de seda enrolado em volta do maxilar, como se sofresse de uma forte dor de dentes.

Sim! Era o mesmo indivíduo que nos seguira pelos becos dias antes. Parece estranho dizer isso, mas senti que aquela figura (ou deveria dizer, aquela personagem?) não era confinada pelos limites da idade – havia nela alguma estranha aparência extramundana. Parecia-me difícil vê-la como um ser humano *vivo*.

4. No original, *Blind Chivvy*.

5. A *Gladstone bag*, assim chamada em homenagem a W. E. Gladstone, grande viajante e por quatro vezes primeiro-ministro da Inglaterra (seu último mandato se deu no período 1892–1894), era uma bolsa de couro rígido, dividida em duas metades, considerada a antepassada das malas atuais. (N. T.)

Enquanto isso, Dowson remexia os bolsos em busca do estojo de cigarros, sem resultado.

Nesse ponto, a voz da figura mumificada disse: "Tente no bolso esquerdo do colete".

Dowson enfiou os dedos no bolso do colete e encontrou o que procurava. Levantamos os olhos e encaramos o olhar do visitante. Mais tarde, tentamos reconstruir por que aquele homem – aquela personagem – nos pareceu tão horrível: porque nos encheu de terror e repulsa. Não consigo lembrar de qualquer razão objetiva para achá-lo tão pavoroso e anormal. Mas concordamos em um ponto: que o visitante tinha um rosto frio, em relação ao qual Dowson afirmou: "lembrava-me uma bexiga de banha". Como pode-se imaginar, não demoramos com nossas cervejas. A ideia de falar com aquela personagem nos parecia intolerável; assim, esvaziamos os copos e sumimos.

Não foi a última vez que cruzamos com aquela figura sinistra. Certa noite, enquanto nos dirigíamos à casa de Dowson (acho que ficava no número 111 da Euston Road), vimos mais uma vez o homem da bolsa Gladstone gasta, ele estava a cerca de uns cem metros do corrimão de ferro em frente ao portão do prédio onde Dowson morava. Ficamos olhando (pasmos e assustados) enquanto a figura subia os degraus. Foi demais para nós. A ideia de dormir na mesma construção que aquela personagem parecia intolerável para Dowson – já que imaginamos que o desconhecido fora procurar um quarto para dormir –, por isso ele acabou dormindo na minha casa em Crouch End, por uma noite ou até mais.

Antes de dormir, ficamos conversando, tentando entender por que um vagabundo desamparado com sua bolsa Gladstone nos parecera tão mau e perigoso.

Não consegui convencer Dowson a voltar para a Euston Road até que se passassem alguns dias. Mas quando entrou no prédio, reparou que a dona da pensão estava muito agitada. Ela contou que um homem que alugara um quarto por uma semana fora encontrado morto na cama na manhã seguinte. Contou que não encontraram um centavo nos bolsos dele, e que em sua bolsa Gladstone, quando a polícia a abriu, só continha uma terra fofa, tipo húmus para jardinagem. Ninguém apareceu para revelar quem era o defunto, que foi sepultado em uma vala comum. Ele disse para a dona da pensão que se chamava Lazarus. Pelo que sei, a polícia não conseguiu encontrar parente ou amigo algum do homem.

Perguntei a Dowson, algum tempo depois, o que achava daquela história. Ele sacudiu os ombros e disse, com sua voz baixa e hesitante: "Vou-te dizer uma coisa, Hopkins. Aquela terra na bolsa, era terra de algum túmulo... E não foi Lázaro que 'veio andando para fora do túmulo, enfaixado até o pescoço com tiras de um lençol de algodão como se fosse uma múmia, e o rosto e a cabeça cobertos por um lenço'?".[6] Mesmo depois de muitos anos, consigo ver o rosto pálido de Dowson, e a luz sombria em seus olhos enquanto dizia essas palavras.

Às vezes acho que eu e Dowson tínhamos certa tendência em exagerar uma série de coincidências, mas para dizer a verdade, não acho que seja o caso desta história. Estou convicto de que aquela alma penada errante estava morrendo em pé – talvez de fome, procurando alguém que se apiedasse dela. Mas sua aparência era tão repugnante que ninguém lhe daria atenção. E acredito que, de fato, possuísse algum dom sobrenatural para ainda habitar seu corpo mesmo alguns dias depois da morte.

Artemísia: Um Drama Parisiense

por Marie Corelli

Marie Corelli (1855-1924) era um *best-seller* em sua época, fascinando os vitorianos com sua imaginação melodramática. Mesmo naqueles anos, foi considerada ridícula, e é assim lembrada até hoje, ainda que tenha alguns admiradores inesperados. Erica Jong lembra que, quando conheceu Henry Miller, "ele costumava desmanchar-se em elogios a Marie Corelli".

Com suas oitocentas páginas, *Wormwood* é um típico *triple-decker*, um formato muito popular na época vitoriana, em três volumes – ferozmente encurtados aqui –, nos quais Corelli mantém um nível inesgotável de exageros e excessos. Insanamente mórbido, trata-se de um livro que só poderia ser ilustrado por Edward Gorey.[7]

Jovem, rico e de boa família, a personagem de Corelli, Gaston Beauvais, tem um bom emprego no banco do pai e algumas ambições literárias não tão promissoras. Gaston se apaixona por Pauline de Charmilles, cujo pai é conde e amigo do pai de Gaston. Então este a pede em casamento e eles ficam noivos.

Infelizmente, Pauline se apaixona por Silvion Guidel, um jovem bonito e virtuoso, que pretende entrar para o clero. Ele é sobrinho de Monsieur Vaudron, um velho padre muito amado e respeitado pelas demais personagens do livro. Silvion também ama Pauline, e esta acaba pedindo a Gaston para romper o compromisso

6. Citação muito livre de Dowson do Evangelho segundo João, 11: 43. (N. T.)

7. Ver Capítulo 5.

entre ambos. Ele fica arrasado.

Gaston encontra um conhecido em um parque, um artista miserável chamado André Gessonex. Esse encontro irá mudar a vida de Gaston, porque Gessonex apresenta-o ao mundo do absinto:

> – Absinto! – diz Gaston. – Você gosta disso?
> – Se gosto? *Amo* absinto! E você?
> – Nunca experimentei.
> – Nunca provou! – exclamou Gessonex maravilhado. – *Mon Dieu*! Você nasceu e cresceu em Paris e nunca provou absinto?
> Gaston sorri do espanto do amigo.
> – Nunca! Vi muitas vezes outros bebendo, mas não gostei da aparência. O verde cor de remédio pareceu-me repulsivo!
> Riu com um pouco de nervosismo, e suas mãos tremiam [...]
> – Espero que não me obrigue a considerá-lo um idiota, Beauvais! Que ideia é essa: "cor de remédio!". Melhor pensar em esmeraldas derretidas. Aí, ao seu lado, está o cordial mais maravilhoso do mundo – tome-o e suas mágoas serão transmutadas. Você mesmo será transmutado! [...] A vida sem o absinto... Nem consigo imaginar!
>
> Levantou o copo, que brilhava palidamente contra a luz – suas palavras e modos me fascinavam, e uma vibração curiosa corria em minhas veias. Havia também algo espectral em sua expressão, como se o esqueleto do homem tivesse ficado de repente sobre a pele – como se a Morte tivesse aparecido por um instante por trás do véu da Vida. Fixei meus olhos no líquido verde-claro que ele elogiava tanto – será que tinha mesmo um encantamento tão poderoso?
> – De novo! – murmurou ele fervorosamente, com um sorriso estranho. – Mais uma vez! É como a vingança: amarga no começo, mas doce no final!

Beauvais começa a gostar de absinto e passa a se convencer com o discurso de Gessonex: "Você quer me dizer", perguntei sem acreditar, "que o absinto – do qual ouvi dizer que é a maldição de Paris – é a cura para todas as desgraças humanas?".

As coisas vão bem e Gessonex sente-se benevolente: "o único bem que posso fazer em troca de todos os seus atos de amizade é apresentá-lo à Fada de Olhos Verdes – como é chamado aquele néctar extraordinário. É uma fada mágica! – um gesto da vareta de opala, e qualquer aflição é oportunamente guilhotinada!". Gaston sente agora o efeito da nova substância:

Deixei-o continuar sem interrompê-lo – de minha parte, sentia-me confortável e sonolento para falar. Olhava a fumaça de meu cigarro serpentear na penumbra em pequenas espirais até o teto – pareciam brilhar de cores fosforescentes enquanto viravam e viravam e derretiam. Fora-me concedido um momento mágico de paz completa e inesperada...

Gessonex pergunta se Beauvais se sente melhor:

– A "fada verde" curou a perturbação de sua mente?
– Sim – diz Beauvais. – Não sei o que estava acontecendo comigo, mas agora sinto-me eu mesmo de novo.

Tal comentário faz Gessonex cair em uma gargalhada de louco – o que ele é de fato –, e é a deixa para seu grande discurso:

– Que bom! Estou feliz! Quanto a mim, eu nunca sou eu – sou sempre outro! Gozado, não é? O fato é – e baixou a voz para sussurrar confidencialmente "que tive uma experiência única em minha vida, ao mesmo tempo rara e notável. Eu me matei e participei de meu próprio funeral! Sim, é verdade! Velas, padres, panos pretos, cavalos de rabo comprido – *toute la baraque* –, com direito a tudo, sem economias, entendeu? Meu cadáver estava em um caixão aberto – tenho uma curiosa repulsa a caixões fechados –, estava aberto para a noite, com as estrelas olhando de cima. Tinha uma cara jovem na época, e era fácil acreditar que também tinha olhos lindos. Havia escolhido violetas brancas para a grinalda sobre o coração – são flores encantadoras, com seu perfume delicado, você não acha? E a longa procissão até o túmulo foi seguida por multidões chorosas de Paris: – Morreu! – gritavam. – Nosso Gessonex! O Rafael da França!
– Oh, foi uma visão e tanto, *mon ami*! Nunca antes houve tanto pesar nesta Terra – eu mesmo chorei, solidário às condolências de meus compatriotas! Fiquei de lado até que todas as flores tivessem sido jogadas na cova aberta – pois eu era o sacristão! –, e esperei até o cemitério ficar deserto e na escuridão, então me apressei em sepultar a mim mesmo, amontoando às pressas a terra sobre minha juventude defunta, pisoteando-a com cuidado para nivelá-la. O Rafael da França! Ali jaz, pensei, e ali poderia ficar, pelo que me diz respeito – eu era apenas um gênio e, como tal, não tinha serventia terrestre.

É evidente que Gessonex é louco e que sua demência é teatral ("sua voz queixosa era uma estranha mistura de *páthos* e desdém – e a luz intensa em seus olhos cresceu até o ponto de uma fúria flamejante da qual recuei sem querer"). Quando finalmente se separam, e Gessonex desaparece na esquina, com seu andar de maluco ("seu estilo habitual, meio alegre e meio trágico"), Beauvais se dá conta do que acabara de acontecer consigo. Ele se tornara um *absintheur*.

> Poderia gritar alto, no semidelírio da intoxicação febril que queimava meu cérebro! [...] meu encontro fortuito com ele era predestinado! Dera a oportunidade de o Diabo fazer um bom trabalho – calcinar a virtude em um único instante e das cinzas fazer renascer o vício –, transformar um coração doído em pedra – e fazer de um homem um demônio!

E aqui termina o primeiro volume. Logo no início do segundo volume há uma citação de Charles Cros,[8] essencial para o desenvolvimento da ação e das motivações de Gaston. A percepção anterior do bem em sentido moral de Gaston, segundo ele, não está reduzida, mas "subvertida" por causa do absinto. "Maravilhoso Absinto! Como é que o poeta canta?"

> Com o absinto, com esse fogo,
> Poderemos nos alegrar um pouco,
> E encarnar nosso papel em algum drama![9]

Essa será a motivação do comportamento tresloucado e brutal de Gaston. Agora, Beauvais fala para si mesmo como um *absintheur* viciado:

> O efeito do absinto não poderia ser mais oposto ao da morfina. Uma vez absorvido pelo sangue, surge uma constante, uma clamorosa irritação que se prolonga até novos goles do delicioso veneno, que é o único que pode acalmar e apaziguar [...] Fui andando pelo Boulevard Montparnasse, entrei em um dos melhores e mais badalados cafés, e logo pedi o elixir pelo qual minha alma ansiava! Que sensação de expectativa vibrante estremecia minhas veias enquanto preparava a poção opalescente esverdeada, cuja influência mágica escancarava os portões da terra dos sonhos! – com que êxtase prolongado sorvia até as derradeiras gotas dois copos inteiros –, o suficiente, posso afirmar, para estremecer cérebros muito mais

8. Ver Capítulo 5.

9. No original: Avec l'absinthe, avec ce feu/ On peut se divertir um peu/ Jouer son rôle en quelque drame!

> lerdos e apáticos que o meu! As sensações que se seguiram foram mais agudas, tanto física quanto mentalmente, que na tarde anterior – e quando, por fim, saí do café e voltei para casa, por volta de meia-noite, meu caminho era rodeado dos mais extraordinários encantamentos. Por exemplo: não havia lua, e as nuvens no céu encobriam todas as estrelas – no entanto, enquanto perambulava vagarosamente pela Champs Elysées, de repente um planeta verde brilhante cruzou a escuridão do espaço e inundou meu caminho com seu esplendor. Seus raios ofuscantes me envolveram, e as folhas molhadas das árvores acima brilhavam como pedras preciosas; e eu observava o halo ardente espalhar-se em volta de mim como um aro líquido, sabendo o tempo todo que nada mais era que uma imagem da minha fantasia. *Elixir vitae*! – o segredo tão ardentemente procurado por filósofos e alquimistas! – o havia encontrado, até mesmo eu! – eu era como um deus com poder para criar e saborear as criações de meu cérebro fértil...
> [...] nós, parisienses, não ligamos se nossos pensamentos fluem em canais sadios ou mórbidos, desde que a busca de si e do prazer seja saciada. Meus pensamentos, por exemplo, estavam envenenados, mas eu tirava o maior prazer desse envenenamento!

As alucinações de Gaston se prolongam até ele chegar à porta de sua casa:

> A porta estava drapejada solenemente de um tecido preto, como em um funeral, e cheguei a ver escrito em cima, em cintilações esmeraldinas pálidas mas brilhantes:
>
> LA MORT HABITE ICI[10]

Gaston fica cada vez mais duro e insensível em relação à Pauline: "Agora era eu quem ditava as regras do jogo, eu e minha fada de olhos verdes, cujos conselhos mágicos seguia sem hesitação". Ele mudou a ponto de o bem parecer anormal e absurdo, e de seus comportamentos e ideias anteriores ficarem virados pelo avesso por causa do absinto, como ele mesmo explica:

> Deem-me o jovem mais lindo que já tenha alegrado o coração de sua mãe – que seja herói, santo, poeta, o que queiram –, deixem-me fazer dele um *absintheur*! – e o herói se tornará covarde, o santo virará libertino, o poeta volverá bruto. Não acreditam? Venham para Paris, observem nossa geração atual de bebedores

10. A morte mora aqui. (N. T.)

> de absinto, *absintheurs*, e então glorifiquem o inglês Darwin! Porque foi um sábio de seu tempo, embora, de tanto saber interpretar o passado, tenha perdido a capacidade de antever o futuro. Traçou, ou poderia ter traçado, a ascensão do homem desde o macaco, mas não soube prever o declínio do homem de volta ao macaco. Não estudou os parisienses o suficiente!

O darwinismo é uma das muitas correntes da época que Corelli introduz no livro: há também fortes ligações com o naturalismo de Zola e com as ideias de degeneração patológica que Max Nordau expusera em seu livro homônimo.

Enquanto isso, Silvion virou padre, portanto, não pode casar com Pauline, e Gaston se oferece para desposá-la apesar de tudo. "Sei por que você faz isso", diz Pauline, "para comprazer meu pai – e comprazer o bom M. Vaudron –, para salvar sua honra e evitar escândalo". Ela não sabe que Gaston está encarnando um papel, conforme Charles Cros. Na noite anterior ao casamento, ele toma "seu néctar favorito – copo após copo", até começar a alucinar. As paredes de seu quarto lhe parecem "vidro transparente atravessado por chamas cor de esmeralda. Cercado de fantasmas – belos, horríveis, angélicos, demoníacos –, revirava em minha cama em uma espécie de desmaio acordado, consciente de estranhos sons em toda parte".

Ele se sente dividido em "duas pessoas, lutando entre si em um combate mortal", e na manhã seguinte:

> Fui tomado por uma sensação extraordinária, como se uma grande força fora jogada através de mim, obrigando-me a atos estranhos sem perceber claramente sua natureza [...] Lembrei-me daquela bruxa branca, seminua, que fora minha principal companheira na fantasmagoria voadora da loucura da noite anterior. Com que velocidade ela me levara para as moradias esquecidas dos mortos [...] Oh, era mesmo um fantasma bem alegre e corajoso, aquela minha bruxa do absinto!

Diante do altar, ele de repente se recusa a casar com Pauline, acusando-a publicamente de ser a amante abandonada de Silvion. Pauline desmaia, mas Gaston percebe tudo como mais um drama barato: "uma cena curiosa – um tanto teatral, na verdade, como a representação de uma ópera romântica –, me dava vontade de rir".

Quando Gaston encontra o pai na rua, o velho Beauvais se diz horrorizado com o que o filho fez com Pauline. Só um louco, diz ele, ou "um *absintheur* delirante [...] uma besta", seria capaz de tanta ferocidade gratuita, não um ser humano racional. Gaston não revela seu segredo, porém, mais tarde, saboreia a situação: em vez de casar com Pauline, "no coração do meu coração, um casamento maravilhoso fora consumado – uma união indissolúvel com a bela bruxa selvagem do absinto de meus sonhos! –, ela, e só ela, deveria compartilhar de minha carne e de meu sangue dali para a frente, eu juro!".

Pauline está desaparecida, e sua prima Heloïse St. Cyr suplica a Gaston que a ajude a encontrá-la. Da mesma forma que Baudelaire fala diretamente ao seu *hypocrite lecteur*, Gaston conversa diretamente com os leitores de Corelli, convencido de serem tão egoístas quanto ele:

> Vamos então, metaforicamente, apertar as mãos para sancionar nossa irmandade declarada – já que, apesar de ser, não tenho dúvidas, muito respeitável, enquanto eu mesmo sou bastante desprezível –, apesar de ser tudo o que a sociedade aprova, enquanto eu sou um bebedor de absinto proscrito da vida civilizada, um pária fugidio dos guetos e becos de Paris, ambos – sim, querido amigo, posso-lhe garantir –, eu e você, cultuamos a nós mesmos, o Eu!

O pai de Pauline, o conde, convoca Gaston. Um criado o introduz ao escritório onde o conde está rigidamente sentado em uma poltrona. Em cima da mesa há um estojo aberto com várias pistolas, e Gaston percebe – ao mesmo tempo que zomba mentalmente da ideia da honra – que o conde pretende desafiá-lo para um duelo. Mas o que há com o conde, que fica ali sentado sem dizer nada? O conde parece olhar para Gaston com "uma dignidade dos velhos tempos" e "um desdém mudo, mas majestoso", mas de repente seu maxilar despenca; já está morto. Os atos de Gaston acabaram matando-o, mas "Minha carreira era imaculada, a não ser pelo rastro verde de baba de absinto que ninguém conseguia enxergar". Ele culpa Pauline: "Deu-me certo prazer sinistro passar a considerá-la uma parricida!".

"É a partir daquele período", diz Gaston, "que posso começar a datar minha rápida carreira para baixo": uma carreira que, apesar de tudo, "me propiciou, do ponto de vista pessoal, uma variedade inestimável de prazeres". Gaston aluga um quarto em um hotel desconhecido, usando um nome falso, para poder viver plenamente sua nova vida. E quando anda por Paris, escolhe as ruas menos frequentadas, não só para evitar cruzar com conhecidos, mas também por ser onde é mais provável que encontre Pauline, agora que ela caiu em desgraça.

Em uma dessas caminhadas, Gaston vê um padre à beira do Sena e o reconhece. "Você! Você!", resmunga, sufocando de raiva, "Silvion Guidel!". Silvion nada sabe sobre os terríveis acontecimentos; ele acredita que Gaston e Pauline estão casados. Gaston o coloca a par: Pauline está no meio da rua e o pai dela está morto. Silvion lembra a Gaston que Pauline nunca o amou; Gaston, depois de uma luta selvagem, o esgana e depois joga o corpo no rio.

Uma semana depois, em uma ruela miserável, Gaston vislumbra Pauline, mas não consegue alcançá-la. No mesmo bairro, ouve uma risada sonora; era Gessonex, o louco risonho, que vive naquele mesmo cortiço: "com uns gestos exagerados de cortesia delirante, ele me convidou para acompanhá-lo!".

A situação doméstica de Gessonex não é das melhores. Mora com uma criança meio selvagem, que caça ratos e os come (Gessonex, pelo contrário, chegou a um estágio em que considera a comida "uma superfluidade vulgar"). A criança, diz Gessonex, é "uma produção do absinto [...] da junção de Absinto e Mania". Assim como nos romances *Les Rougon-Macquart*,[11] de Zola, que acompanha os efeitos da pobreza e do álcool em uma família ao longo de várias gerações, a criança representa um estudo dos efeitos da herança biológica e do ambiente, a descendência de uma linha degenerada pelo absinto. O avô de Gessonex era um cientista conhecido, mas o pai, viciado em absinto, tornou-se ator. O próprio Gessonex ligou-se a uma dançarina chamada Fátima, mas o "elixir cor de esmeralda" o levou à loucura, a ponto de ele se convencer de que Fátima era "uma serpente escamosa cujos olhos de basilisco o atraíam contra sua vontade, e cujo abraço sinuoso o sufocava".

Gessonex vai parar em um asilo para doentes mentais, onde consegue estrangular a si mesmo. A criança é a descendência "do *absintheur* e da 'serpente', engendrada pela obsessão e nascida da apatia". Gessonex se interessa por ela do ponto de vista científico: "Acho que agora sei como podemos voltar para o período do embrutecimento primordial, se assim o quisermos – vivendo unicamente de Absinto!". Era exatamente aonde Gessonex gostaria de chegar: "A civilização é uma danação. A moralidade é um enorme obstáculo à liberdade".

Gessonex mostra para Gaston sua obra-prima – a pintura de um padre desesperado abrindo à força o ataúde de uma linda mulher – antes de sugerir um programa "divertido": visitar a Morgue parisiense (o necrotério de Paris era uma visita corriqueira e muito apreciada na época; Dickens o visitava sempre quando estava na cidade).

> Porque já chegou o amanhecer, *mon ami*, e o encanto da luz elétrica é capaz de dar graça aos mortos! Se nunca esteve lá a essa hora, será uma experiência nova para você – de verdade, um exercício extremamente interessante para qualquer um dotado de temperamento artístico! Eu prefiro isso ao teatro!

---

11. Vinte romances escritos por Émile Zola entre 1871 e 1893 (entre os quais os mais famosos são *Germinal*, *Naná* e *A besta humana*), com o subtítulo de "História natural e social de uma família sob o Segundo Império" e inspirados na *Comédia humana*, de Balzac. (N. T.)

Antes de sair, Gaston dá dois francos para a criança, que solta "um absurdo guincho de êxtase" que ressoa no quarto, beijando o dinheiro. "É uma criatura estranha!", comenta Gessonex.

No caminho para a Morgue, Gessonex levanta o chapéu puído para qualquer mulher, até para as mais anônimas e decaídas. Na Morgue, eles descobrem o cadáver horrivelmente desfigurado e apodrecido de Silvion Guidel, pondo à prova o autocontrole de Gaston. O encarregado do necrotério acha que o padre se suicidou, enquanto Gessonex, com seus conhecimentos de anatomia, está convencido de que foi assassinado. Obviamente, Gaston tenta mudar de assunto, e quando Gessonex faz um desenho do padre morto, Gaston o rasga em pedacinhos: "Achei que fosse lixo! Peço desculpas! É impressionante como fico distraído de vez em quando – *desde que comecei a tomar absinto*!".

De volta à rua, ambos ficam nervosos: Gessonex vê a aparição de um credor atrás deles, e logo depois Gaston imagina ter visto Silvion na rua. Depois de algumas digressões sobre Zola, ateísmo e a condição moral de Paris, Gaston fica feliz de se enterrar em um café. "Em que refúgio de demônios e macacos poderia esconder-me...?", ele se pergunta.

No terceiro volume, Gaston está rolando cada vez mais ladeira abaixo. Enquanto anda pela Avenue de l'Opéra, vê um navio sendo construído e lançado a um mar verde, para, logo depois, dissolver-se e transformar-se em um esqueleto. "É obra de minha bruxa do Absinto! – a lanterna mágica de imagens absurdas é inexaurível!". Pessoas submetidas à sua influência não são nada raras em Paris: "Há várias pessoas na *fúria* do Absinto [...] homens prontos a enredar qualquer criança que se assemelhe a uma mulher, e não só estuprá-las, mas mutilá-las e matá-las".

Gaston acaba encontrando o pai na rua outra vez e lhe confessa a verdade: ele se tornou um *absintheur*. O velho Beauvais fica escandalizado:

> – Está-me dizendo que virou *absintheur*? Você sabe o que isso significa?
> – Acho que sei – respondi com indiferença. – Significa, afinal, a morte.
> – Oh, fosse só a morte! – exclamou ele apaixonadamente [...] – É muito mais que isso: significa brutalidade, crueldade, apatia, sensualidade e obsessão! Você se dá conta da desgraça que está criando para si mesmo, ou nem conseguiu pensar nisso?
> Fiz um gesto de cansaço.
> – *Mon père*, essa excitação toda é um tanto desnecessária! [...] E ainda imaginando que eu fique louco como você sugere de forma tão simpática, há loucos que

> são realmente invejáveis. Eles se imaginam reis, imperadores, papas, e por que não, levam uma existência como qualquer outra, imagino!
> – Basta! – e meu pai fixou os olhos em mim. – Não quero escutar mais justificações para o vício mais degradante e nojento desta nossa cidade e época.

Em seguida, despede Gaston do banco, mas Gaston já não se preocupa.

> Detesto tudo o que é honesto! Faz parte de minha nova profissão detestar – e ri feito um louco. A honestidade é uma afronta mortal para um *absintheur*! Você não sabia? Contudo, apesar da grave ofensa, não vou brigar por isso – ficaremos em bons termos! *Adieu*!

Gaston relata mais dois encontros em suas andanças: primeiro, vê uma mulher inglesa na Champs Elysées, "a encarnação viva da feminilidade doce e sem manchas", que o faz – ele que se considera um nojento *absintheur* – "esgueirar-se à sua passagem, afastar-se e esconder-se". Seu outro encontro é mais cordial. Enquanto está remexendo de forma meditativa a "poção esmeralda" em um café, aparece, animado como sempre, ninguém menos que Gessonex. Este o cumprimenta levantando o chapéu com um floreio, enquanto examina apreciativamente a bebida que Gaston prepara:

> O velho cordial! – diz rindo. – Que abençoado remédio para todos os males da vida! Quase tão bom quanto a morte – talvez menos garantido no efeito.

Gessonex senta para tomar um também, e compra uma cópia do *Journal Pour Rire*, que faz emergir um inesperado lado moral em Gaston: uma charge específica no jornal é "indecente de forma tão gratuita que, mesmo acostumado a ver os parisienses degustar lixo literário e artístico com o deleite de urubus disputando carniça, fiquei um tanto surpreso que fosse tolerado tal exemplo de grosseria absoluta". Logo depois, escuta um disparo: talvez desesperado pela falta de atrativo comercial de sua obra, Gessonex se matara com um tiro na cabeça. Enquanto estava vivo, passava fome, mas, depois de morto, é aclamado como gênio.

Gaston encontra Héloïse St. Cyr, que fica chocada com seu aspecto decadente. Ela conta, tarde demais, que outrora estivera apaixonada por ele, mas que agora não sentia mais nada. Eles falam de Pauline – *ainda desaparecida* –, do pai dela – *morto* –, e de Silvion – *também desaparecido*. "O que você acha que aconteceu com ele?", pergunta Gaston de repente. "Talvez esteja morto. Talvez.", acrescenta, começando a rir como um louco, "tenha sido morto! Já pensou nisso?". O olhar de ambos se cruzam, e Heloïse solta um grito de horror antes de se virar e fugir.

Gaston continua obcecado com a ideia de encontrar Pauline; "é a única coisa, a não ser o Absinto, que despertava um mínimo interesse em mim". E um dia a encontra cantando na calçada com a mão estendida para pedir esmolas aos passantes. Ela lhe conta mais uma vez de seu amor puro por Silvion Guidel, o que incita Gaston a contar-lhe o que aconteceu com o padre: "Está morto, eu lhe digo! Morto de verdade! Quem pode saber melhor que eu, pois eu mesmo o *matei*!".

> Como as mulheres são bobas!, diz Gaston para si mesmo.
>
> [...]
>
> Uma simples palavra! *Matar*, por exemplo, uma palavra de cinco letras, é ridículo que tenha um efeito devastador sobre os nervos humanos! Na boba da Pauline, caiu como uma pedra [...]

Pauline desmaia. Enquanto fica inconsciente, Gaston sente vontade de beijá-la. Ela acorda e começa a gritar: "Assassino! Assassino!... *Au secours*! *Au secours*!". Gaston a agarra e a força a ouvir toda a história, enquanto ela estremece e geme. Enquanto fala, Gaston é assombrado por uma vaga aparição fosforescente de Silvion, que se arrasta furtivamente perto deles: "Ali está ele!", diz Gaston para Pauline. De repente Pauline começa a correr, perseguida por Gaston, até a Pont Neuf, de onde se joga nas águas escuras e rodopiantes do Sena.

"Pauline! Pauline!", grita Gaston para as águas. "Eu te amava! Você despedaçou meu coração! Arruinou minha vida! Foi você quem me tornou o que sou! Pauline! Pauline! Eu te amava!". Ele desmaia. No dia seguinte, acorda, ainda deitado na Pont Neuf, e relembra os eventos da noite anterior. "Como tudo parecia estranho! Como diriam os críticos: tão *melodramático*!"

Os pensamentos de Gaston são interrompidos pela aparição aterradora de um leopardo de olhos verdes na ponte, até que um trabalhador da madrugada passa através do bicho. Gaston levanta e começa a andar, pois sabe que o leopardo fantasma ainda o persegue. Gessonex sempre olhava de forma desconfiada para trás, lembra Gaston. "E tentei imaginar, sem muita convicção, que tipo de criatura a fada do Absinto mandara atrás de mim de forma tão persistente para que não achasse outra forma de escapar além do suicídio".

Gaston quase chegou ao fundo do fundo. "Aqui estou, um *absintheur* na Cidade do Absinto, e não há glória para mim, tampouco para você, Paris, frívola, ateia, lasciva, domínio do Pecado!" Gaston volta para a Morgue como uma assombração, desesperado para ver Pauline novamente, até que, dois dias depois, o corpo sem identificação chega ao necrotério. Seu primeiro pensamento é que ela deveria ter um funeral adequado, mas depois tem um prazer sórdido diante da ideia de o cadáver ser jogado na vala comum dos miseráveis.

> O cérebro de um *absintheur* crônico é capaz de aceitar a ideia mais revoltante como algo bonito e justo. Se tiver dúvidas sobre o que estou afirmando, busque informações em qualquer um dos grandes manicômios na França, pergunte sobre as aberrações dos viciados em absinto, a maioria dos cérebros incuráveis, e ouvirá o suficiente para ter material para cem histórias bem piores que a minha!

O encarregado do necrotério percebe que Gaston está interessado naquele corpo específico, mas Gaston nega conhecê-la: "uma *fille de joie*, sem dúvida!". De repente, repara em "dois olhos firmes, brilhantes, cheios de aflição", que lhe transmitem "repreensão atônita". É Heloïsa, que veio buscar sua prima. A vingança de Gaston é frustrada.

> O que havia para fazer nesse ponto? Nada, a não ser tomar Absinto! Com a morte de Pauline, não sobrara mais nenhum intento, nenhum objetivo na vida. Não me importava nada nem ninguém; e, no que dizia respeito ao meu antigo lugar na sociedade, eu não deixara vazio nenhum.

Agora, ele observa de longe, no cemitério do Père-Lachaise, o enterro de Pauline:

> Eu, eu sozinho trouxera toda essa desgraça para aquela família, outrora orgulhosa, hoje decaída e enlutada! Eu e o Absinto! Se tivesse permanecido aquele mesmo Gaston Beauvais de antes, se naquela noite em que Pauline me confessou sua vergonha eu tivesse escutado a voz da piedade no meu coração, se eu nunca tivesse encontrado Gessonex... imagine! O tanto que depende de um "se"!

Cai a noite e Gaston continua se escondendo.

> Os guardas do Père Lachaise patrulharam o lugar como de costume e trancaram os portões – e eu fiquei preso, era exatamente isso o que eu queria. Só, completamente só na escuridão da noite, levantei os braços em um delírio de êxtase: essa Cidade dos Mortos era toda minha naquele momento! E eram meus todos os cadáveres putrefatos na terra! Eu era o soberano absoluto dessa grande extensão

> de túmulos! Então corri para a prisão de mármore na qual estava encerrada Pauline, atirei-me no chão diante dela, e chorei e delirei e praguejei e a chamei por todos os nomes e palavras afetuosas que consegui imaginar! O terrível silêncio me deixava louco! Fiquei batendo na grade de ferro com os punhos até sangrarem: "Pauline!" – gritei. "Pauline!"

Nesse ponto Gaston começa a enxergar "Rodas de fogo no ar, grandes e cintilantes aves de rapina arremetendo com suas garras abertas para me agarrar, redemoinhos verdes no chão nos quais parecia que eu ia cair enquanto andava". Gaston sente a necessidade de se confessar, e o faz ao padre Vaudron. Este fica enlouquecido com a revelação de que Gaston matou seu amado sobrinho. Vaudron não pode conceder-lhe o perdão, mas Gaston lembra-lhe de que isso está vinculado ao segredo confessional.

Depois de outra bebedeira, Gaston passa tão mal que alguém chama um médico, o que confirma que seus sofrimentos são causados pelo absinto:

> – Você tem de parar já – disse o médico de forma peremptória. – De uma vez por todas. É um vício detestável; uma mania horrível dos parisienses, os quais estão sofrendo estragos no sangue e no cérebro por causa da paixão por esse veneno. O que isso relegará à próxima geração, tenho até medo de pensar! [...] Devo informar-lhe que, se você persistir em tomar absinto, se transformará em um maníaco sem esperança.

Gaston ainda se agarra a uma última esperança, lembrando-se de Heloïse St. Cyr. Irá encontrá-la, pedir piedade, e tentar largar o absinto por ela; só Heloïse pode livrá-lo da maldição da bebida. Quando chega à mansão dos St. Cyr, depara-se com uma casa ornada de preto, as portas abertas. Alguém morreu. "Deve ser a velha condessa", pensa Gaston, enquanto caminha entre lírios brancos e nuvens de incenso ao entrar na casa. Mas a figura deitada na *chapelle ardente* é Heloïse. "Morta!", grita Gaston. "Morta!". Rastejando no chão em uma agonia selvagem, Gaston arrancava punhados de flores da camada sobre a qual estava deitada Heloïse: "Eu grunhia, soluçava, delirava! Poderia ter me matado no furioso frenesi de horror e desespero daquele momento".

Gaston perdeu tudo. Em um lampejo de consciência, percebe que há um Deus, o mesmo Deus que criou a artemísia. No final, acaba sacrificando seus últimos vestígios de lucidez e transformando-se em um *absintheur* de verdade:

> *Absintheur, pur et simple! – voilà tout.* Sou algo mais abjeto que o pior mendigo

> que se arrasta pelas ruas de Paris choramingando por alguma esmola! Sou uma fera cambaleante, meio homem, meio macaco, esgueirando-se para não ser vista, por causa do aspecto tão decaído, do corpo estremecido pelo delírio, dos olhos tão assassinos, que, se alguém me encontrasse por acaso durante o dia, poderia gritar de medo! Mas ninguém corre o risco de me ver assim: a luz do dia e eu não somos mais amigos. Transformei-me em um morcego ou em uma coruja, porque detesto o sol! [...] Vivo à noite; de noite saio furtivamente para misturar-me às outras coisas obscenas de Paris, e com minha simples presença, acrescento nova poluição aos venenos morais que pairam no ar! Ganho alguma coisa com as comissões mais vis, ajudo os outros no vício, e, sempre que tiver oportunidade, arrasto comigo para a perdição algum jovem mais fraco. Alguns queridinhos da mamãe na beira do abismo, eu dou o empurrãozinho final! [...] Por vinte francos, posso matar, ou roubar – todos os *absintheurs* de verdade podem ser comprados! Eles são a degradação de Paris, o câncer da cidade, escravos de uma loucura odiosa e insaciável que só a morte pode curar.

No final, outro viciado em absinto, um químico miserável, pede que Gaston lhe dê absinto em troca de um veneno mortal – "uma simples troca amigável de venenos" –, que Gaston pretende engolir tão logo tenha coragem.

A TURMA DE WILDE, Smithers e Dowson não gostava de Marie Corelli. Wilde contou para William Rothenstein que um guarda na prisão lhe perguntara sobre a moral de Corelli, e Wilde teria respondido que não havia nada errado com a moral dela, mas que "teria de estar presa aqui" pelo que escrevia. Ernest Dowson relata em uma carta para Arthur Moore que "meus amigos, sem dúvida com as melhores intenções, trouxeram um livro de Marie Corelli para eu ler". Seria interessante saber qual livro era, mas qualquer um que fosse, é difícil imaginar que possa ter levantado a moral de Dowson.

Poesia Francesa

O tema do absinto inspirou largamente a poesia francesa. Parte significativa desta produção pode ser encontrada no livro de Marie-Claude Delahaye, *Absinthe Muse Des Poètes*. Aqui estão alguns exemplos.

Raoul Ponchon (1848-1937), prolífico versificador, que chegou a publicar nada menos que 150 mil poemas em pouco mais de quarenta anos – começou tarde –, dos quais em torno de 7 mil são dedicados às bebidas alcoólicas. O poema a seguir, de 1886, mostra a persistente associação entre absinto e morte.

Absinto, te adoro, por certo!
Parece-me, quando te tomo,
Inalar a alma dos jovens bosques,
Durante a bela estação verde!

O frescor de teu perfume me desconcerta,
E na tua opalescência enxergo
Os céus outrora habitados,
Como através de uma porta aberta.

Que importa, ó refúgio dos danados!
Que sejas um paraíso vão,
Se aplacares meu desejo;

E se, antes de alcançar meu destino,
Ajudas-me a aguentar a vida,
Acostumando-me à morte.[12]

Gustave Kahn (1859-1936) estava associado ao simbolismo, e mais tarde escreveu uma história do movimento. Mallarmé louvava sua forma de escrever, nem verso nem prosa, como este hino ao absinto, um objeto feminino que tudo abrange:

12. No original, "Absinthe": Absinthe, je t'adore, certes!/ Il me semble, quand je te bois,/ Humer l'âme des jeunes bois,/ Pendant la belle saison verte!// Ton frais parfum me déconcerte,/ Et dans ton opale je vois/ Des cieux habités autrefois,/ Comme par une porte ouverte.// Qu'importe, ô recours des maudits!/ Que tu sois un vain paradis,/ Si tu contentes mon envie;// Et si, devant que j'entre au port,/ Tu me fais supporter la vie,/ En m'habituant à la mort.

Absinto, mãe de todas as alegrias, ó
licor infinito, cintilas em meu copo
como os olhos verdes pálidos da
amante que um dia amei. Absinto,
mãe das alegrias, como Ela,
deixas no corpo a lembrança de dores remotas;
absinto, mãe
das loucas fúrias e das bebedeiras cambaleantes,
nas quais podemos, sem nos sentirmos
dementes, nos proclamar amados pela amada.
Absinto, teu perfume me embala...[13]

Joséphin Péladan (1850-1918), figura central do *revival* ocultista na França do século XIX, fundou a própria ordem mística, o *Salon de la Rose-Croix*. Apaixonado pelo exotismo e pelos rituais, ficou famoso por organizar tardes "estéticas". O tema do poema a seguir é a imagem de Félicien Rops, *La Buveuse d'Absinthe*, da qual J. K. Huysmans escreveu: "a menina mordida pelo veneno verde apoia as costas exaustas contra uma coluna do Bal Mabille, e parece que o duplo da Morte Sifilítica virá cortar o fio destroçado de sua vida".

Oh Rops, estou transtornado. A dúvida torceu
Minha alma! – Se voltares do medonho inferno,
Qual demônio te fez ler em sua caveira partida
Os eternos segredos desse cúmplice do Diabo.

A Mulher? Tu a pintaste, a Esfinge impenetrável;
Mas o Enigma sobrevive confuso na minha frente.
Fala, diz, o que viste no abismo insondável
De seus olhos transparentes como os de um enforcado.

Quais relâmpagos aureolaram tuas meninas educadas?
Que estupro depravado, que amor devastado
Coloca reflexos de absinto em suas melancolias!

---

13. No original: Absinthe, mère des bonheurs, o/ liqueur infinie, tu miroites em mon verre/ comme les yeux verts et pâles de la/ maîtresse que jadis j'aimais. Absinthe,/ mère des bonheurs, comme Elle, tu/ laisses dans le corps un souvenir de lointaines douleurs;/ absinthe, mère/ des rages folles et des ivresses titubantes,/ ou l'on peut, sans se croire/ un fou, se dire aimé de sa maîtresse./ Absinthe, ton parfum me berce...

Que vil horror toca tua Verdade?
Rops, faz Satã falar, pregador de impiedade,
Que esmague minha fronte sob montes de desvario![14]

Antonin Artaud (1896-1948) evoluiu de um engajamento inicial com o surrealismo até desenvolver as próprias ideias idiossincrásicas rumo ao chamado "teatro da crueldade", inserindo elementos primitivos e rituais no drama teatral. Ao mesmo tempo, sua vida foi se destroçando por causa da doença mental e do vício em drogas. Em "Verlaine bebe", poema esquizoide de sua juventude, evoca uma época já bastante distante daquela em que foi escrito.

Sempre haverá putas nas esquinas,
Conchas perdidas nas praias estrelares
Da noite azul que não é daqui nem da terra,
Na qual rodam táxis com besouros aturdidos.

E rodam menos que em minha cabeça confusa
A pedra verde do absinto no fundo do copo,
No qual tomo a perdição e os estrondos
Que vêm do Senhor calcinar minha alma nua.

Ah! Que rodem os fusos misturados das ruas
E fiem o enredo de homens e mulheres,
Como uma aranha tecendo sua trama
Com filamentos das almas reconhecidas.[15]

14. No original, "À Félicien Rops": Ô Rops, je suis troublé. Le doute m'a tordu/ L'âme! – Si tu reviens de l'enfer effroyable,/ Quel démon t'a fait lire en son crâne fendu/ Les éternels secrets de ce suppôt du Diable.// La Femme? Tu l'as peint, le Sphynx impénétrable;/ Mais l'Énigme survit devant moi confondu./ Parle, dis, qu'as-tu vu dans l'abîme insondable/ De ses yeux transparents comme ceux d'un pendu.// Quels éclairs ont nimbé tes fillettes polies?/ Quel stupre assez pervers, quel amour dévasté/ Mets des reflets d'absinthe en leurs mélancolies!// À quelle basse horreur sonne ta Vérité?/ Rops, fais parler Satan, prêcheur d'impiété,/ Qu'il écrase mon front sous des monts de folie!

15. No original, "Verlaine boit": Il y aura toujours des grues au coins des rues,/ Coquillages perdus sur les grèves stellaires/ Du soir bleu qui n'est pas d'ici ni de la terre,/ Où roulent des cabs aux élytres éperdues.// Et roulent moins que dans ma tête confondue/ La pierre verte de l'absinthe au fond du verre,/ Où je bois la perdition et les tonnerres/ À venir du Seigneur pour calciner mon âme nue.// Ah! Qu'ils tournent les fuseaux mêlés des rues/ Et filent l'entrelacs des hommes et des femmes/ Ainsi qu'une araignée qui tisserait sa trame/ Avec des filaments des âmes reconnues.

Raymond Queneau – O Voo de Ícaro

O pequeno drama a seguir faz parte do romance cômico em forma teatral de Raymond Queneau, *O voo de Ícaro,* e volta ao ritual capital da preparação adequada do absinto.

Na taberna Le Globe et Deux Mondes, na Rue Blanche, só havia uma mesa livre, que parecia estar esperando Ícaro. E estava mesmo. Ícaro sentou, um garçom veio, lento e seguro, e perguntou-lhe se desejava tomar algo. Ícaro não sabia. Olhou para as mesas em volta; as pessoas estavam tomando absinto. Ele apontou para o líquido leitoso, achando que era inofensivo. Quando lhe trouxeram o copo, a bebida parecia verde; Ícaro poderia achar que se tratava de uma ilusão de ótica, se soubesse o que era uma ilusão de ótica; trouxeram-lhe também uma colher de forma estranha, um cubo de açúcar e uma jarra de água. Ícaro verte a água no absinto, que assume uma cor láctea. Exclamações nas mesas vizinhas.

Primeiro Bebedor: Desgraçado! É um massacre!

Segundo Bebedor: Esse cara nunca tomou absinto na vida!

Primeiro Bebedor: Vandalismo! Vandalismo puro!

Segundo Bebedor: Sejamos indulgentes; chamemos simplesmente de ignorância.

Primeiro Bebedor: (*para Ícaro*) Meu jovem amigo, nunca tomou absinto antes?

Ícaro: Nunca, *Monsieur*. Nem sabia que se chamava absinto.

Segundo Bebedor: De onde você vem, então?

Ícaro: ...

Primeiro Bebedor: Que importa! Meu jovem amigo, vou ensinar-lhe a preparar um copo de absinto.

Ícaro: Obrigado, *Monsieur*.

Primeiro Bebedor: Para começar, você sabe o que é o absinto?

Ícaro: Não, *Monsieur*.

Primeiro Bebedor: Ele é nosso conforto, aliás, nossa consolação; é nossa única esperança, nosso objetivo e, como um elixir – o que é, de fato –, nossa fonte de júbilo, é ele que nos dá força para chegarmos ao final da estrada.

Segundo Bebedor: E mais, ele é um anjo cujos dedos magnéticos oferecem a dádiva do sono abençoado, de sonhos estáticos inenarráveis.

Primeiro Bebedor: Faça o favor de não me interromper, *Monsieur*. Isso é exatamente o que eu ia dizer e, posso acrescentar, como disse o poeta: é a glória dos deuses, o místico cálice de ouro.

Ícaro: Não me atreveria a tomar algo assim.

Primeiro Bebedor: Isso aí, nem pensar. Já está estragado, depois que você o afogou na água da torneira desse jeito bárbaro. Nunca!

(*ao garçom*) Traga outro absinto para o *Monsieur*.

O garçom traz outro absinto. Ícaro estende a mão para pegar o copo.

Primeiro Bebedor: Pare, idiota! (*Ícaro retira a mão rapidamente*) Não é assim que se bebe. Vou mostrar-lhe. Você coloca a colher em cima do copo onde está o absinto, coloca um cubo de açúcar na dita colher, cuja forma peculiar não pode ter-lhe escapado.

Aí, muito lentamente, despeje a água sobre o cubo de açúcar, que começa a se dissolver; gota a gota, uma chuva fecundante e sacarífera cai no elixir e o enturva.

Você despeja mais uma vez um pouquinho de água, que vai pingando, e pingando, e assim por diante, até o açúcar derreter completamente, sem que o elixir tenha ficado de uma consistência excessivamente aguada. Observe bem, meu jovem amigo, observe a operação ocorrendo... Uma alquimia inconcebível...

Ícaro: É lindo mesmo.

Estende a mão para o copo.

Terceiro Bebedor: E agora despeje o conteúdo no chão.

Os outros dois: Blasfêmia!

Coro dos garçons: Blasfêmia!

O dono da taberna: Inferno e danação!

Ícaro: (*atordoado*) O que devo fazer?

Isso se prolonga até uma porta abrir. Entra uma mulher jovem ["LN"].

Primeira metade do coro: Você será o juiz!

Segunda metade: Decida você!

Primeira metade: Seja nosso Salomão!

[...]

LN: O que está acontecendo?

Terceiro Bebedor: Não entendo por que essa puta...

LN: Isso é o que sou, e orgulhosa de ser. Puta sou e puta serei. Mas por que um juiz, por que um Salomão?

Primeiro Bebedor: Venha aqui ver. Olhe para este jovem.

LN: Bonito não é!

Segundo Bebedor: Você acha que deveria tomar o absinto?

Terceiro Bebedor: Ou não? Mas não vejo por que essa puta...

Ícaro: *Mademoiselle...*

LN: *Monsieur.*

Ícaro: Farei o que me mandar fazer, *Mademoiselle.*

Terceiro Bebedor: Tão jovem, e já uma alma perdida...

Absintismo e *grisette...*

Ele some de repente.

LN: (*apontando para Ícaro*) Quem é?

Primeiro Bebedor: Não o conheço, e como pode ver, não é um *habitué.* Apenas um principiante. Nem sabia como preparar o absinto...

Coro dos Bebedores: E aí? Vai beber ou não vai beber?

LN: (*para Ícaro*) Tome, jovem!

Ícaro: (*molha os lábios e faz uma careta*).

[...]

Ícaro: (*baixando o copo*) Só vou experimentar mesmo se *Mademoiselle* me mandar tomar.

LN: *Mademoiselle* está dizendo para você tomar. Tome outro gole.

Ícaro toma um bocado. Sorri polidamente, e depois toma outro gole.

Segundo Bebedor: Bom, o que você acha?

Ícaro: (*depois de um terceiro, um quarto, um quinto gole, entusiasmado*)

Como parece remoto o leite de minha ama... Como os corpos celestes estão aumentando e se multiplicando... Como a noite está se transformando em uma pálida nebulosa. Já é azul, o mar opalescente se acalma... Como me sinto distante de tudo isso... na proximidade de uma estrela chamada Absinto...

[...]

Primeiro Bebedor: Há há! Bom, vou tomar outra rodada.

Segundo Bebedor: Eu também.

LN: Sejam razoáveis. O jovem vai passar mal.

Ícaro: Mas eu me sinto ótimo. Minha cabeça está fervendo, e meu fígado está gelado, o que no momento não é uma sensação desagradável.

Primeiro Bebedor: Está vendo! Garçom, outra rodada!

Ícaro: Nem sei como agradecer.

LN: Pode agradecer depois.

Segundo Bebedor: Será que aguentará a terceira rodada?

LN: (*para Ícaro*) Você vai aguentar até lá?

Ícaro: Estou meio flutuando.

Chega a terceira rodada.

Primeiro Bebedor: (*fitando Ícaro, que prepara seu absinto*) Nada mal.

Está melhorando.

Segundo Bebedor: Ainda despeja a água rápido demais.

LN: Estão sempre criticando! (*para Ícaro*) Um ótimo começo, gracinha.

Mais adiante no livro encontramos de novo Ícaro no bar Le Globe et Deux Mondes. Não é mais um principiante, e já voa alto como se deve:

Ícaro: (*sentado diante de seu quinto absinto*) Poderia comparar o absinto a um aeróstato.[16] Eleva o espírito da mesma forma que o balão levanta a gôndola. Transporta a alma assim como o balão conduz o viajante. Multiplica as miragens da imaginação da mesma forma que o balão multiplica os pontos de vista da esfera terrestre. É o fluxo que carrega sonhos, assim como o balão se deixa levar pelo vento. Bebamos, então. Vamos nadar na onda leitosa esverdeada disseminada de imagens oníricas na companhia dos *habitués* em volta de mim: suas caras são sinistras, mas seus corações absintados se absintam em abstrusas abscissas, talvez até abissínias.

Em seu devido tempo, Ícaro sofre sua queda. LN reaparece e anuncia que deixou a prostituição para se tornar costureira, confeccionando unicamente culotes para mulheres ciclistas. A bicicleta, afirma, "dará à mulher francesa a liberdade que suas irmãs anglo-saxãs já conquistaram".

Todos os Bebedores: Bravo! Um viva para a bicicleta!...

Tomam seus absintos.

16. A era do absinto corresponde exatamente à época do grande sucesso dos balões de ar quente como primeiros meios de transporte aéreo. O primeiro aeróstato dos irmãos Montgolfier voa em 1783, e o primeiro aeróstato dirigível é projetado e realizado pelo francês Henri Giffard em 1852. Em 1863, Júlio Verne publica *Cinco semanas num balão*, e em 1873, *A volta do mundo em oitenta dias* (também em um aeróstato). Os balões e dirigíveis sobreviverão por pouco tempo (até 1937, com o desastre do Zeppelin em Lakehurst) ao banimento do absinto. (N. T.)

O Absinto na Espanha

É um mistério da vida que o *revival* do absinto não tenha vindo de Barcelona, onde o absinto é melhor, ao invés do Leste Europeu.

O bar Marseilles, localizado no famoso Barrio Chino, descrito a seguir pelo viajante inglês Robert Elms, também era frequentado por Guy Debord durante seu exílio na Espanha. Debord gostava da atmosfera ambígua e equívoca do Barrio Chino, e segundo seu biógrafo, Andrew Hussey, "[...] ia saciar sua sede insaciável no Marsella, na Carrer nou de la Rambla, um bar mal iluminado especializado em uma forma de absinto proibida na França: ele ainda está lá...". Quanto a Elms:

> Do outro lado, o lado ilícito das Ramblas, o Barrio Chino é uma Chinatown misteriosamente sem chineses, uma boca do lixo onde muitas coisas acontecem. Escondido atrás do imenso mercado clandestino de comida, o Chino é um labirinto como o bairro Gótico, sem ter a beleza e o charme daquele bairro antigo. É um bairro caótico e sombrio, pontilhado por pequenas praças, calmas e bonitas – a não ser pela quantidade de agulhas de seringas espalhadas no chão. Mesmo assim, é difícil não gostar do bairro. Eu pelo menos me apaixonei; apesar de ser o refúgio de tudo o que a cidade tem de mais desonesto e degradado, durante o dia, o Barrio Chino nunca me pareceu um lugar perigoso – desde que se tomem as devidas precauções, claro, pois em suas ruas frequentemente imundas, há tesouros a serem descobertos.
>
> [...]
>
> Esbarrei no bar Marseilles em minha primeira excursão ignorante ao Barrio Chino, no primeiro fim de semana em Barcelona. Há anos que muita gente sai cambaleando dali. Uma televisão em preto e branco está ligada, mas muda, em um canto do bar amplo, decadente, e quase sem móveis. Mas de qualquer forma não há ninguém em quem reparar, a não ser na gigantesca garçonete. Alguns fregueses jogam animadamente baralho ou dominó em um canto, mas muitos ficam sentados sozinhos, com os olhos fixos na bebida. O Marseilles, afinal, é um bar para absinto.
>
> A bebida é consumida como em uma cerimônia sonhadora. Um garfo é colocado sobre o copo com um cubo de açúcar em cima dos dentes; a água é pingada sobre o açúcar, e a solução açucarada goteja no líquido verde-escuro. Apesar de todas as associações românticas com a era dourada de Paris, a bebida é tão tóxica, e o absintismo é uma dependência tão virulenta, que a bebida foi banida

em quase todo o mundo, mas não no Barrio Chino. Aqui, até os pesadelos são permitidos.

Quando finalmente me permiti experimentar o absinto, acabei perdendo o dia inteiro, do qual hoje só sobram uns pedacinhos esparsos; um dos quais foi sentar com as trabalhadoras do Barrio, que, pelo que me lembro, foram até carinhosas comigo. Mais tarde, em uma hora que não foi apagada pela bebida verde, descobri no Chino, em uma praça frequentada por prostitutas, uma pequena placa em homenagem a Alexander Fleming, pois há certa gratidão nesse lugar tão doentio ao homem que descobriu a penicilina.

Absinto, Estilo Los Angeles

Wormwood, romance popular de 1998 de D. J. Levien, é um produto do *revival* atual do absinto. O protagonista amargurado é Nathan Pitch, que faz parte da máquina hollywoodiana de estrelas e que se envolve cada vez mais com o absinto, depois de descobri-lo em um clube *underground*.

Os clubes clandestinos eram parte fundamental da vida noturna da cidade. Eram divulgados boca a boca por meio de uma secreta e seleta rede. Nunca cheguei a me tornar membro de algum, enquanto Ronnie, aparentemente, sim. Usualmente, encontravam-se em estranhas salas para banquetes, ou em pequenos buracos superaquecidos, oferecendo algo que os bares comuns não ofereciam. A nudez ou certas práticas sexuais envolvendo couro ou os pés faziam parte da atração, assim como, em outras ocasiões, as *designer drugs*.[17] A maioria ficava aberta à noite muito além do horário permitido. Para entrar nessas associações, precisava-se de convites ou de senhas enigmáticas; por conta de tantos requisitos e das localizações secretas, eu nunca tinha estado em um deles.

Agora, entrando no saguão de um antigo hotel, meu coração disparava de excitação. Fui andando pela abóbada da entrada, e subi uma escadaria cavernosa que

17. Termo usado para drogas químicas cuja composição é estudada e realizada em laboratórios clandestinos, especificamente para não infringir as leis antidrogas de cada país. Algumas delas tiveram consequências trágicas, como o chamado MPPP, que em alguns casos provocava mal de Parkinson desde a primeira vez que era usada. O governo de Barack Obama acaba de banir a mais famosa delas, spice, uma maconha "turbinada". (N. T.)

levava até o salão de baile que hospedava o evento para esta noite, ou para esta semana, ou para o tempo em que ficaria lá. A pedra clara dava ao lugar, mal iluminado, a sensação meio fria de um museu. Uma tapeçaria puída me guiou até um portão obstruído por vários jovens exaltados vestidos segundo a última moda, tentando entrar. Do lado de lá, pulsava uma música gerada por computador que lembrava um baixo elétrico. As conversas ficavam abafadas, talvez por causa do tamanho do lugar, mas parecia que as paredes eram forradas com cobertores úmidos. Alguns tentavam dobrar os seguranças brutamontes, que não queriam nem saber, mas como meu nome estava na lista deixada por Ronnie, consegui me safar do aglomerado. Carimbaram minha mão com uma tinta fluorescente, então entrei no salão principal.

O salão do clube lembrava uma catedral de mármore, mas o ar abaixo do teto estava cheio de fumaça. A sala não tinha nada da atmosfera abafada e fria do saguão, e as pessoas lá nada tinham de santas. Ao contrário, tudo era vivo e pulsante, e os corpos se apertavam na pista de dança, acompanhando dois tipos diferentes de música – o *techno* que eu escutara antes e um típico *disco* – vindos de sistemas de som separados localizados nas duas extremidades da sala e que se sobrepunham em uma cacofonia total. A fusão, a agitação e a umidade provocavam uma condensação nos andaimes de iluminação pendurados no teto, e choviam gotas como uma chuva inesperada. Fiquei fascinado com alguns charmosos dançarinos evoluindo sobre imensas caixas de som, e aos poucos reparei que não estavam dançando: eles estavam nus para ser pintados em cores fluorescentes, enquanto se contorciam, por aspirantes a artistas ajoelhados a seus pés.

O salão tinha cheiro de perfume, suor, cravo e cânfora, e me deu vontade de encontrar logo Ronnie para poder dançar livremente. Procurei no bar, onde tinha ficado de encontrá-la, e onde teria de tomar um drinque, ou até vários, para alcançar o estado dessas pessoas. Quando localizei o bar, do outro lado da sala, abri caminho entre pessoas e cadeiras. Pedi um drinque, e, assim que o *barman* me serviu, senti duas mãos macias e frias cobrindo meus olhos. Fiz de conta que tateava os anéis antes de berrar, por cima da barulheira: "Veronica Sylvan?". Ela deu uma volta ao meu redor, me beijou, voltou para trás e foi-me conduzindo atrás dela.

– Deixa isso pra lá – disse indicando minha bebida.

Pelo jeito que ela me guiava pelo salão, me senti como se estivesse participando de uma roda de conga, e ela não pareceu escutar, ou dar a mínima, para meus gritos de "Como você está?" e "Aonde vamos?". Alcançamos finalmente um corredor que parecia levar para a cozinha, obstruído por um cordão de veludo entre dois postes de bronze e por um grandalhão com um fone de ouvido e um microfone. Este apontou uma luz ultravioleta para nós, mas quando viu Ronnie, a baixou logo, desprendeu o cordão e abriu caminho. Resmunguei um "obrigado" e Ronnie me arrastou não para uma cozinha, mas para uma pequena sala de estar onde estava uma quantidade de mulheres magras absurdamente atraentes, e alguns poucos homens gordos muito bronzeados. Reconheci um dos caras, de bigode e vestido à moda eduardiana, um produtor de *sexual thrillers* conhecido pelas fofocas que circulam sobre suas perversões nos *sets* de filmagem. Todos, na sala, estavam esparramados letargicamente em sofás macios; era difícil enxergar qualquer coisa por causa da atmosfera sombria, mas notei várias garrafas de um líquido esverdeado e vários copos em forma de sino espalhados pelas mesinhas na frente.

– Aceita um absinto, querido? – perguntou Ronnie. Meus olhos foram se adaptando à escuridão, então olhei para ela. Estava um charme, até um pouco escandalosa, em um *cloche* de veludo amassado e um terno de seda de corte masculino aberto, mostrando um sutiã de renda preta.

– Absinto – repeti. Tinha feito minhas pesquisas e sabia que desaparecera no começo do século por causa de uma mistura de leis e intolerância. – Esse tipo de coisa não te deixa louco? – perguntei, relatando o que tinha aprendido.

– Só quando contém artemísia em excesso, amigo – disse um homem distinto mas obeso do outro lado da sala. – Artemísia é a raiz que dá ao absinto sua potência. Sem artemísia, é como tomar um simples *pastis*.

Ronnie pôs um copo na minha mão e me conduziu a um sofá.

– Senta – disse.

– E aí, há artemísia nesse absinto? Como faz para saber se há demais? – perguntei.

– Não seja bobo, querido, é a artemísia que dá graça à coisa. Mas essa marca tem a quantidade certa – disse, vertendo um pouco de líquido verde em cada um de nossos copos. Depois colocou duas colheres de prata tipo peneira, em forma de Torre Eiffel, sobre os copos, botou uns cubos de açúcar em cima, e começou a pingar água sobre o conjunto, para dentro dos copos. Enquanto assistia ao procedimento, lembrei-me das pessoas com as xícaras de chá e cantil no Asylum, na noite em que nos conhecemos.

– Todo mundo? – perguntei, indicando o salão principal do clube.

– Alguns. Alguns cheiram cocaína ou outras drogas. Alguns estão simplesmente bêbados. Outros estão limpos. Qual é a diferença? – disse ela, retirando as peneiras e mexendo o açúcar derretido na mistura, que agora tinha um tom verde esbranquiçado e opaco.

– Nenhuma diferença – dei de ombros e aceitei o copo que ela me oferecia.

Ela também encolheu os ombros e brindamos em silêncio. Fiz uma pausa, respirei fundo, já sabendo que não tinha como recuar e que não fazia sentido adiar. Tomei um belo gole e lá se foi metade do conteúdo do copo. Tinha um vago sabor de alcaçuz, refrescante sem o sabor de menta, como estava esperando por causa da cor. Estava gelado, também, por causa da água, imaginei.

– Gostou? – perguntou Ronnie, se enroscando em mim.

– Acho que sim – disse tomando o resto, enquanto percebia os tentáculos da bebida se insinuando em meu fluxo sanguíneo.

De uma distância que parecia infinita, escutei o cara de bigode dizer para alguém:

– Sim. *Chernobyl*. É a palavra russa para artemísia. É uma coincidência devastadora, não é? – só me dei conta de que ele estava falando comigo quando deu um tapa amigável nas minhas costas.

– Esse troço poderia trazer de volta os dias do *ennui* – brinquei preguiçosamente; agora entendia por que todo mundo na sala estava esparramado nos sofás.

– Não, meu caro, *ennui* é *passé* – disse o bigodudo saindo da sala. – Agora estamos na época do medo. Nada mais que medo.

Estremeci e tomei mais um gole.

Com o passar da noite, e cada vez mais absinto, fui tomado por sensações de abandono e esquecimento. Tentei reagir, lembrando o que Oscar Wilde dizia do absinto. *A primeira fase é como a bebida comum; a segunda é quando se começa a ver coisas monstruosas e cruéis; mas, se perseverar, entra-se no terceiro estágio, quando se veem as coisas que queremos ver, coisas curiosas e maravilhosas...* Mas suas palavras dissiparam-se, assim como a sensação de gravidade que sugava meus pés e os grudava no chão.

Estava longe ainda da sensação habitual de exaustão e incoerência que acompanha o excesso de álcool, enquanto Ronnie continuava nos servindo. A cada copo ela grudava mais, e aos poucos foi como se estivéssemos nos comunicando a fundo mesmo sem falar uma palavra. Os demais na sala começaram a ir embora. Nem me dei conta, mas de repente não estavam mais lá. Logo Ronnie e eu estávamos sozinhos na sala, nós e os confortáveis sofás de veludo, e aí ficamos um em cima do outro. Nossas bocas famintas encontraram pano, e depois carne, enquanto nos atracamos às cegas. Perdi o controle enquanto entrava nela. Senti que estava ascendendo horizontes sem limites, mergulhando em um oceano de eflúvios verdes, e por fim tudo ficou preto.

Quando retomei a consciência, muito mais tarde, fiquei desapontado por ela ter ido embora. Esfreguei os olhos e descobri que estava completamente só. Durante um breve momento, senti a mesma sensação de fole no peito que tinha antes, mas enfiei a camisa na calça, levantei e joguei no rosto um pouco da água de uma jarra. Chequei meu relógio e descobri que eram quatro da manhã, mas a música no salão continuava bombando firme. Fui andando até o salão, agora um pouco menos abarrotado, para procurá-la. Depois de uns quinze minutos vagueando entre as pessoas, ainda estava de mãos vazias. Comecei a ficar deprimido, enquanto diminuíam o efeito do absinto e as chances de encontrá-la. Localizei um telefone público e disquei o número de Ronnie, mas quem atendeu foi a secretária eletrônica. Xinguei a porcaria do telefone, achando que estava me sacaneando. Sem o menor sinal dela, e me sentindo ainda um pouco esquisito por causa do absinto, fui buscar o carro. Já que estava intacto, voltei para casa. No caminho, lutando para prestar atenção e não me distrair, consegui finalmente lembrar o que Oscar Wilde dizia do absinto. Acho que lembrara meio errado da primeira vez, porque já tinha passado do quarto copo, mas agora as palavras certas ressoaram dentro de mim.

Depois de primeiro copo, vemos as coisas como gostaríamos que fossem. Depois do segundo, vemos as coisas como não são. No fim, vemos as coisas como são realmente, e essa é a coisa mais horrível do mundo...

O Impenitente Cronshaw

Somerset Maugham criou um retrato memorável do bebedor contumaz de absinto, Cronshaw, que também parece estar em posse do segredo da vida. Ele aparece no romance de 1915 de Maugham, *Servidão humana*. Cronshaw acaba de voltar de Paris e vive agora no número 43 da Hyde Street, no Soho. Philip, um jovem médico idealista, o encontra em um restaurante imundo na Dean Street.

> Cronshaw tinha à frente um copo de absinto. Fazia quase três anos que eles tinham se encontrado pela primeira vez, e Philip ficou chocado com sua mudança de aparência. Antes bastante corpulento, tinha agora um aspecto ressecado e amarelado: a pele do pescoço estava solta e enrugada; a roupa parecia ter sido comprada para outra pessoa; e a gola, três ou quatro medidas em excesso, dava o toque final de desleixo. Suas mãos tremiam sem parar. Philip lembrou a caligrafia que se arrastava com garranchos em letras a esmo. Cronshaw estava evidentemente muito doente.

– Como pouco nestes últimos tempos – disse. – De manhã me sinto muito mal. Só como um pouco de sopa no jantar, e às vezes um pedaço de queijo.

O olhar de Philip foi, inconscientemente, para o absinto, e Cronshaw, quando o viu, lançou-lhe o olhar zombeteiro com o qual repelia as admoestações do senso comum.

– Você diagnosticou o meu caso e acha que é muito ruim para mim tomar absinto.

– É claro que você tem cirrose – disse Philip.

– Claro.

Olhou para Philip da forma como o encarava antes e que o fazia sentir-se incrivelmente limitado. Parecia ressaltar que o que pensava era embaraçosamente óbvio; e quando você concorda com o óbvio, o que mais há para dizer? Philip mudou de assunto.

– Quando você voltará para Paris?

– Não vou voltar para Paris. Vou morrer.

Disse aquilo de uma forma tão espontânea que Philip ficou espantado. Tentou pensar meia dúzia de coisas para responder, mas todas lhe pareceram fúteis. Sabia que Cronshaw era mesmo um moribundo.

– Vai se instalar em Londres, então? – perguntou de forma desajeitada.

– O que representa Londres para mim? Sou um peixe fora d'água. Ando pelas ruas cheias de gente, as pessoas esbarram em mim, e mesmo assim me sinto como se estivesse andando em uma cidade morta. Parecia-me que não podia morrer em Paris. Tinha de morrer no meio de minha gente. Não sei qual instinto recôndito me trouxe de volta, afinal de contas.

[...]

– Não sei por que sempre fala em morrer – [Philip] disse.

– Peguei uma pneumonia alguns invernos atrás e me disseram que foi um milagre sair vivo. Parece que sou especialmente sujeito à pneumonia, e o próximo acesso vai-me matar.

– Que bobagem! Você não está tão mal assim. Só tem que tomar algumas precauções. Por que não para de beber?

– Porque não tenho escolha. Não importa o que um homem faz desde que esteja pronto para enfrentar as consequências. Bom, estou pronto para enfrentar as consequências. Você fala de largar a bebida como se não fosse nada, mas para mim é a última coisa que me resta, agora. O que acha que seria minha vida sem o absinto? Consegue entender a alegria que tiro dele? Anseio pelo absinto; e quando o tomo, degusto cada gota, e depois sinto minha alma flutuar em uma felicidade inefável. Você é um puritano e no fundo despreza os prazeres sensuais. Os prazeres sensuais são os mais violentos e deliciosos. Sou uma pessoa abençoada por ter sentidos vívidos, e entreguei-me plenamente para satisfazê-los. Tenho que pagar o preço agora, e estou pronto para isso.

Philip ficou observando-o por um tempo.

– Você não tem medo?

Durante algum tempo, Cronshaw não respondeu. Parecia ponderar sua resposta.

– Às vezes, quando fico só – olhou para Philip. – Você acha que esta é uma condenação? Está errado. Não tenho medo do meu medo. É uma loucura o raciocínio cristão que prega que deveríamos sempre viver em função de nossa morte. O único jeito de viver é nos esquecer que vamos morrer. A morte não é importante. O medo dela nunca deveria influenciar uma única ação do sábio. Sei que vou morrer lutando para conseguir respirar, e sei também que terei um medo terrível. Sei que não serei capaz de me impedir de lamentar amargamente a vida que me levou a isso; mas renego e repudio esse arrependimento. Neste momento, eu, fraco, velho, doente, pobre e moribundo, ainda tenho o controle de minha alma, e não me arrependo de nada.

– Lembra daquele tapete persa que você me deu? – perguntou Philip.

Cronshaw sorriu, o lento sorriso dos velhos tempos.

– Disse que o tapete lhe forneceria a resposta, quando você me perguntou sobre o sentido da vida. E aí, descobriu a resposta?

– Não – disse Philip sorrindo. – Não vai-me contar agora?

– Não, não. Não posso fazer isso. A resposta não faz sentido se não a descobrimos nós mesmos.

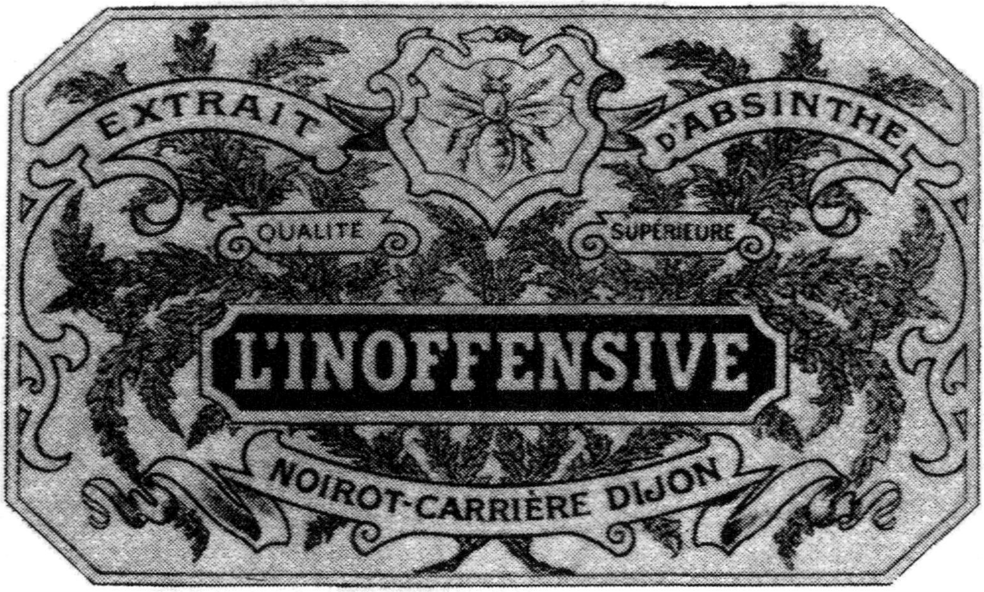

O charme dos rótulos antigos. Uma marca antissemita, lançada na época do caso Dreyfus. Pernod, a maior marca de absinto, era em parte propriedade de judeus. A marca Inofensiva, era assim chamada porque não continha tujona. © Marie-Claude Delahaye.

APÊNDICE 2

Algumas marcas atuais

Desde que a Hill's tirou o absinto do esquecimento em 1998, um *tsunami* de marcas e imitações inundou o mercado. Boa parte não tem nada a ver com absinto, é preciso esclarecer. Mas de uma forma geral, há dois tipos de absinto: o verdadeiro estilo francês (ou espanhol), que se parece muito com o Pernod, mas é mais forte e frequentemente esverdeado, e não amarelado – esse tipo tende a *loucher*, isto é, torna-se opaco quando misturado com água. E há o estilo "boêmio" (originário da Boêmia), do Leste Europeu, que é muitas vezes azulado, não *louche*, e cujo sabor é frequentemente comparado a coisas como produtos para lavar vidros. Falo de "estilos" porque, hoje, alguns dos piores absintos ao estilo do Leste Europeu são fabricados na França. Inversamente, há duas marcas do Leste Europeu que são boas.

Todos os comentários a seguir foram formulados "sem preconceitos", como se diz em termos legais. Então, vamos lá, em um quarto escuro, depois de invocar o espírito do saudoso George Saintsbury.

Absinto Père Kermann (60% de álcool), francês, estilo do Leste Europeu.

O melhor dessa marca é, de longe, o rótulo, mostrando um velho monge sentado em sua cela como um *hamster* gigante, escrevendo *Mon Absinthe Sera Tonique et Digestif* em um velho livro.

O conselho a seguir vale uma segunda olhada também: "Com uma moral sã e uma higiene racional, o homem só pode morrer pela idade".[1] Isso pode até ser verdade, mas por que tal inscrição em uma garrafa? O que estão tentando nos dizer aqui?

O interesse acaba quando se experimenta a bebida, que é mesmo horrível. O gosto é muito químico, com um toque de baunilha, e talvez uma vaga sugestão de algo tipo curaçau: a cor, parecendo bem artificial, já leva logo a lembrar curaçau. Não parece ter anis, e o gosto leve, que queima a boca como um desinfetante bucal, é basicamente álcool puro hidratado com alguns sabores artificiais. É de uma cor mais clara e mais azul do que deveria ser um absinto, e não *louche* por nada; só fica mais diluído.

Se olharmos o rótulo mais detalhadamente, descobrimos que esse absinto pretende ser apenas "uma reminiscência da famosa bebida banida", e que contém "*Artemisia vulgaris*", não a verdadeira artemísia (*Artemisia absintium*).

Recomendada só para quem gosta de tomar loção pós-barba.

Nota Dowson: zero.

Trenet (60% de álcool), francês, mas estilo do Leste Europeu.

Muito parecido com o Père Kermann; de forma até suspeita. Tem gosto mais mofado e mais medicinal, algo como um xarope para tosse guardado há muito tempo. Mas até isso parece mais gostoso do que é de verdade.

De novo, só promete "uma lembrança da bebida banida". A única coisa boa dessa bebida, comparando com o Kermann, é que é comercializada em garrafas pequenas, assim, custa menos descobrir quanto é ruim. Recentemente, contudo, foram lançadas garrafas maiores em forma de Torre Eiffel.

---

1. No original: *Avec une morale saine et une hygiene rationelle l'homme ne meurt que de vieillesse.*

Disseram-me que ambos, Père Kermann e Trenet, são fabricados em Le Havre, no litoral do Canal da Mancha, bem perto dos ignaros ingleses.

NOTA DOWSON: zero.

HAPSBURG (72,5% de álcool), búlgaro.

Muito verde e muito forte. Há um pouco de anis para competir com o álcool bruto e alguns péssimos sabores artificiais. Mais uma vez, não muito gostoso.

NOTA DOWSON: um.

PRAGUE (60% de álcool), checo.

Depois do trio inicial, estamos finalmente chegando a algo menos venenoso, embora, por enquanto, nada com que ficar muito animado. O gosto é de anis, combinado com um toque mentolado.

O rótulo recomenda servir "com açúcar ou mel, e diluir com água tônica ou mineral, a gosto". Já que a maioria dos absintos do Leste Europeu tem gosto de xampu anticaspa, tal recomendação parece meio incongruente. Mas sejamos justos, esse absinto não é tão ruim assim.

NOTA DOWSON: três.

HILL'S (70% álcool), checo.

Esse é o avô dos absintos checos, a marca que lançou a moda. É um segredo de polichinelo que essa bebida translúcida e azulada não seja muito gostosa, embora seja bastante eficaz para deixar bêbado. Como vimos anteriormente, o sabor do

Hill's já suscitou comparações não muito lisonjeiras. É só experimentá-lo para saber o que marcas como Trenet e Père Kermann estão imitando. Comparado a estes, o Hill's é mais rico, mais encorpado, com mais gosto de especiarias. Não tem muito anis, e não *louche*, mas, misturado com água, solta um leve aroma de canela.

Nota Dowson: três.

Sebor (55% de álcool), checo.

Os anúncios da marca mencionam, de forma meio oportunista, a orelha de Van Gogh, e prometem um efeito alucinógeno muito maior que seus concorrentes, em uma alusão datada ao Hill's. O Sebor contém 10 ppm de tujona, enquanto o Hill's teria 1,8 ppm ou menos. Não cheguei a ver lagartos na parede, ou a me mutilar, ou a querer surrar meus entes queridos, mas assim mesmo posso dizer que essa marca é muito boa.

Muito verde, mais escuro que os demais, é suave, misturando um pouco de anis com um toque forte de alcaçuz. Mas o que domina é um gosto rico, "medicinal", de ervas, muito aromático e levemente apimentado. Esse aroma seco e agradável de ervas me lembra o Underberg ou o King of Spirits.

Descobri que – pelo menos no começo – o Sebor parece produzir um "barato" estimulante e calmo ao mesmo tempo. E isso o coloca em um nível totalmente diferente dos outros absintos do Leste Europeu, até a chegada do King of Spirits. O Sebor chega a *loucher* um pouco com água e gelo.

Nota Dowson: quatro.

King of Spirits (70% de álcool), checo.

De quem é a figura de louco com cara de doninha no rótulo, algo entre o velhaco e o esquizofrênico total, alguém claramente doente? Segundo a legenda, parece ser Vincent Van Gogh, embora seja francamente difícil reconhecê-lo. Por isso, para mim, esse absinto ficou identificado como "a marca do Maluco".

King of Spirits tem uma cor muito característica, parece muito mais orgânico. Depois dos verdes-azulados químicos de muitas outras marcas, esse tem a cor de azeite de oliva. Mas nem por isso tem movimentos de azeite; pelo contrário, quando se examina o rótulo, o conteúdo sacode e se agita, sendo um líquido leve e volátil por conta de seu alto teor de álcool. E, no fundo da garrafa, deposita-se uma camada de folhas, sementes, caules e outros detritos.

É agradavelmente amargo – muitos acham amargo demais. O efeito imediato – para mim, pelo menos – é levantar claramente o astral, e uma sensação talvez paradoxal de maior lucidez, além de uma vontade de rir. *É esse mesmo, esse é o absinto*, pensei quando o experimentei pela primeira vez. Recomendei o Maluco para um amigo, e ele também relatou que "te abre o sorriso na cara", e rápido. Alguém ligou para esse amigo depois de ele tomar dessa marca e ele não conseguia parar de rir ao telefone. Contudo, teve de parar de beber porque lhe causava dores no estômago.

Sebor e King of Spirits são muito afins, embora este seja mais forte e mais amargo. Eu pessoalmente gosto muito deste (com moderação), e acho que o mundo seria um lugar mais triste se parassem de fabricá-lo.

Nota Dowson: quatro.

Mari Mayans (70% de álcool), espanhol.

Esse absinto é fabricado em Ibiza e acondicionado em garrafas numeradas para colecionadores desde 1880, já que o absinto nunca foi banido na Espanha. Mari Mayans é agradavelmente suave e encorpado, com um sabor muito forte de anis, como o Pernod, e sem outras nuanças, a não ser um toque de alcaçuz. Essa pureza e limpeza de sabor tende a mascarar seu alto teor alcoólico; é bom lembrar que o Pernod, por exemplo, só tem 40% de álcool, e mesmo assim já é mais forte que o uísque. De todos os absintos que testei, esse possui o maior componente de anis.

A cor é de um verde claro "eletrônico", e quando *louche*, torna-se opalescente;

o resultado lembra uma substância radioativa, que parece que poderia brilhar no escuro. Realmente muito bom; outro favorito meu.

NOTA DOWSON: cinco.

LA FÉE (68% de álcool), francês.

Esse é o novo concorrente vindo da França, onde é fabricado só para exportação. A base seria uma receita autêntica do século XIX, e a bebida vem com o aval entusiástico, praticamente uma franquia, da própria Madame Absinthe, Marie--Claude Delahaye, fundadora do Museu do Absinto e provavelmente a maior especialista do mundo no assunto; sua assinatura adorna o rótulo preto. La Fée deve sua existência às queixas de Marie-Claude contra o Hill's, e pertence aos mesmos importadores, Green Bohemia.

É um absinto menos "limpo" que o Mari Mayans, menos doce, com menor preponderância do anis, e grande complexidade de aromas de ervas. Há um toque de xarope medicinal adocicado, bastante anis, e até um sabor que lembra bebidas como uísque e rum, provavelmente por causa da presença de caramelo. Suas notas amadeiradas surgem com o gosto de anis, mas também com o sabor de *semente* de anis. Esse toque de semente faz lembrar bebidas como o *kummel*.

A mistura com água o torna agradavelmente opalescente, e "limpa" de alguma forma o aroma, tirando o gosto de xarope adocicado e permitindo que anis e ervas predominem. Como no caso do Mari Mayans, se misturado com água gelada – o rótulo recomenda uma diluição de seis a oito vezes –, dá uma bebida muito refrescante, se podemos usar termo tão inócuo para algo tão terrivelmente alcoólico. De novo, algo muito bom mesmo, e com tudo para eclipsar o tão famoso Hill's.

Acabou sendo meu favorito, ao lado do Mari Mayans, mesmo que cada um mantenha sua identidade bem distinta.

NOTA DOWSON: cinco

Seria efêmero demais falar de preços, mas só para se ter uma ideia, no começo do século (XXI), o Hill's, o Mari Mayans e o King of Spirits estavam todos na faixa de 40 a 50 libras.

Essa modesta seleção está longe de incluir todos os absintos que existem, mas cita as principais marcas. Ouvi falar muito bem também da marca espanhola Deva. Hoje, há no mundo pelo menos quarenta ou cinquenta marcas de absinto, incluindo curiosidades, como Absenta Serpis (que é vermelho), e feras raras, como La Bleue, marca suíça com distribuição informal e semiclandestina, que contém nada menos que 60 ppm de tujona, e Logan 100, marca checa absurdamente cara, que contém 100 ppm.

Ted Breaux, químico e biólogo de Nova Orleans, passou vários anos estudando o absinto e recriou a receita para o Belle Époque Pernod, graças a duas garrafas raríssimas, com mais de um século de idade, do produto original. Pelo que fiquei sabendo, Breaux pretende lançar em breve no comércio uma marca própria, para ser distribuída fora dos Estados Unidos. Com certeza, muita gente aguarda ansiosa a novidade.

BIBLIOGRAFIA

ACKROYD, P. *A Catalogue of Rare Books Offered for Sale from the Collection of Giles Gordon: Oscar Wilde, Aubrey Beardsley and the 1890s.* Gekoski, 1994.
ADAMS, B. Six Drinks to the End of an Era. *Artforum*, abr. 1980.
ADAMS, J. *Madder Music, Stronger Wine: The Life of Ernest Dowson, Poet and Decadent.* I. B. Tauris, 2000.
ALLAIS, A. Absinthe. *The World of Alphonse Allais.* Chatto and Windus, 1976.
ALLEN-MILLS, T. French Start Bar Brawl for 'Real' Absinthe. *Sunday Times*, 18 abr. 1999.
APPLEGATE, B. *Verlaine: His Absinthe-Tinted Song.* Chicago: Alderbrink Press, 1916.
ARNOLD, W. N. Vincent Van Gogh and the Thujone Connection. *Journal of the American Medical Association*, n. 260, 25 nov. 1988.
__________. Absinthe. *Scientific American*, n. 260, jun. 1989.
ARNOLD, W. N.; LOFTUS, L. S. Vincent Van Gogh's Illness: Acute Intermittent Porphyria? *British Medical Journal*, n. 303, 1991.
ARWAS, V. *Alastair: Illustrator of Decadence.* Thames and Hudson, 1979.
ASBURY, H. *The French Quarter.* Nova York: Knopf, 1936.
BALDICK, C. *The Social Mission of English Criticism.* O.U.P., 1983.
BALDWIN, T. Labour Poised to Ban Absinthe. *Sunday Telegraph*, 27 dez. 1998.
BALESTA, H. *Absinthe et absintheurs.* Paris: Marpon, 1860.
Baron's son fights drinking ban after "poison" absinthe. *Evening Standard*, 16 jun. 1999. [Monson case]
BARTHES, R. *Roland Barthes by Roland Barthes.* Nova York: Hill and Wang, 1977.
BAUDELAIRE, C. *Petits poemes em prose: le spleen de Paris.* Paris: Garnier, 1974.
__________. *Baudelaire: The Complete Verse.* Anvil Press, 1986.

__________. *Intimate Journals*. Black Spring Press, 1989.

BEAUMONT, K. *Alfred Jarry: A Critical and Bibliographical Study*. Leicester University Press, 1984.

BECKETT, S. *A Dream of Fair to Middling Women*. Dublin: Black Cat, 1992.

BEERBOHM, M. Enoch Soames. *The Bodley Head Max Beerbohm*. Bodley Head, 1970.

BETT, W. R. Vincent Van Gogh (1853-90): Artist and Addict. *British Journal of Addiction*, v. 51, n°s 1 e 2, abr. 1954.

BRASHER, C. W. J. Absinthe and Absinthe Drinking in England. *The Lancet*, 26 abr. 1930.

BRETON, A. Surrealism Yesterday, Today and Tomorrow. *This Quarter*, v. V, n. 1,

set. 1932.

__________. *Anthology of Black Humour*. São Francisco: City Lights, 1997.

BRITE, P. Z. *His Mouth Will Taste of Wormwood*. Penguin, 1995.

BUCHANAN, R. W. *The Complete Poetical Works of Robert Williams Buchanan*. Chatto and Windus, 1901.

BYWATER, M. Why Government is Bad for You. *Telegraph*, 25 fev. 1999.

CASTILLO, J. DEL et al. Marijuana, Absinthe and the Central Nervous System. *Nature*, v. 253, 31 jan. 1975.

CONKLIN, D. Absinthe is Making a Comeback. *College Hill Independent*, 17 abr. 1997.

CONRAD, B. *Absinthe: History in a Bottle*. São Francisco: Chronicle Books, 1988.

CORELLI, M. *Wormwood: A Drama of Paris*. Richard Bentley and Son, 1890. 3 vols.

CROSBY, H. *Shadows of the Sun – The Diaries of Harry Crosby*. Santa Barbara: Black Sparrow, 1977.

CROWLEY, A. La légende de l'Absinthe. *The International*. Nova York, out. 1917.

__________. The Green Goddess. *The International*. Nova York, fev. 1918.

DARDIS, T. *The Thirsty Muse: Alcohol and the American Writer*. Abacus: 1990.

DEBORD, G. *Panegyric*. Verso, 1991.

DELAHAYE, M.-C. *L'Absinthe, histoire de la Fée Verte*. Paris: Berger-Levrault, 1987.

__________. *L'Absinthe: art et histoire*. Paris: Éditions Trame Way, 1990.

__________; NOEL, B. *L'Absinthe: muse des peintres*. Paris: Éditions de l'Amateur, 1999.

__________. *L'Absinthe: muse des poète.* Auvers-sur-Oise: Musée de l'Absinthe, 2000.
DOBSON, R. A Palimpsest of Three Impostors. *Faunus*, n. 7, 2001.
DOWSON, E. *The Letters of Ernest Dowson.* Cassell, 1967.
DUBOIS, C. *Apaches, voyous e gonzes poilus.* Paris: Editions Parigramme, 1996.
ELLMAN, R. *Oscar Wilde.* Nova York: Knopf, 1988.
ELMS, R. *Spain: A Portrait the General.* Heinemann, 1992.
FITZGERALD, F. S. *The Beautiful and the Damned.* Collins, 1922.
FLAUBERT, G. *The Dictionary of Received Ideas.* Penguin, 1994.
FOTHERGILL, J. *My Three Inns.* Chatto and Windus, 1949.
FREY, J. *Toulouse-Lautrec: A Life.* Weidenfeld and Nicolson, 1994.
GIDE, A. *The Counterfeiters.* Nova York: Knopf, 1927.

GILBERT, W. S. *Lost Bab Ballads.* Putnams, 1932.
GONCOURT, E.; GONCOURT, J. *Pages from The Goncourt Journals.* O.U.P., 1962.
GOSSE, E. A First Sight of Verlaine. *Savoy*, n. 2, abr. 1896.
GOTTLIEB, A. *Legal Highs.* Manhattan Beach Calif. 20th Century Alchemist, 1992. [1973]
GUYOT, Y. *L'Absinthe et le délire persécuteur.* Paris, 1907.
HAMILTON, G. H. *Manet and his Critics.* Yale, 1986.
HANSON, A. C. *Manet and the Modern Tradition.* Yale, 1977.
HELLIKER, A. Lethal Tipple. *Sunday Telegraph*, 2 maio 1999.
HEMINGWAY, E. *Death in the Afternoon.* Jonathan Cape, 1932.
__________. *For Whom the Bell Tolls.* Jonathan Cape, 1941.
HICHENS, R. *The Green Carnation.* William Heinemann, 1894.
HODGKINSON, T. Absinthe – That's the Spirit. *Telegraph*, n. 3, dez. 1998.
__________. Wild Green Fairy Liquid. *Loaded*, fev. 1999.
HOLD, K. M. et al. Alpha-Thujone (The Active Component of Absinthe): Gamma--Aminobutyric Acid Type. A Receptor Modulation and Metabolic Detoxification. *Proceedings of the National Academy of Sciences*, n. 97, 11 abr. 2000.
HUGUES, R. *Nothing if not Critical: Selected Essays on Art and Artists.* Harvill, 1990.
HUSSEY, A. *The Game of War: The Life and Death of Guy Debord.* Jonathan Cape, 2001.
HUYSMANS, J. K. *Against Nature.* Penguin, 1976.
JACKSON, H. *The Eighteen Nineties.* Jonathan Cape, 1927.
JARRY, A. *Days and Nights.* Atlas, 1989.

JONES, T. *The Art of Distilling Simple and Compound Waters on the Most Modern and Improved Principles*. Londres, n.d.c. 1840.
JOYCE, J. *Finnegans Wake*. Faber, 1939.
__________. *Ulysses*. Bodley Head, 1960.
KERNAHAN, C. Two Absinthe-Minded Beggars. *Chamber's Journal*, jun. 1930.
KINGTON, M. *The World of Alphonse Allais*. Chatto.
KLEIN, R. *Cigarettes are Sublime*. Picador, 1995.
KNAPP, C. *Drinking*. Quartet, 1997.
LANIER, D. *Absinthe: The Cocaine of the Nineteenth Century*. Jefferson, McFarland, and Co., 1995.
LE GALLIENNE, R. *The Romantic '90s*. Putnams, 1925.

LEVIEN, D. J. *Wormwood*. Allison and Busby, 1998.
LITTLEWOOD, I. *Paris: A Literary Companion*. John Murray, 1987.
LOWRY, M. *Under the Volcano*. Jonathan Cape, 1947.
MACHEN, A. *Arthur Machen: A Bibliography by Henry Danielson, with Notes by Arthur Machen*. Henry Danielson, 1923.
MACINTYRE, B. One Green Bottle Makes Fools of us All. *Times*, 5 dez. 1998.
MAUGHAM, W. S. *Of Human Bondage*. Heinemann, 1915.
__________. *The Magician, Together With A Fragment of Autobiography*. Heinemann, 1916.
MEW, J.; ASHTON, J. *Drinks of the World*. Leadenhall Press, 1892.
MEYER, M. *Strindberg: A Biography*. Secker and Warburg, 1985.
MILLER, S. Green Fairy Fires Spirits After Long Absinthe. *Guardian*, 1º dez. 1998.
MOORE, J. The Return of Absinthe. *The Idler*, 1997.
MORROW, W. C. Over an Absinthe Bottle. *The Ape, the Idiot and Other People*. Philadelphia: Lippincott, 1897.
NADELSON, R. The Sweet Taste of Decadence. *Metropolitan Home*, nov. 1982.
NEILL, R. Absinthe Makes the Head Pound Harder. *Telegraph*, 8 fev. 1997.
NELSON, J. G. *Publisher to the Decadents: Leonard Smithers in the Careers of Beardsley, Wilde, Dowson*. Pennsylvania: Pennsylvania State University Press, 2000.
NEWBY, E. *A Short Walk in the Hindu Kush*. Picador, 1981.
NORDAU, M. *Degeneration*. Heinemann, 1895.
OLSEN, R. W. Absinthe and Gamma-Aminobutyric Acid Receptors. *Proceedings of the National Academy of Sciences*, n. 97, 25 abr. 2000.
ORWELL, G. *The Road to Wigan Pier*. Gollancz, 1937.
O'SULLIVAN, V. *Aspects of Wilde*. Nova York: Henry Holt, 1936.
PAGNOL, M. *The Time of Secrets*. Hamish Hamilton, 1962.

PATER, W. *The Renaissance*. Macmillan, 1910. [1873]
PICKVANCE, R. L'Absinthe in England. *Apollo 77*, 15 maio 1963.
PINTO-SCOGNAMILIO, W. Effetti del tuyone sull'attività spontanea e sul comportamento condizionato del ratto. *Bollettino Chimico Farmaceutico*, n. 107, 1968.
QUENEAU, R. *The Flight of Icarus*. Calder and Boyars, 1973.
RABY, P. *Aubrey Beardsley and the Nineties*. Collins and Brown, 1998.
RICARD, P. Obituary in *Daily Telegraph*, 15 nov. 1997.
RICE, A. *Interview with the Vampire*. Raven, 1976.
RICHARDSON, J. *Verlaine*. Weidenfeld and Nicholson, 1971.
RIMBAUD, A. *Rimbaud: Complete Works, Selected Letters*. University of Chicago Press, 1966.
SAINTSBURY, G. *Notes on a Cellar-Book*. Macmillan, 1921.

SEIGEL, J. *Bohemian Paris: Culture, Politics and the Boundaries of Bourgeois Life, 1830-1930*. Viking, 1986.
SHATTUCK, R. *The Banquet Years*. Faber, 1959.
SIMON, J. Absinthe Minded. *Sunday Times*, 17 jan. 1999.
SPIES, W. *Picasso Sculpture: With a Complete Catalogue*. Thames and Hudson, 1972.
STARKIE, E. *Arthur Rimbaud*. Faber, 1938.
STRANG J. et al. Absinthe: What's Your Poison? *British Medical Journal*, 18 dez. 1999.
SWEETMAN, D. *Toulouse-Lautrec and the Fin-de-Siècle*. Hodder and Stoughton, 1999.
SYMONS, A. A Literary Causerie: On a Book of Verses. *The Savoy*, n. 4, ago. 1896.
__________. *Arthur Symons: Selected Writings*. Carcanet, 1974.
__________. *Arthur Symons: Selected Letters, 1880-1935*. Macmillan, 1989.
TARLING, W. J. *The Café Royal Cocktail Book*. Publications from Pall Mall, 1937.
THORNTON, R. K. R. (ed.). *Poetry of the Nineties*. Penguin, 1970.
VERLAINE, P. À François Coppée. *Dédicaces*. Paris: Léon Vanier, 1894.
__________. *Confessions of a Poet*. Thames and Hudson, 1950.
VOGT, D. D Absinthium: A 19th Drug of Abuse. *Journal of Ethnopharmacology*, v. 4, 1981.
VYNER, H. *Groovy Bob: The Life and Times of Robert Fraser*. Faber, 1999.
WAUGH, A. *In Praise of Wine*. Cassell, 1959.
WAUGH, E. *Decline and Fall*. Penguin, 1973.

__________. *Scoop*. Penguin, 1973.
WEBER, E. *France: Fin-de-Siècle*. Harvard University Press, 1986.
WEINTRAUB, S. *The Savoy: Nineties Experiment*. Pennsylvania University Press, 1996.
WEISBORD, S. D. et al. Poison On Line: Acute Renal Failure Caused by Oil of Wormwood Purchased Through the Internet. *New England Journal of Medicine*, n. 337, n. 12, 1997.
WILDE, O. *The Picture of Dorian Gray*. O.U.P., 1974.
__________. *The Complete Letters of Oscar Wilde*. Fourth Estate, 2000.
WILLIAMS, F. H. *Confessions of a Poet*. Hutchinson, 1894.
WILSON, E. *Axel's Castle*. Penguin, 1993.

WOLFF, G. *Black Sun*. Nova York: Random House, 1976.
WOOLF, A. D. Absinthe. *Clinical Toxology Review*, v. 18 n. 4, jan. 1996.
WU, C. Toxin in Absinthe Makes Neurons Run Wild. *Science News*, 1º abr. 2000.
YEATS, W. B. *The Oxford Book of Modern Verse 1892-1935*. Oxford, 1936.
ZOLA, É. *L'Assomoir*. Penguin, 1970.
__________. *Nana*. Penguin, 1972.
ZOLOTOW, M. Absinthe. *Playboy*, jun. 1971.

INTERNET

Uma busca pela palavra *absinto* na Internet pelo sistema de buscas Google traz muitas respostas. A maior parte delas é algo efêmero ou material de baixa qualidade, como o texto sugerindo que "talvez esses artistas do século XIX encontraram a chave que poderia, no futuro, permitir-nos alterar geneticamente nossos filhos para torná-los prodígios artísticos". Contudo, vários *sites* sobre absinto se destacam, especialmente La Fée Verte, no *site* gótico norte-americano Sepulchritude, assim como o excelente Absinthe FAQ, de Matthew Baggott. Outros *sites* sobre o absinto têm ótima qualidade, mas são promocionais, comerciais ou de *marketing*. O *site* de Nova Orleans, The Gumbo Pages, é fascinante, apesar de conter pouco material sobre o absinto, porque relata o outro lado do episódio da "overdose de artemísia via Internet".

O MUSEU DO ABSINTO

O excelente museu do absinto de Marie-Claude Delahaye, Le Musée de l'Absinthe, encontra-se em 44, rue Callé, 95430 Auvers-sur-Oise, na França.

AGRADECIMENTOS

Todo e qualquer escritor moderno que fale sobre absinto está em dívida com o trabalho de Marie-Claude Delahaye, que contribuiu de forma determinante ao resgatá-lo do esquecimento em que vivia na França (além do fato de também tomá-lo). Seus livros sobre o assunto são um recurso indispensável. Gostei muito também do livro de Barnaby Conrad, com suas pesquisas impressionantes e magníficas ilustrações, e aprendi muito também com o livro de Doris Lanier.

Muitas pessoas me concederam tempo e esforços, e responderam com solicitude aos meus pedidos de ajuda ou de informações: Liz Brooks, Kathy Brunner, Nishi Chaturvedi, Geoffrey Elborn, Ben Fernee, Dr. Edward Fetherstone, Richard Hutton, John Moore, Ian Pindar, Ray Russell, Max Rutherston e Gavin Semple.

No Apêndice 1, a passagem de *O voo de Ícaro*, de Raymond Queneau, é reproduzida com a permissão da Calder Publications (Londres). O extrato de *Wormwood*, de D. J. Levien, é publicado com a autorização de Allison and Busby (Londres). O extrato de *Servidão humama*, de W. Somerset Maugham, é reproduzido com a autorização da Random House Group Ltd. O poema "Verlaine bebe", de Antonin Artaud, é reproduzido com a autorização das Éditions Gallimard (© 1976). O autor e os editores tentaram, sem sucesso, encontrar os detentores do *copyright* das obras de R. Thurston Hopkins e gostariam que se manifestassem.

L'Absinthe, de Benasset, é publicado com a permissão do Musée Carnavalet. O retrato de Ernest Dowson, de William Rothenstein, é reproduzido com a autorização de Lucy Dynevor, e o copyright da foto é da National Portrait Gallery. A imagem de Verlaine no Café Procope é reproduzida com a permissão da Bibliothéque Nationale. "O bebedor de absinto", de William Orpen, é reproduzido com a permissão de Kit Orpen. A foto da bengala para absinto de Toulouse-Lautrec é reproduzida com a permissão do Musée Toulouse-Lautrec de Albi. *L'Absinthe*, de Apoux, e a cobaia envenenada são reproduzidas com a autorização de Roger-Viollet, em Paris. A foto de Victor Berlemont no French Pub do Soho é reproduzida com a autorização de Hulton-Getty. "La Buveuse d'Absinthe", de Félicien Rops, a caricatura de um homem jogando um absinto pela janela e os dois rótulos antes do Apêndice 2 foram reproduzidas com a permissão de Marie-Claude Delahaye.

Este livro foi composto em Adobe Garamond Pro 10,5/15 pt. e impresso na gráfica Yangraf em Pólen Soft 80g/m² na primavera de 2010. Nenhuma gota de absinto foi consumida durante o processo.